包刚升 | 著

民主的逻辑

The Logic of Democracy

SSAP 社会科学文献出版社
SOCIAL SCIENCES ACADEMIC PRESS (CHINA)

图书在版编目（CIP）数据

民主的逻辑 / 包刚升著 . -- 北京 : 社会科学文献出版社，2018.4

ISBN 978-7-5201-2581-9

Ⅰ . ①民… Ⅱ . ①包… Ⅲ . ①民主 – 研究 Ⅳ . ① D082

中国版本图书馆 CIP 数据核字 (2018) 第 074257 号

民主的逻辑

著　　者 / 包刚升

出 版 人 / 谢寿光
项目统筹 / 宋荣欣
责任编辑 / 邵璐璐

出　　版 / 社会科学文献出版社
地址：北京市北三环中路甲 29 号院华龙大厦　邮编：100029
网址：www.ssap.com.cn
发　　行 / 市场营销中心（010）59367081　59367018
印　　装 / 鸿博昊天科技有限公司

规　　格 / 开 本：655mm × 965mm　1/16
印 张：24　字 数：280 千字
版　　次 / 2018 年 4 月第 1 版　2018 年 4 月第 1 次印刷
书　　号 / ISBN 978-7-5201-2581-9
定　　价 / 78.00 元

序言　民主信心指数波动的背后

如今，民主似乎在全球范围内又迎来它的“艰难时世”。这种民主的“艰难时世”表现在很多方面。比如，西方国家民主政体面临着新的挑战，包括政府公债剧增、贫富分化加剧、族群宗教多样性提高以及政治领导力不足导致的诸种难题。比如，西方世界以外的新兴民主国家则面临着能否完成民主转型、能否实现民主巩固以及能否达成民主治理绩效的很多困难。再比如，全球范围内具有重要影响力的威权主义政体获得了复兴，这甚至使得很多原先信奉民主道路的落后国家开始将这种模式视为实现发展的替代性方案。

正是因为这些现象，目前国际学术界似乎对民主信心不足。关于民主治理绩效和民主未来前景的悲观论调，也开始在全球范围内流行。今年年初，哈佛大学政治学教授史蒂文·列维茨基和丹尼尔·吉布拉特出版了一部名为《民主如何灭亡？》的书。该书上市之后，竟然很快成了《纽约时报》畅销书。两位作者的基调是，唐纳德·特朗普当选美国总统本身就意味着美国民主的危机。[1] 而早在五年前的 2013

---

[1] Steven Levitsky and Daniel Ziblatt, *How Democracies Die* (New York: Crown, 2018).

年，美国著名记者、评论家乔舒亚·科蓝兹克出版的《民主在退潮》，更是勾勒了全球范围内民主面临巨大压力，甚至已经遭遇衰退的政治景象。[1]实际上，作为一名专长于民主问题研究的学者，我就类似作品可以列出一个长长的清单。

除了学术界，全球主流媒体讨论民主议题时同样情绪低落。从英国《经济学人》到《金融时报》，从美国《纽约时报》到《华盛顿邮报》，最近几年关于民主和民主化的坏消息层出不穷。所有这些，都意味着民主或许真的迎来了它的"艰难时世"。

然而，20 多年前，也就是 20 世纪 90 年代初，却是国际社会民主信心指数空前高涨的时期。这种民主信心指数的高涨得益于三个因素：一是西方世界当时不仅已经赢得冷战的胜利，而且以计算机、移动通讯和互联网为支柱的新经济搞得有声有色；二是第三波民主化在全球范围内高歌猛进，并首次实现了"民主突破"（democratic breakthrough），即民主政体数量超越了非民主政体的数量；三是全球范围内的威权主义政体陷入颓势，它们看起来面临着巨大的合法性困境。

那样一个时期诞生了两部标志性作品。一部是著名政治学家、哈佛大学教授塞缪尔·亨廷顿所著的《第三波：20 世纪后期的民主化浪潮》。[2]另一部是亨廷顿的著名学生、政治学者弗朗西斯·福山所著的

[1] Joshua Kurlantzick, *Democracy in Retreat: The Revolt of the Middle Class and the Worldwide Decline of Representative Government* (New Haven: Yale University Press, 2013).

[2] 塞缪尔·亨廷顿：《第三波：20 世纪后期的民主化浪潮》，欧阳景根译，北京：中国人民大学出版社，2013 年。

《历史的终结及最后之人》。[1]这两部作品尽管主题不同，但都以不同方式记述、解释，甚至预见了自由民主政体在全球范围内的扩展。以当时的主流观点来看，民主化已然成了人类社会确定不移的政治趋势。

令人好奇的是，就在20多年间，很多人的民主信心指数就从高峰滑入到了低谷。这是为什么呢？

如果从20世纪90年代继续往前看，大约在此前20多年，即60年代至70年代中期，由于很多新兴民主政体的挫败，由于拉丁美洲、非洲和亚洲国家频繁发生军事政变，当时的国际学术界普遍认为，民主政体前景黯淡。更没有多少人会相信，民主化将是下一个时代的主要潮流。

如果我们继续沿着时间轴往前看，再往前推大约20年，即40年代中期至50年代，由于以美国为首的盟军在二战中的胜利，由于很多新兴独立国家纷纷模仿其欧洲宗主国建立自己的政体，当时的国际社会一度对全球民主事业的前景非常乐观。可以说，那就是一个民主的乐观主义时代。

由此可见，大概每20年到25年就构成一个民主信心指数的周期。人们对民主的信心犹如一个钟摆，总是在乐观与悲观之间来回摆动。或者，如同人们所熟悉的宏观经济周期，人们的民主信心指数大体上也呈现出这样“高涨—衰退—低谷—复苏”的周期性特征。

借助民主信心指数周期的视角，我们就更好理解，当我们在短期中考察民主问题时，很容易为一时一地的重大事件所左右，或者很容易为一时之间的乐观或悲观情绪所引导，而忽视民主问题背后更长期的结构因素、政治逻辑与历史经验。如果是过分乐观或悲观的情绪而

---

[1] 弗朗西斯·福山：《历史的终结及最后之人》，黄胜强、许铭原译，北京：中国社会科学出版社，2003年。

非稳健的理性判断左右着我们对民主的认知，就容易导致我们对民主前景和世界格局的误判。

所以，能否基于一般的逻辑而非一时的情绪，能否基于历史的经验而非纯粹的学理，能否基于全球的视野而非个别的案例来理解民主与民主化问题，已经成为一种现实需要。这正是我撰写《民主的逻辑》一书的初衷。

本书既无意过分赞美民主，无意把民主视为一剂解决一切政治经济社会问题的万灵药；更无意贬损民主，无意把民主视为一种必然导向选人不当、低效治理，甚至多数暴政的坏制度。本书希望的是，能够基于学理逻辑和实证经验，对民主与民主化的各种关键议题进行客观、公允、中立的考察，把民主的好与坏、民主化的成功与失败、民主治理的高绩效与低绩效、民主前景的乐观展望与悲观预期都呈现在读者面前，让读者对这些重大问题进行自己的理性思辨与独立判断。

具体来说，《民主的逻辑》涉及六个重要问题，分别是：从古到今思想史上的民主论战、现代民主如何起源、民主政体如何扩散到全球、民主盛衰原因论、如何理解民主政体的治理绩效，以及对人类未来民主前景的展望。作者的目标是，借助这部20余万字的作品，读者能较为全面、系统、深入地理解与民主有关的诸问题，进而形成一种更为清晰的民主观。这也是作者对每一位读者的最大期许。

最后，我还要简单但隆重地表达致谢。我过去的学术经历，主要跟北京大学、复旦大学两所高校和北京、上海两座城市有关。在这两所高校和两座城市（当然不限于此），既有很多曾经教导我、勉励我的前辈与长者，又有很多跟我一起切磋学问、互相砥砺的学友与同行，还有期刊界、媒体与出版界很多相交已久、相知甚深的朋友们——包括推动本书撰写和出版的几位重要人士。碍于篇幅和种种原因，我无法一一列举其中数十位，甚至上百位我要感谢的人士。当然，我最重要的感谢还是要留给自己的家人。如果不是我夫人及两个女儿的激励，如果不是我父母和岳父母的全力支持，我就不可能完成这部作品。

是为序。

包刚升

2018 年 3 月 1 日于新江湾城

目 录

第1讲 民主大论战：诸种争论的起源

身份平等的逐渐发展，是事所必至，天意使然。这种发展具有的主要特征是：它是普遍的和持久的，它每时每刻都能摆脱人力的阻挠，所有的事和所有的人都在帮助它前进。

在我们这一代，领导社会的人肩负的首要任务是：对民主加以引导；如有可能，重新唤起民主的宗教信仰；洁化民主的风尚；规制民主的行动；逐步以治世的科学取代民情的经验；以对民主的真正利益的认识取代其盲目的本能；使民主的政策适合时间和地点，并根据环境和人事修正政策。

——夏尔·阿列克西·德·托克维尔

1.1 民主在雅典城邦的命运

如今，“民主是个好东西”已成为很多人的共识。国内学界的这一说法，较早来自著名政治学者俞可平 10 年前出版的一本访谈录，访谈录的题目就叫《民主是个好东西》。[1] 该书面世后广受欢迎，多次再版，引发了学界和媒体的热议。

亨廷顿政治观点的转向

事实上，“民主是个好东西”的说法更早出现在另一部作品中。在《第三波：20 世纪后期的民主化浪潮》一书的序言中，哈佛大学教授塞缪尔·亨廷顿有这样的说法：他过去撰述《变化社会中的政治秩序》，是因为他当时相信政治秩序是个好东西（a good thing）；他如今出版《第三波》，是因为他此时相信民主本身是个好东西。

亨廷顿的名著《变化社会中的政治秩序》出版于 1968 年。[2] 那是一个什么样的时代呢？我们知道，很多亚洲和非洲国家是在第二次世界大战之后或 1960 年前后获得独立的。这些国家获得独立后，当时西方政治学界有一种颇为乐观的预期。如果这些国家能够按照欧美模式来设计政治制度，那么它们就会建成一个自由民主的政体框架。这样，

[1] 闫健：《民主是个好东西——俞可平访谈录》，北京：社会科学文献出版社，2006 年。

[2] 塞缪尔·亨廷顿：《变化社会中的政治秩序》，王冠华、刘为译，上海：上海人民出版社，2008 年。

这些国家既能够享有自由民主，又可以实现政治稳定，同时还能实现善治和繁荣。但是，真实的故事却是，亚洲和非洲的很多新兴国家遇到了大量难以解决的实际问题，大量国家遇到了民主运转上的困难，陷入了政治不稳定或政治冲突，甚至还走向了内战。比如，非洲人口最多的国家尼日利亚，从以民主方式独立建国到军事政变和内战只用了 6 年时间。

所以，对发展中世界的真实政治运作有了实际观察之后，亨廷顿发现，很多发展中国家的政治发展跟西方政治学界的乐观预期完全不同。他认为，对这样的国家来说，首要的恐怕不是自由不自由、民主不民主的问题，而是能否实现“政治稳定”的问题。只有一个有效的政治秩序，才能给这些国家带来政治稳定。所以，1968 年的亨廷顿这样说：“政治秩序是个好东西。”这也是他撰写《变化社会中的政治秩序》一书的初衷。

然而，时隔 23 年后，到了亨廷顿出版《第三波》的 1991 年，他的观点却发生了重要转变。[1]他再次敏锐地观察到，发展中世界的政治正在出现某种不同以往的全新变化。简而言之，一场新的民主革命自 1974 年在南欧启动以来，正在快速波及全球。此时的亨廷顿认为，民主不仅会促进个人自由，而且还会促进国内稳定与国际和平。对发展中世界来说，如何面对这场全球民主革命才是一个真正重要的政治议题。所以，1991 年的亨廷顿这样说：“民主本身是个好东西。”

那么，为什么亨廷顿 20 余年间会发生如此重大的观点转向呢？或者说，为什么他一开始认为“政治秩序是个好东西”，而后来他却认为

[1] 塞缪尔·亨廷顿：《第三波：20 世纪后期的民主化浪潮》，欧阳景根译，北京：中国人民大学出版社，2013 年。

民主的价值高过了其他事物呢？实际上，这里的问题涉及一场古老的政治论战。

伯里克利盛赞雅典城邦

民主究竟是不是个好东西？这场论战可以追溯到古希腊的城邦时代。公元前5世纪，在古希腊的雅典城邦，古典民主达到了它的高峰，这种城邦民主延续了200年左右的时间。当然，雅典城邦时期的政治生活前后经历了很多复杂的变化。古希腊历史学家修昔底德所撰的《伯罗奔尼撒战争史》一书，记录了公元前431年雅典政治家伯里克利的一篇著名演讲。这篇演讲被后人视为赞颂雅典民主的名篇，也是我们今天赖以了解雅典城邦民主制度的重要文本。作为当时的一位重要领导人，伯里克利在演讲中说：

> 我们的宪法没有照搬任何毗邻城邦的法律，相反地，我们的宪法却成为其他城邦模仿的范例。我们的制度之所以被称为民主制，是因为城邦是由大多数人而不是由极少数人加以管理的。
>
> 我们看到，法律在解决私人争端的时候，为所有的人都提供了平等的公正；在公共生活中，优先承担公职所考虑的是一个人的才能，而不是他的社会地位，他属于哪个阶级；任何人，只要他对城邦有所贡献，绝对不会因为贫穷而湮没无闻的。
>
> 我们在政治生活中享有自由，我们在日常生活也是如此。……我们在私人关系上是宽松自在的，但是作为公民，我们是遵守法律的。对当权者和法律的敬畏使我们如此。我们不但服

从那些当权者，我们还遵守法律，尤其是遵守那些保护受伤害者的法律，不论这些法律是成文法，还是虽未写成文字但是违反了就算是公认的耻辱的法律。

……一言以蔽之，我们的城邦是全希腊的学校。[1]

在这篇演讲中，伯里克利为我们提供了雅典城邦民主的很多关键信息。比如，他强调了雅典城邦政治制度和宪法的首创性，认为雅典的政制不同于古希腊的其他城邦——包括另一著名城邦斯巴达；比如，他定义了民主，所谓民主是大多数人的统治而不是少数人的统治；比如，他自豪地提及雅典城邦的法治特征，坚信雅典的法律在解决争端方面能为每个人提供平等与正义——在全球文明史的同一时期，大概没有任何其他地方能做到这一点；又比如，“公共生活中，优先承担公职所考虑的是一个人的才能，……只要他对城邦有所贡献，绝对不会因为贫穷而湮没无闻”——这段话是在强调雅典城邦的政治平等以及公共职位对所有成年（男性）公民开放——这也堪称2500年前人类政治平等的奇迹。

再比如，伯里克利提及政治自由与私人关系的宽松自在并存时，他实际上已经区分了公共领域和私人领域。在那个时代，雅典就做到了尊重公民在私人领域的自由。今天的很多发展中国家似乎仍然没有很好地解决公私领域区分的问题。对这些国家而言，如何保证每个公民在私人领域享有完整的自由和充分的自主，仍然是一个挑战。主张政治自由的同时，伯里克利还进一步强调：“我们不但服从那些当权者，我们还遵守法律。”由此看来，当时雅典城邦的公民一方面享有充分的

[1] 修昔底德：《伯罗奔尼撒战争史》，徐松岩译，桂林：广西师范大学出版社，2004年，第98-101页。

政治自由，另一方面又懂得遵守法律和服从权威。

我在过去的一篇评论中这样说，一个自由社会的良好公民需要同时做到两点：一方面要懂得主张和捍卫自己应有的权利，另一方面要学会遵守经由合法程序制定的法律以及服从合法的权威。以泰国为例，过去每次大选结束以后，败选一方就会发动大规模的街头抗争。实际上，只要有几万人持续抗争，就足以让曼谷整个城市瘫痪掉。以雅典城邦的政治准则来看，这些败选者只知道自己拥有的权利，却不懂得尊重选举的结果以及服从选举所产生的合法政治权威。如果大家都不服输，民主政治的运作本身就会遇到大的问题。[1]

在演讲的最后，伯里克利还自豪地宣称："我们的城邦是全希腊的学校。"这里引用的这段话尽管只有区区几百个字的篇幅，但却是关于雅典城邦民主的重要解释文本。当然，今天的古典学学者尚在争论，这样的演说究竟是那个时代的真实记录，还是修昔底德凭借自己的文学天才所做的人为创作呢？ 2000 多年前的真相，今天恐怕已不得而知。但考虑到修昔底德（约公元前 471—前 400 年）身处的时代和伯里克利（公元前 495—前 429 年）所处的时代有很大的重合，我们姑且相信伯里克利的演讲文本在主要方面代表着那个时代的真实状况。

很多人读到这样的经典文本，自然会对当年雅典城邦的民主心生倾慕。如果说"民主是个好东西"如今已成为很多人的共识，那么伯里克利算得上是这一观点的最早倡导者。看到 2500 年前的雅典就拥有这样高度文明的政治生活，再反省 2500 年以来人类在政治上经历的种种坎坷、苦难与悲剧，雅典城邦的民主生活怎能不令人神往呢？

实际上，雅典民主时代的成就也是巨大的。首先，在其鼎盛时期，

---

[1] Christopher J. Anderson et al., *Losers' Consent: Elections and Democratic Legitimacy* (Oxford: Oxford University Press, 2005).

雅典人的工商业活动遍及爱琴海周围和地中海的很多地方。不仅如此，他们还建立了大量的海外殖民地。后人将这个影响范围遍及整个爱琴海的共同体称为“雅典帝国”。当时，雅典所处的阿提卡半岛只有3000多平方公里的面积，但雅典帝国的政治与商业势力所及地理范围则是其本土面积的上百倍之巨。今天，我们很难从伦理上去评价2000多年前雅典人的殖民行为，但他们有能力进行海外殖民，至少说明当时雅典在技术、商业和组织力量上已经超越了周围的文明。

其次，雅典城邦在哲学、科学与文学上取得了令人惊叹的成就。它造就了苏格拉底、柏拉图、亚里士多德这样的伟大哲学家。仅仅这“希腊三哲”，就足以让同时代的绝大多数文明难以望其项背。如今，我们仍然在阅读柏拉图和亚里士多德的作品，英美一流大学的政治哲学课程仍然以柏拉图作为开端。此外，亚里士多德还是那个时代一流的科学家，他也代表了雅典城邦在科学上所达到的高峰。在文学领域，三大喜剧诗人（克拉提诺斯、欧波利斯和阿里斯托芬都是雅典人）与三大悲剧作家（欧里庇得斯、埃斯库罗斯和索福克勒斯都曾在雅典生活）的作品，至今仍被后人诵读。

再次，雅典城邦的另一项杰出成就是让适龄男孩（公民）接受数年的学校教育。当时的雅典城邦提供面向男孩的博雅教育（liberal arts），又称通识教育。博雅教育的原义与自由（liberal）有关，此处的自由有两层含义：首先，它是自由人的教育，也就是一个人身为自由的公民而非奴隶应该接受的教育；其次，这种教育鼓励一个人从蒙昧状态中解脱出来，进而获得认识自然、社会与世界的这种自由。以今天的眼光来判断，这种博雅教育对维系雅典城邦的民主体制至关重要。2000多年前就推行普遍的博雅教育，同样是一项惊人的成就！

如果打开世界地图，你会发现，雅典及其周围的阿提卡地区是一个很不起眼的范围。按照历史学家的说法，公元前 5 世纪，雅典城邦的人口规模大约只有 25 万—30 万人，成年男性公民的数量不过 3 万—4 万人。这大概只相当于今天中国东部地区半个县的人口规模。以这样的地理范围和人口规模，很难想象可以在另一种古典文明下实现这样的成就。有理由相信，这种文明成就的高度与雅典城邦的民主政体密不可分。

民主体制的批评者：老寡头与柏拉图

行文至此，几乎通篇都是对雅典城邦民主的褒奖，但雅典城邦的民主真的如此美妙吗？事实上，在雅典城邦的民主时代，多数最杰出的哲人都是民主政体的批评者。以今天的分析视角来看，这或许正是民主政体下的知识生态。因为在民主政体下，人们可以放心大胆地批评民主。但在非民主政体下——譬如在皇帝统治的时代，人们不仅无法公开批评皇帝制度，而且无法公开批评任何当朝的皇帝或君主。所以，民主政体下批评民主的言论更容易传播。尽管如此，必须承认，那个时代确实有相当之多的智者和哲人对雅典民主都没有好感。

一位著名的民主批评者是老寡头（Old Oligarch）。他是一位匿名作者，有人猜测可能是古希腊历史学家色诺芬所用的化名，但真相无从得知。关于雅典的民主政体，老寡头这样说：

> 就雅典的宪法而言，我反对他们选择这种形式的宪法。我的理由是这样的：因为选择这套宪法的同时，他们讨好了暴民，而不是那些值得尊敬的人；这正是我反对的原因。……雅典的穷人

和贩夫走卒都认为，他们应该比贵族和富人拥有更多权力。

老寡头毫无顾忌地把一个社会划分为两个群体：一部分人是地位较高、富有学识、更有德行的上层阶级，还有一部分人则是与之相对的下层阶级。由于下层阶级在人数上占有优势，所以民主总是对下层阶级较为有利，或者干脆说民主就是下层阶级的统治。老寡头的文字直言不讳地把这些普通人称为“暴民”。这种观点当然会令平民主义平等派感到不悦，甚至愤怒。他接着说：

> 有些人或许认为，除了最能干、最优秀的人以外，不该让所有的人都在公民大会上发言，或出席500人会议。但在这儿，他们又允许最差劲的一群人开口发言，借此谋求自己最大的利益。

这段话包含两层意思。第一层意思仍然是，老寡头认为最好的政体应该让最优秀、最能干的人来统治，或许还应该加上最有德行这样的品质。让这样的人统治，一个城邦才可能是理想的城邦。老寡头告诫众人，民主政体其实就是“允许最差劲的一群人开口发言”，或者就是允许最差劲的一群人来统治。第二层意思则是，既然民主是多数人的统治，有人预期这种统治应该服务于整个城邦的利益。但老寡头却说，尽管民主是多数人的统治，但他们这多数人也不过是“借此谋求自己最大的利益”而已。由此，民主成了多数人谋求自身私利而非谋求整个城邦利益的一种制度。

举个例子，雅典城邦内的债务应该怎么处置呢？在当时的雅典城邦，贫穷的自由人以身抵债或签订以身抵债的债务契约是一种不算罕见的做法。有人呼吁，应该把穷人以身抵债的债务免除掉。按照今天的理解，以身抵债固然不合现代财产权的准则，但免除债务亦不合现代法律的规范。雅典城邦历史上的一场重要改革——公元前 594 年的梭伦改革，其重要措施就是免除自由人以身抵债的债务。

为什么免除此种债务会成为可能呢？简单地说，与富有的债权人相比，贫穷的债务人在人数上占有绝对的优势。政治家主张免除以身抵债的债务，可以讨好贫穷的多数人。当然，梭伦改革的背景是，当时雅典的贫富分化和阶级冲突已相当严重，甚至产生了足以毁灭雅典城邦的危险。所以，梭伦改革的具体措施究竟是否妥当，此处无力详加评述。但在老寡头看来，这些所谓的改革不过是多数穷人为了谋取本阶级的利益。老寡头继续批评道：

> 我也听说了，有些人批评雅典人，有些时候，即使等上一整年，500 人会议或公民大会也不能解决问题。[1]

今天国内外媒体经常说的一个故事，是有些国家或地区早就提议要修筑高速铁路了，但讨论多年未果，难以形成各方都满意的决策，决策迟迟无法达成。有人把这一案例看成老寡头批评的某种类似情形。他的这段话，实际上是在批评雅典民主的效率和民主解决问题的能力。

与老寡头相比，柏拉图当然是雅典民主更著名的批评者。由于柏拉图是古希腊最杰出的哲学家，所以他对民主的批评也广为人知。柏拉图的基本看法是，统治是一项专门的技艺。如同航海术、医术是专门的技艺，统治自然也不例外。而在整个城邦中，只有少数人能够掌握这种关乎统治的知识与技艺。柏拉图这样说：

---

[1] 老寡头这里的言论均转引自约翰·索利《雅典的民主》，王琼淑译，上海：上海译文出版社，2001 年，第 89、90 页。

> 由此可见，一个按照自然建立起来的国家，其所以整个国家被说成是有智慧的，乃是由于它的人数最少的那个部分和这个部分中的最小一部分，这些领导着和统治着它的人们所具有的知识。并且，如所知道的，唯有这种知识才配称为智慧，而能够具有这种知识的人按照自然规律总是最少数。

这段来自《理想国》的译文尽管略嫌晦涩，大意还是清楚的。国家应该建立起一种基于智慧的统治，但智慧是极少数人才能掌握的。在柏拉图看来，智慧罕见，唯少数人可拥有智慧。

在日常生活中，我有时会私底下请教工商界的投资者和管理者："你觉得，可以理解行业趋势、能在战略上做出正确决策以及真正能有效领导公司的人，在你的组织或行业中是多数还是少数呢？"毫无疑问，绝大多数人都会回答："少数。"在回答我问题的人看来，这一部分知识与技艺是不容易掌握的。柏拉图也抱有类似的观念，当然，他关注的是如何统治或治理一个城邦。

除了知识与智慧方面的缺憾，柏拉图还担心普通人的德行：

> 各种各样的欲望、快乐和苦恼都是在小孩、女人、奴隶和那些名义上叫做自由人的为数众多的下等人身上出现。

他认为，小孩、女性和奴隶都是缺少理性的，这些人也无法控制自己的行为。我们今天自然会反对柏拉图的这一性别观。事实上，如今国内外著名大学的很多院系，女生数量都已与男生数量旗鼓相当。

此外，即便是城邦中有公民身份的成年男性，柏拉图也认为多数人是缺少控制自己欲望、快乐和痛苦的能力的。所有这些人都无法让他们自己的生活走向理性化，无法让自己在人格品性上变得更有德行。既然城邦中真正有德行的人是少数，多数人在德行上是靠不住的，我们由此可以循着柏拉图的逻辑推论出，如果是多数人统治城邦，城邦在道德上是易于堕落的。在他看来，这不会是一种理想的统治秩序。当民主政体把权力交给这些在德行上靠不住的多数人时，城邦就更容易被败坏。柏拉图接着说：

> 靠理智和正确理念帮助，由人的思考指导着的简单而有分寸的欲望，则只能在少数人中见到，只能在那些天分最好且又受过最好教育的人中间见到。[1]

自然，这是精英主义的观点。柏拉图认为，一个人只有具备高超的智慧，拥有健全的理性，同时又接受最好的教育，才可能控制自己的行为。这是柏拉图对于适合从事统治的杰出人物的设想。当然，现实当中是否真的如此，以及城邦中是否真的有这样完美的一流人物，则是另外一回事。比如，耶鲁大学教授罗伯特·达尔就对柏拉图的这种论调提出过尖锐批评。

简而言之，在古希腊，老寡头对雅典民主主要有三个批评：（1）民主是下等人的统治；（2）这种多数人的统治谋求的未必是公共利益，而不过是这多数人的私利；（3）民主的效率及解决问题的能力值得怀疑。柏拉图对民主的批评则主要有两个方面：一方面，统治需要专门的智慧、知识与技艺，但这是多数人难以掌握的；另一方面，理想的政治

[1] 柏拉图这里的言论参见柏拉图《理想国》，郭斌和、张竹明译，北京：商务印书馆，2002年，第147、151页。

秩序应该尽可能让有德行的人来统治，但多数人又缺少这种德行。借助老寡头的言论和柏拉图的著述，大家可以领略到古典时代的哲人对雅典民主政体的反思。

西方媒体上曾有这样一幅漫画，其底色上写着 democracy，亦即“民主”；而后，有人用画笔将第二个 c 改为了 z，这样 democracy 就变成了 democrazy，这是 demo（民众）与 crazy（癫狂）的组合，亦即民众的癫狂，我们姑且将其译为“民狂”。这幅漫画正是要告诉现代人，尽管我们希冀的是“民主”，但最后得到的却是“民狂”。其中的隐喻是，民众的权力和欲望一旦启动起来之后，就难以实现基于理性的有效政治，最终会导致政治上的某种癫狂状态。这样一幅现代政治漫画，其精神跟柏拉图对古典民主的批评不谋而合。

1.2 为什么说混合政体是更好的统治类型?

从古希腊到古罗马，很多哲人都反对民主制，那他们支持何种政体呢？难道他们支持不受制约的君主制或独裁政体吗？当然并非如此。如果熟悉古典文献，大家会发现，很多杰出的思想家都主张一种被称为混合政体或均衡政制的统治形式。在柏拉图看来，混合政体是仅次于哲学王统治的次优政体，但却是现实中更为可行的统治类型。古罗马历史学家波里比阿和思想家西塞罗等人则以不同的方式倡导混合政体，他们把混合政体视为超越于君主制、贵族制、民主制的最佳统治形式。

混合政体优于其他三种政体

柏拉图在《政治家》和《法律篇》中认为，如果哲学王统治不可得，混合政体就是一种更为现实可行的次优政体。古罗马历史学家波里比阿同样主张混合政体。在《罗马帝国的崛起》一书中，波里比阿认为，混合政体的优势是罗马共和国快速崛起并统治地中海的关键因素。[1] 在罗马共和国的政制框架中，执政官拥有巨大的实权，代表的是君主因素；元老院成员由贵族或卸任的执政官出任，代表的是贵族因素；同时，还有公民大会（人民大会）和保民官，代表的是民主因素。因此，罗马共和政体实现了君主制、贵族制和民主制因素的融合。

[1] 波里比阿:《罗马帝国的崛起》，翁嘉声译，北京：社会科学文献出版社，2013 年。

在波里比阿看来，正是这种混合政体给罗马共和国带来了巨大的政治优势。

在罗马共和时代的后期，兼具政治家和思想家双重身份的西塞罗也是混合政体的倡导者，他的观点跟波里比阿相似。西塞罗认为，君主制、贵族制、民主制三种政体各有优点和缺陷，而借助不同政体元素的混合，就可以克服每种政体各自的缺点。那么，君主制、贵族制、民主制的优劣分别是什么呢？

君主制的优点是，如果出现一个开明君主——兼具智慧、才干与德行，那么国家就不会治理得太差。但是，君主制始终面临着“坏皇帝”的风险。一旦出现坏皇帝，这样的国家往往命运多舛。贵族制可以称得上是最优秀者的统治，但难以保证贵族统治会服务于城邦利益，而不是服务于他们自身的利益。历史教训是，贵族制完全可能因为精英们的贪婪与不受节制，最终沦为仅仅服务于少数人利益的寡头统治。民主制既然是多数人的统治，应该能服务于社会上大多数人的利益。但如果民主政体下民众的欲望缺少必要的约束，就容易滑向暴民统治，最终导致秩序的失控，甚或民主的覆灭。

既然不同政体的优劣都很清晰，从柏拉图到西塞罗这样的智者都在思考：能不能把这些不同政体的因素混合到一起，让其缺点互相抵消而又能让其优点得以发挥呢？还可以问，不同政体的融合能够克服彼此的缺陷吗？这里的主要逻辑是：如果君主受到贵族和民主的制约，他的行为就一定会有所节制，就没有多少机会能成为一个坏皇帝；如果贵族统治有民主的制约，就不会只考虑贵族阶层的狭隘利益，而必须要照顾到整个共同体的利益；如果民主政体可能的“狂野本能”受到君主和贵族因素的约束，民主滑向暴民统治或“民狂”的风险就会大大降低。所以，不同政体的混合或融合更可能实现一个国家的优良治理。西塞罗说，“每一种政府形式面前都有一条陡峭的道路，会导致邻近的腐败形式”，而混合政体恰恰可以降低这种败坏的风险。

因此，当古希腊、古罗马的哲人批评民主政体时，他们通常并非是在主张不受约束的君主政体或独裁统治，而是融合三种主要政体各自优势的混合政体或均衡政制。这才是古典时代哲人们的本意。

《美国宪法》是混合政体的现代版

罗马共和国混合政体的实践与很多杰出思想家对混合政体的主张，对后世产生了深远的影响。实际上，这种政治传统甚至影响到美国1787年召开的制宪会议。如今的美国被视为现代民主政体的典范，当年美国开国之父们又是如何思考政体模式和新宪法的呢？

国内曾出版一本译著，英文原名叫《费城奇迹》（*Miracle at Philadelphia*），讲述的是1787年美国的制宪故事，中译本的书名被改为《民主的奇迹》。[1]出版社改动书名是为了书更畅销，但这个书名在学理上是有问题的。如果当年的制宪会议代表们知晓此事，他们大概不会同意这个书名，他们会说：“我们建立的不是民主制（democracy），而是共和国（republic）。”

实际上，在美国制宪会议代表中，没有多少人会赞同纯粹的民主制是优良的统治形式。在《联邦党人文集》第10篇中，该篇撰稿人、后来的美国第四任总统詹姆斯·麦迪逊探讨的主要问题，就关系到民主政体与共和政体的不同。他这样说：

[1] 凯瑟琳·德林克·鲍恩：《民主的奇迹：美国宪法制定的127天》，郑明萱译，北京：新星出版社，2013年。

一种纯粹的民主政体……不能制止派别斗争的危害。几乎在每一种情况下，整体中的大多数人会感到有共同的情感或利益。联络和结合是政府形式本身的产物；没有任何东西可以阻止牺牲弱小党派或可憎的个人的动机。

在麦迪逊看来，纯粹的民主制将无法有效控制派别斗争或党派斗争，容易让这种派别斗争发展到失控的地步。联邦党人认为，只要有自由政体，就会有党派斗争。他们关心的不是消灭党派斗争，而是能否控制党派斗争带来的危害，或者说不要让党派斗争发展到难以收拾的局面。麦迪逊的一个担忧是，纯粹民主制可能会让这种党派斗争愈演愈烈，最后难以控制。他不无忧虑地告诫道：

因此，这种民主政体就成了动乱和争论的途径，同个人安全或财产权是不相容的，往往由于暴亡而夭折。赞成这种政府的理论政治家错误地认为，如果使人类在政治权利上完全平等，同时他们就能在财产、意见和情感上完全平等。

在麦迪逊看来，纯粹的民主政体容易因为斗争失控而陷入动乱，结果就难以自我维系。那么，什么样的政体可以有效控制党派斗争的危害呢？麦迪逊给出的答案是共和制。联邦党人眼中的共和制，就是代议制民主政体，而不是直接的、纯粹的民主政体。麦迪逊继续说：

共和政体，我是指采用代议制的政体而言，情形就不同了。……民主政体和共和政体的两大区别是：第一，后者的政府委托给由其余公民选举出来的少数公民；第二，后者所能管辖的公民人数较多，国土范围较大。……在这样的限制下，很可能发生下述情形：由人民代表发出的公众呼声，要比人民自己为此集会和亲自提出意见更能符合公共利益。[1]

最后一句明白无误地主张间接民主要优于直接民主，精英参与的治理要优于民众直接的治理。由此可见，美国联邦党人也没有把直接民主视为好东西；相反，他们对直接民主抱有深刻的警惕。具有混合政体色彩的共和制，才是他们心中理想的统治秩序。而 1787 年美国宪法的基本条款及其设定的共和制政治模式，亦深受这种政治倾向的影响。

美国宪法足够民主吗?

到了 20 世纪，杰出的民主理论家罗伯特·达尔写了一本书，叫做《美国宪法的民主批判》。[2] 通过这个书名，大家也可以看出来，把《费城奇迹》译为《民主的奇迹》实在是一种误读。达尔认为，美国宪法在很多方面都有意设计了跟纯粹民主制相抵触的制度安排。当年的开国之父们主张要制定一部符合自由精神与共和政体原则的宪法，但是，如果要让普通民众直接统治国家，他们却感到深深的担忧。所以，

[1] 麦迪逊这里的言论参见汉密尔顿、杰伊、麦迪逊《联邦党人文集》，程逢如、在汉、舒逊译，北京：商务印书馆，1980 年，第 48–49 页。

[2] 罗伯特·A. 达尔：《美国宪法的民主批判》，佟德志译，北京：东方出版社，2007 年。

他们要设计出种种制度来，防止普通人的政治影响力过于强大。正是出于这样的考虑，美国宪法的诸种制度安排应运而生。

比如，一个重要的制度就是参议院的设置。参议院（senate）的称谓，就是古罗马共和国的元老院；参议员（senator）的称谓，就是古罗马共和国的元老。参议员由每个州产生两个议席，但最初设计的选举制度不是由民众直选，而是由各州议会选举产生。这种各州议会的选任制度其实是一种间接选举，无疑强化了政治精英们的作用。此外，参议员的任期长达6年。从政治上讲，一个高级政治职位的任期越长，当选者的自主性就越大，越容易免受普通民众对他们决策的干预和影响。美国开国之父们希望的是，参议员一旦当选，能更多地基于自己的智慧、知识和良心来代表美国人民做决定，而不必时时受制于变动不居的民意。当然，后来由于美国民主的深化，参议员逐渐都由各州人民直接选举了。

再比如，宪法规定，美国总统不但拥有巨大的政治权力，而且总统职位由选举人团（electoral college）选举产生。其最初的实际操作是，先由各州选举一个人数不等的选举人团，然后再由各州选举人团投票选举产生美国总统。那么，为什么要搞一个选举人团出来，而不是由美国人民直接选举总统呢？开国之父们主要担心总统直选作为一种直接民主形式的风险。如果总统实行直选，会不会有某些蛊惑人心的野心家当选美国总统呢？如果是这样，就有可能出现对美国政治非常不利的情形。最初总统选举中的选举人团制度，其实是一种民意过滤的机制。

此外，另一个重要的制度设计是最高法院，或者叫联邦法院。众所周知，最高法院更非按照民主原则运作。联邦大法官的职位由总统任命并经参议院批准生效，同时任期终身。联邦大法官在实际工作中需要恪守美国宪法，遵从法治准则，基于法律和良心做出法律裁决。有研究认为，联邦法院和大法官们的法律判决其实长期来看也会受到民意的影响；但是，联邦大法官的工作通常都不会直接受制于民意或多数人的意志，而是以宪法和法理作为他们自身的行动指南。

因此，达尔认为 1787 年《美国宪法》的民主成分是远远不够的。但是，在多数制宪会议代表的眼中，这种民主程度的不足，恰恰是美国共和政体的优点而非缺点。历史地看，美国宪法可以被视为对罗马共和政体的模仿，同样堪称混合政体的典范。在美国宪法体制下，总统代表君主因素，参议院代表贵族因素，众议院则代表民主因素，整套宪法设计与政体安排恰恰是三者的融合。所以，美国这套政体模式算得上是混合政体的现代版本。当然，随着社会潮流的改变，过去 200 多年间，美国政体模式中的民主程度一直在提高。

1.3 托克维尔与民主大论战的转向

从古希腊到18世纪的主流政治思潮，民主似乎从未占过上风。那么，民主大论战何时才发生重要转向呢？故事要从法国说起。18世纪的法国出现了一位名叫让-雅克·卢梭的重要哲学家。卢梭的名言是：

> 人是生而自由的，但却无往不在枷锁之中。自以为是其他一切的主人的人，反而比其他一切更是奴隶。[1]

这是名著《社会契约论》的开篇语。在民主思想史上，卢梭的《社会契约论》可算是一个里程碑，被视为人民主权学说的奠基之作。在他的理论框架中，统治应该基于公意（即公共意志）并服务于公益（即公共利益）。后人将卢梭的理论视为主权在民学说的滥觞。

而以今天的标准来看，卢梭的主权在民学说跟现代民主政体的理念与制度还有很大的差异。第一，卢梭较少讨论具体的制度。如果民主是基于公意并服务于公益的统治，那么具体制度应该怎么设计呢？比如，公意如何形成呢？如何确保统治能服务于公益呢？这些问题还需要更具操作性的说明。

第二，卢梭在整体观念上更倾向于集体主义，而非个人主义。按照20世纪政治哲学家汉娜·阿伦特及卡尔·波普尔的见解，这种观念

[1] 让-雅克·卢梭：《社会契约论》，何兆武译，北京：商务印书馆，2003年。

倾向容易导致全能主义统治或极权主义政体。[1]如果是这样，这种基于不可分割的公意的统治，最后在实践上的结果往往是反自由和反民主的。后一种分析视角，恐怕是身处18世纪的卢梭作品阅读者始料未及的。

后来，1789年开始的法国大革命也受到了卢梭思想的深刻影响。在大革命时期，法国还涌现出了像罗伯斯庇尔这样论述民主问题的思想家和政治家。但由于后来法国大革命的激进化和暴力化，罗伯斯庇尔等人的民主观遭到的质疑要远远多于它们得到的赞许。因此，法国大革命不仅没有给民主增加有利的筹码，反而给民主增添了新的包袱。这样，即使到了18世纪晚期，民主仍然没有改变被批评、被质疑和被嘲讽的命运。

托克维尔的“政治宣言书”

终于，到19世纪30年代，人类民主思潮的新一缕曙光才出现在地平线上。法国思想家托克维尔于1835年发表了《论美国的民主》（上卷）（该书的下卷发表于1840年），这被视为民主大论战的重要转向。托克维尔算得上思想史上一位标志性的人物，正是他开始大张旗鼓地为民主高唱赞歌。当然，如果认真阅读托克维尔的著作，大家会发现，他关于民主的观点其实相当复杂，决不是那么简单或绝对。但总的来说，托克维尔对民主持有极正面的评价。

[1] 汉娜·阿伦特：《极权主义的起源》，林骧华译，北京：生活·读书·新知三联书店，2008年；卡尔·波普尔：《开放社会及其敌人》（全二卷），陆衡等译，北京：中国社会科学出版社，1999年。

从公元前5世纪到1835年，大约在2300年时间里，人类社会最有智慧的头脑对民主通常都没有特别的好感。所以，托克维尔这部作品的发表，标志着民主大论战中开始兴起一种新的思潮。正是在此之后，“民主是个好东西”的观念才得到了稳步的成长，直至成为人类政治认知的主流思潮和全球性的意识形态。托克维尔在该书序言中说，人民生活中的各种事件都在促进民主。他甚至认为，无论是支持民主的力量还是反对民主的力量，最后的结果是，它们客观上都在促进民主的发展。他这样大胆断言：

> 身份平等的逐渐发展，是事所必至，天意使然。这种发展具有的主要特征是：它是普遍的和持久的，它每时每刻都能摆脱人力的阻挠，所有的事和所有的人都在帮助它前进。
>
> 以为一个源远流长的社会运动能被一代人的努力所阻止，岂非愚蠢！认为已经推翻封建制度和打倒国王的民主会在资产者和有钱人面前退却，岂非异想！在民主已经成长得如此强大，而其敌对者已经变得如此软弱的今天，民主岂能止步不前！

托克维尔的这些文字，读起来几乎是一份“民主宣言书”。他大胆预言人类即将迎来自己的民主时代。在《论美国的民主》一书中，他首先介绍了美国民主治理的现状，包括美国的基层自治和乡镇精神、宪法、政府体制、政党运作等；然后探讨了美国民主得以维系的原因，强调了地理、法制和民情三者的重要性；最后还剖析了民主政体对美国政治、经济、文化领域重要而有益的影响。

这些粗略的介绍，或许会让人误以为托克维尔对民主政体有着一边倒的正面评价，其实并非如此。相反，他同时认为，民主完全可能导致负面的政治后果，而一个民主国家能否控制民主的弊端就变得很重要。对于“多数暴政”的概念，托克维尔更算得上是第一位系统的论述者。总体而言，他盛赞民主的同时，提醒人民要注意克服民主可能的风险。他还用心良苦地发出这样的呼吁：

> 在我们这一代，领导社会的人肩负的首要任务是：对民主加以引导；如有可能，重新唤起民主的宗教信仰；洁化民主的风尚；规制民主的行动；逐步以治世的科学取代民情的经验；以对民主的真正利益的认识取代其盲目的本能；使民主的政策适合时间和地点，并根据环境和人事修正政策。[1]

在托克维尔之后，民主才开始逐步获得政界和学界主流思潮的认同，其中的杰出人物包括美国总统亚伯拉罕·林肯。1863 年，林肯在《葛底斯堡演说》中这样说：

> 我们要在这里下定最大的决心，不让这些死者白白牺牲；我们要使共和国在上帝保佑下得到自由的新生，要使这个民有、民治、民享的政府（government of the people, by the people, for the people）永世长存。[2]

可见，林肯已大大不同于乔治·华盛顿这一代政治家，他不仅把

[1] 托克维尔的言论参见托克维尔《论美国的民主》（上卷），董果良译，北京：商务印书馆，1988 年，第 7–8 页。

[2] 林肯：《在葛底斯堡国家烈士公墓落成典礼上的演说，1863 年 11 月 19 日》，亚伯拉罕·林肯著《林肯选集》，朱曾汶译，北京：商务印书馆，1983 年，第 239 页。

美国体制视为民主政体，而且将这种民主政体视为人类优良政治秩序的典范。而当年美国的开国之父们几乎不会称颂民主，他们更多地主张共和政体，但林肯则公开赞美民主，呼吁捍卫美国的民主体制。这种明显的差异，预示着政治潮流已经发生实质性转向。

在托克维尔之后，从19世纪上半叶到20世纪中叶的一个多世纪中，民主的观念日益上升，民主的力量日益强大。到第二次世界大战结束的1945年，民主在世界范围内已经成了支配性的主流意识形态，甚至已经成为唯一具有充分合法性的政治统治形式。1951年出版的《紧张世界中的民主》（*Democracy in a World of Tensions*）一书认为：

> 在人类历史上第一次没有任何理论是作为反民主的理论提出。对反民主的行为或态度的指责经常是针对别人，实干的政治家和政治理论都一致强调他们所捍卫的制度和鼓吹的理论的民主性质。[1]

自此，几乎所有人都开始号称自己是民主的支持者或是民主派的政治家，而给对手贴上了独裁或反民主的标签。这是第二次世界大战之后的政治新现象。这一新潮流的背后是民主观念大转向的基本完成。

1992年，兼具学者与公共知识分子双重身份的弗朗西斯·福山出版了《历史的终结及最后之人》一书，“历史终结论”随之开始流行。在苏联体制和冷战体制的瓦解时刻，福山认为：

---

[1] 这段话广为流传，跟乔万尼·萨托利在其名著《民主新论》的引用有关，转引自乔万尼·萨托利《民主新论（上卷）：当代论争》，冯克利、阎克文译，上海：上海人民出版社，2015年，第21–22页。

> 自由民主制度也许是“人类意识形态发展的终点”和“人类最后一种统治形式”，并因此构成了“历史的终结”。换句话说，在此之前的种种政体具有严重的缺陷及不合理的特征从而导致其衰落，而自由民主制度却正如人们所证明的那样不存在这种根本性的内在矛盾。这并不是说当今美国、法国或瑞士等国家的稳定的民主体制已不存在不公正或严重的社会问题，但这些问题则是因构建现代民主制度的两大基石——自由和平等的原理——尚未得到完全实现所造成的，并非原理本身的缺陷。或许当代有些国家能够实现稳定的自由民主制度，而且有些国家可能会倒退回其他更原始的统治方式，如神权政治或军人独裁，但我们却找不出比自由民主理念更好的意识形态。[1]

福山这部宣言式论著的出版，似乎标志着民主成为唯一合法政体选择的时代的到来。但福山显然是过于乐观了。

民主大论战并未终结

实际上，这场已经持续 2500 年的民主大论战并没有终结。如果现在打开英国金融时报中文网（即 FT 中文网），输入“民主”进行标题检索，就可以读到不少讨论民主衰落的文章。比如，2016 年 8 月 24 日的《英美民主政体遭遇危机》、8 月 18 日的《全球民主大衰退》、7 月 20 日的《特朗普崛起败坏民主声誉》、3 月 4 日的《特朗普现象凸显民

[1] 弗朗西斯·福山：《历史的终结及最后之人》，黄胜强、许铭原译，北京：中国社会科学出版社，2003 年，第 1 页。

主的迷失》、2015 年 12 月 14 日的《第四波民主化失败说明了什么》，等等。

如今，欧美其他主流媒体的版面上也充斥着许多关于民主的坏消息。比如，英国时政周刊《经济学人》2014 年 3 月 1 日刊发的封面文章《民主出了什么问题以及如何修复它？》，美国学术期刊《民主杂志》2015 年第一期举办的“民主衰退”专题讨论，影响都非常大。所有这些都表明，这场民主大论战并没有终结，而且在可预见的将来也不会终结。

时至今日，人类社会似乎又在经历民主政体的艰难时世。如今，甚至连“历史终结论”的提出者福山都撰文反思“为什么民主政体表现得如此之差”？这也抵消了不少原先人们对于全球民主革命的普遍乐观情绪。

确实，如今全球的民主治理正在遭遇挑战。美国的突出问题是 2016 年总统大选中左右撕裂的加剧和移民等问题上政治分歧的加大。一方面，这些现象说明美国贫富分化的问题正日益加剧。从 20 世纪 80 年代到现在，美国基尼系数从 0.3 左右上升到 0.4 左右。有机构估算，美国基尼系数已高达 0.41，要比很多欧洲国家高出了 25%—30%。另一方面，这些现象还说明美国由于欧洲裔白人人口比重的下降，未来可能会面临国家身份认同的挑战。塞缪尔 · 亨廷顿早在 2004 年出版的《我们是谁？》一书，就提出美国可能会由于族群和宗教多样化程度提高而出现国家身份认同的危机。[1]

欧洲现在面临的挑战是欧盟内部如何整合以及宗教、族群政治在欧洲的重新兴起。在这场危机中，难民和移民问题不过是冰山一角。

[1] 塞缪尔 · 亨廷顿：《我们是谁？美国国家特性面临的挑战》，程克雄译，北京：新华出版社，2005 年。

一个可供参考的简单数据是，如今伦敦的新生男孩名字排第一的是穆罕默德，布鲁塞尔的情况同样如此。这一现象引发了对欧洲可能加速穆斯林化的担忧。那么，欧洲能否恰当回应族群与宗教亚文化多元主义兴起的挑战呢？面对主导族裔人口出生率的下降和“宗教不宽容者”群体人口比例的上升，欧洲的民主治理将何去何从呢？

对发展中世界来说，它们在民主转型和民主治理上也面临不少难题。中东北非地区最近几年不仅面临着“阿拉伯之春”这场政治运动的挫败，而且还不得不面对恐怖主义崛起的严重威胁。对拉丁美洲来说，最近二三十年的经济数据并不理想。从 20 世纪 90 年代至今，拉丁美洲实现人均 GDP 翻番的国家很少，很多拉美大国过去 25 年的人均 GDP 总增长率不到 50%。

此外，如今全球范围内还出现了强人政治复兴的浪潮。俄罗斯就是一个典型，普京是 21 世纪的新政治强人，他继续掌权看上去是一个大概率事件。这样，普京领导俄罗斯的时间可能会超过 20 年。过去被认为中东北非地区发展样板的国家——土耳其，如今在民主和世俗国家两个维度上都遭遇了挑战。在 2016—2017 年的可疑政变和修宪公投之后，现任总统埃尔多安愈发展露出政治强人的姿态。如今，西方社会普遍担忧两个问题：第一，土耳其民主是否已经面临严重的衰退？第二，由于伊斯兰势力在政治上的强化，土耳其立宪主义国家与世俗国家的原则是否会被抛弃？

综合来看，对发展中世界来说，由于西方民主治理面临的挑战、非西方大国的崛起以及它们自身转型和治理方面的难题，如今很多国家更可能会失去方向感。这些国家究竟面临着怎样的政治经济发展前景？脚下的路又该怎么走？

我过去喜欢讲一个故事，发展中国家的发展很多时候都要靠“尾灯效应”。就像你在大雾天开车，前面的路看不清楚，这种情形下最好前面有一个尾灯。如果前面有一辆车一直在以稳定的速度前进，你只要跟着人家的尾灯就可以了，这样既安全又省心。但是，如果突然发现前方的尾灯消失了，那你该怎么办？你可能会陷入恐慌。

过去，对发展中世界来说，发展战略上一个非常重要的选项就是盯着发达国家的尾灯。在欧美第一波现代化国家起来以后，像日本这样的国家基本上就是跟着欧美的尾灯发展起来的，后来像韩国这样的国家也是这样发展起来的。最发达国家做什么，它们也做什么。它们不仅模仿最发达国家，而且力争在各方面做得更好。

但是，如果今天欧美国家本身遭遇了很多难题，发展中国家就容易失去方向感：到底应该跟谁学呢？应该学习何种模式呢？比如，很多非洲国家在20世纪90年代经历一波大的民主化浪潮后，如今却又面临着方向的迷茫和战略的彷徨。非洲到底应该向何处去呢？如果尾灯效应不再灵验，这确实是一个问题。因此，不仅民主大论战并未终结，而且跟民主治理有关的各种新挑战会层出不穷。

很多人担心，在民主的艰难时世，关于民主的信念是否会变得日益脆弱呢？这里不妨分享一下英国政治家温斯顿·丘吉尔的民主观。众所周知，丘吉尔是英国前首相，是民主派的政治领导人。那么，丘吉尔如何看待民主呢？关于民主的弊端，丘吉尔曾经这样说：

> 反民主的最好论证，就是跟一位普通投票者进行五分钟的谈话。

丘吉尔想说的是，你只要跟普通选民讨论五分钟公共问题——比如英国经济该怎么发展？基础设施应如何改善？医疗体制和养老金需要怎样改革？英国应该如何恰当处置与欧洲的关系？英国是否要控制移民？——你就会知道，他们的认知是多么不靠谱。言下之意是，只要你了解普通选民的认知能力，你恐怕就不会成为民主的支持者了。这句话表达了丘吉尔强烈的精英主义倾向。然而，丘吉尔还说过一句更著名的话：

> 没有人假装民主是完美的和全智的 (all—wise)，民主其实是最坏的政府形式——但要除了所有过去已经被尝试过的政府形式以外。

这句话有两个主张：一方面，是说民主并不完美；另一方面，是说在人类可以选择的政体范围内比较，民主还是最好的。实际上，丘吉尔的这一民主观常常被学界和媒体反复引用：民主并不完美，但民主是最不坏的统治形式。这佐证了丘吉尔仍然是民主政体的坚定支持者。或许丘吉尔真正思考的问题是如何在民主统治与精英治理之间寻求平衡。

1.4 民主概念的三个版本

讨论至此，我们仍然有一个重要问题没有解决，即如何界定民主。正如政治学者乔万尼·萨托利提醒我们的，民主确有所指吗？有效的讨论要以界定概念为前提，民主也不例外。那么，究竟什么是民主呢？这是一个最基本的政治学问题。有人说，民主就是主权在民。这种说法大致不错，但我们还需要追问：到底什么是主权在民？恐怕最好要给出一个可以操作的定义。

这里不妨打一个比方，吉林延边盛产一个水果品种，外形酷似苹果，又有点像梨，通俗的说法叫苹果梨。问题是：它到底是苹果还是梨呢？如果一个东西我们搞不清楚它是苹果还是梨，那是没有办法做研究的。大家可能还会发现，世界上既有长得像苹果的梨，又有长得像梨的苹果，两者往往难以区分。这个例子是一个具体的物品，相对还算容易区分。

而社会科学更关心抽象的东西。民主就是一个抽象概念。英国哲学家伯特兰·罗素曾这样写道："关于民主的讨论，无论支持的还是反对的论证，都没有什么思想价值，因为我们并不知道我们在讨论什么。"这句话好像在嘲讽整个民主学界，但大家想想，如果翻阅每天的报纸、打开新闻网站，这个问题是否确实存在呢？有效讨论民主的前提，首先要界定民主的概念。

民主就是人民当家做主

根据对观念史的梳理，迄今民主的概念有三个主要版本。第一个版本是，民主就是人民的统治，姑且称为民主概念的 1.0 版。用一句耳熟能详的话来说，民主就是人民当家做主。亚里士多德认为，所有统治可以分为三种类型：一人统治，即君主制；少数人统治，即贵族制；多数人统治，即民主制。至于亚里士多德更为精细的政体类型学，这里不再赘述。[1]所以，民主也可以被视为多数人的统治。

无论是人民的统治，还是多数人的统治，这种政体在统治实质和统治目标上应该有一个内在的规定性。什么叫统治的实质？就是说，到底由谁来统治。民主是人民在统治，是多数人在统治，这是统治实质的规定。什么叫统治目标？就是说，统治是服务于什么。既然是民主政体，它就应该服务于人民的利益、公众的利益、整个城邦的利益或整个共同体的利益。有了这种统治实质和统治目标的规定性，我们才能把一种政体称为民主。

尽管“民主是人民的统治”这种说法由来已久，但这个定义并不是没有它的问题。第一，谁是人民？有一种理解是，政治正确时，你才是人民；政治不正确时，你就不是人民了。这种说法更令人对“谁是人民”这个问题感到扑朔迷离。关于谁是人民，目前一般有几种说法：一是所有公民构成人民；二是政治共同体中的大多数人就是人民；三是政治共同体中政治正确的那部分人才是人民。最后一种说法的背后，是政治上的敌我之分。

第二，如何统治？当我们说人民统治时，人民到底怎么统治呢？

---

[1] 亚里士多德：《政治学》，吴寿彭译，北京：商务印书馆，2007 年，第 135-137 页。

人民亲自执掌国家权力？人民每天制定重大公共政策？其实，如果大家对真实政治世界有所了解的话，就会发现人民几乎是没有办法直接统治的。人民统治，必须要采取某种可以操作的方式或程序才能实现。如果是这样，这种操作的方式或程序就变得很关键，甚至可以决定其统治实质是否会偏离人民统治。

第三，如何区分民主的真伪？就像前面讲到的，第二次世界大战之后，世界上几乎所有国家都号称是民主国家，几乎所有党派都号称是民主党派，几乎所有政治家都号称是民主派政治家。那么，全球政体中还有不民主的吗？如果还存在着民主与不民主的差别，或民主程度高低的差异，那么又该如何区分呢？

民主就是竞争性的选举制度

所有这些都表明，民主概念的1.0版有它自身难以解决的问题。只要有问题，就会有人出来解决问题。20世纪有一位名叫约瑟夫·熊彼特的了不起的经济学家，他是奥地利人，后来移居美国，是20世纪最有影响力的经济学家之一。1942年，他在《资本主义、社会主义与民主》一书中提出了民主概念的2.0版。熊彼特说：

> 民主方法就是那种为作出政治决定而实行的制度安排，在这种安排中，某些人通过争取人民选票取得作决定的权力。[1]

---

[1] 约瑟夫·熊彼特：《资本主义、社会主义与民主》，吴良健译，北京：商务印书馆，2007年，第395–396页。

这个定义是说，人民手中握有选票，如果你想获得公共职位以及获得做出决定的权力，那你就必须要去竞争人民手中的选票。实际上，这是一个关于民主的程序性定义，其核心是竞争性的选举制度。这一制度有两个关键要素，一是政治参与，即普通人的政治参与，普通公民拥有投票权；二是政治竞争，即政治精英之间为获取政治权力而展开的政治竞争。当然，普通公民也有资格参与公共职位的竞争。只不过当他竞争公共职位时，这个人已经被视为政治精英了。

按照熊彼特的观点，民主制度的核心是普通民众的政治参与加上精英的政治竞争。那么，熊彼特又怎样看民众在其中的角色呢？其实，他是一个精英主义民主论者。他甚至这样说，所谓民主不过是人民有权利接受或拒绝统治他们的人的机会。熊彼特想得很透彻，人民实际上没有办法自己统治自己，而必须有人来实际行使统治权。那么，怎样决定由谁来行使统治权呢？在公民拥有普选权的条件下，政治精英们可以通过竞争人民手中的选票、借助多数当选的规则来获取统治权。所以，民主概念的 2.0 版是指，民主是一种竞争性的选举制度。

实际上，今天国际上最前沿的民主研究采用的主要是这种定义。国际上关于民主的大量论文和专著都是以这一定义为基础的，很多定量研究数据库也是根据这一定义来设定具体指标的。与 1.0 版相比，民主概念的 2.0 版有着显著的优势：一方面，它界定了谁是人民、如何统治这样的程序性问题；另一方面，它能够借助具体制度的差异来区分民主的真与伪。

但这一定义仍然有它的问题。目前最流行的一个质疑是，有人说这其实不是民主，而是选主（electocracy）。[1] 如果民主是竞争性选举

---

[1] 王绍光主编《选主批判》，欧树军译，北京：北京大学出版社，2014 年。

制度，那么就存在一种可能性：谁控制了选举，谁就控制了民主（或国家权力）。而要控制选举，其实是有技巧的。即便不做专门的研究，我们可以提出几个简单的猜想。比如，选举要不要钱？要的。资金越多，优势就越大。选举要不要团队？要的。建立一个有效的竞选团队很重要，最好能拥有一个职业化程度高的竞选组织。选举要不要做广告？要的。如果在选举年份去欧美国家旅行，大家就会发现街头和媒体上有大量的竞选广告。选举要不要动员？要的。如果有更强大的动员能力，能够从中央到地方全面覆盖，这样的竞选者更有机会胜选。此外，为了实现这些目标，选举要不要有一个强大的政治组织做后盾？要的。最好能够有一个覆盖全国的、能力强大的政党，这种优势会非常大。

根据上面的猜想，除了候选人本身的条件，我们不妨假定资金、竞选团队、广告、动员机制和政治组织这五个因素是胜选的关键。既然如此，谁有办法控制资金、竞选团队、广告、动员机制和政治组织这些因素，谁就更有机会赢得或控制选举。如果是这样，到底是人民在控制选举，还是有势力的政治家和寡头们借助有效的资源和高超的政治技艺在控制选举呢？实际上，自民主政体诞生以来，这种质疑一直就存在。

第二个质疑是针对选举本身的。大家知道，现实政治都是不完美的，所以选举也是不完美的。问题是，选举能够做到基本的自由与公正吗？有人会买卖选票或选举舞弊吗？有人会利用自身有利的政治地位来操纵选举吗？当然，这是有可能的。在不少新兴民主国家，这种可能性还很高。美国政治学者皮帕·诺里斯最近出版了一本书，名叫《为什么选举会失败？》，研究主题就涉及新兴民主国家选举的公正性和有效性。[1]

当选举过程发生严重舞弊时，或选举本身被操纵时，选举结果就不能真实反映民意了。有人会说，某些国家貌似在选举，但其实这个选举是假的，不过是背后的政治力量在上演“民主表演剧目”。拿现在的俄罗斯来说，国际上很多学者与选举观察机构都质疑其大选的公正性。因此，当我们说“民主是一种竞争性的选举制度”时，是不是太重视选举形式而忽略了民主的实质呢？

第三个质疑是说，有的国家尽管有可靠的选举，但其真实的政治运作早已偏离民主的实质。举例来说，一个非洲国家分为北方和南方，由于历史原因，北方和南方的族群与宗教不同，北方内陆多数人信仰伊斯兰教而南方沿海多数人信仰基督教。从人口上看，北方占有55%的优势人口，南方占有45%的人口。在这种社会结构下，选举的结果通常是北方主要政党胜出，该党会控制总统职位或议会多数议席。当选之后，该主要政党把大部分财政资源与公共资金以大型厂矿建设、基础设施投资、教育资源投入等方式投放在北方地区，而南方45%的人口却很难从中央政府的财政预算与公共资金中得到成比例的好处。

那么，这种政治运作还是民主的吗？实际上，45%的南方选民在政治和政策上处于严重的受歧视地位。这种公共政策的背景，不过是北方主要政党依靠55%的人口优势控制了总统职位或议会多数席位。这样的政治运作，其实是对民主实质的严重偏离。

---

[1] Pippa Norris, *Why Elections Fail* (Cambridge: Cambridge University Press, 2015).

基于法治的复合型政体

所有这些质疑都跟民主概念 2.0 版有关。这些质疑未必都算得上逻辑严密，但或多或少反映了民主 2.0 版的缺憾。自 20 世纪 90 年代以来，国际学术界又出现了一种复合型的民主概念。这种观点认为，现代民主是一种复合型政体，其最简单的公式是选举民主加上法治，这被视为民主概念的 3.0 版。[1] 这里的选举民主是最低限度的民主，也是民主的门槛。如果一个国家没有选举民主，那它就不是民主政体。但是，光有选举民主是不够的。唯有选举民主加上法治，才构成一个复合型的现代民主政体，亦即主流话语体系中的自由主义民主政体（liberal democracy）。

那么，法治有什么功能呢？这里探讨的不是法治的一般功能，而是要探讨法治对民主政体的功能。（1）法治保护了公民的基本自由权。要知道，只有那些公民拥有表达和参与自由的社会，才有可能是民主的，而法治提供了这种必要的保护。（2）法治要确保选举本身的自由与公正，确保政治规则制定与操作的合法性，确保不同政治力量在政治上处于平等地位。（3）法治不仅要求普通公民守法，而且还要求执政者守法和恪守民主规则。在很多发展中国家，已经当选和执政的总统、总理与执政党通常都拥有巨大的在位者优势。一个总统或总理不仅控制着军队和普通的行政机构，而且还控制着情报部门、安全机构。这样的实权在位者，面对反对派竞争时，他真的会恪守民主规则吗？他可能面临着动用情报部门和安全机构来打压反对派政治家的巨大诱

[1] 现代民主政体应该包括法治要素，否则就是非自由主义民主政体，相关论述参见 Fareed Zzkaria," The Rise of Illiberal Democracy," in *Foreign Affairs*, Vol.76, No.6(Nov.–Dec., 1997), pp.22–43.

惑。实际上，这是很多国家已经发生或正在发生的事情。所以，法治也是约束执政者守法和恪守民主规则的重要机制。（4）很多新兴民主国家都出现过重大的政治争端，若非通过和平的法律方式来解决，就会相当危险。如果法治传统能在解决政治争端方面扮演重要的角色，这样的民主政体往往更为稳定。

然而，这一民主概念的3.0版仍然存有某种缺憾。有人批评道，这个概念的最大问题是，仿佛仅有民主是不够的，还必须加上别的重要附加条件。换句话说，仅仅有政治参与、政治竞争、多数规则、胜者当选这一整套制度安排，还远不足以保证民主品质和实现善治；只有加上其他的重要附加条件，才有可能保证民主品质和实现善治，才是值得我们期待的那种民主。这似乎意味着，所谓“带形容词前缀的民主”才是好民主；如果没有某个前缀，民主本身就大有问题了。

自由主义民主其实是自由加民主，立宪民主是立宪主义加民主，法治民主是法治加民主。那么，问题又来了：当讨论带前缀的民主时，我们到底在讨论什么？是讨论民主政体本身，还是讨论自由、立宪主义或法治这些前缀条件的价值呢？如果讨论民主本身，为什么一定要给民主加上其他重要的附加条件呢？打个比方，就如同鱼的味道未必很好，但加上各种配料和调料，做成水煮鱼、酸菜鱼或松鼠鱼以后，味道就变好了。讨论民主时，我们不停地往民主的概念里添加各种调料。但这样一来，我们讨论的还是民主吗？这大概是民主概念3.0版的最大问题。

1.5 高调的民主理想与无奈的民主现实

我们至此已经做了很多观念史的考察，这种概念的辨析其实更多是在界定民主的理想状态。问题是，民主的理想并不同于民主的现实。很多人讨论民主时，容易混淆民主的理想与民主的现实。众人期待的往往是理想中的民主，这种民主既意味着政治参与和政治竞争，又意味着对自由、法治和人权的尊重，同时还意味着让一个社会变得更加繁荣、和谐、平等和善治。尽管人们可以期待这种“理想中的民主”，但一个社会实际得到的只是“现实中的民主”。

一个最简单的例子是，大家通常设想民主能有效消除腐败，而现实又怎样呢？一部分民主国家就难以有效控制腐败，比如印度就是这样的一个国家。即便同样是成熟发达的欧盟民主国家，意大利的腐败程度远比丹麦和德国严重。当然，总体上民主在抑制腐败方面要比非民主政体成功得多。

政体比较要区分理想与现实

在政体论战中，有人喜欢用民主的理想状态来论证非民主现实状态的不合理性。比如，看到非民主政体下存在着各种问题，很多人期待民主化能够解决这些问题。正如上文提到的，如果一个国家很腐败，大家就期待民主化能解决腐败问题。实际上，民主和腐败的关系是非常复杂的。目前为止，经验研究所能揭示的是，民主是大国解决腐败问题的必要条件，但不是充分条件。

还有人喜欢用民主现实状态的不完美来论证民主的不合理性。比如，有的新兴民主国家，议会开会时发生过议员互相打架的现象，照片被拍下来放在互联网上。有人会问，难道民主的议会就是这样吗？有的国家结束大选后，政治抗争活动不断，败选一方始终不能接受选举结果，甚至想让政治秩序瘫痪。有人会说，看来民主选举的结果并不理想。以修筑高铁为例，有些国家或地区从提议修筑高铁至今已过去很多年，但并没有实质性的进展。有人质疑，这就是民主的效率吗？当然，这些案例并非民主治理的理想状态，这不过是民主运转实际可能出现的情形。如果据此认为民主本身就是不合理的统治类型，未免过于武断。当我们试图用民主现实状态的不满意来论证民主的不合理性时，可能忽略了问题的另一面：非民主政体的现实状况更令人满意吗？

罗伯特·达尔在《民主及其批评者》一书中提醒大家，政体之间比较需要明确，究竟是基于理想的层面，还是基于现实的层面。一个典型的错误做法，是拿理想中的威权政体与现实版的民主政体做比较。达尔生动地说：

> 在进行这类比照之中，我们必须避免将理想的橘子与现实的苹果相对照，也就是设计一个精确的程序，以表明现实的苹果要比理想的橘子低劣。……将民主理想与护卫者统治的理想加以比照，将民主在实践中的现实状况与等级制在实践中的现实状况加以比照，这样做似乎更为恰当。

所以，不应该设想一个理想的、完美的威权政体来比照现实中的、有缺陷的民主政体。当然，反过来也一样。正确的做法是，理想的威权政体要和理想的民主政体相比较，现实的威权政体要和现实的民主政体相比较。

另一个相关的问题是，研究不同政体的绩效时，究竟是比较它们的最佳表现还是最差表现？这里的标准也要统一。一个错误的做法是拿表现最佳的威权政体与表现最差的民主政体进行比较。最坏的民主会滑向“多数暴政”，最好的威权统治是少数精英掌权的善治，两者高下自不待言。但达尔指出，这样的比较是不公平的。正确的做法是，最好的威权统治应该与最好的民主做对比，最坏的民主也应该跟最坏的威权统治做对比。

有人强调民主体制下的政治决策风险，达尔则这样比较民主与威权政体的政治决策风险：

> 事实上，每一个民主体制要承受人们犯错误的风险。但错误的风险存在于现实世界的所有体制之中，而且20世纪最为糟糕的错误就是非民主体制下的领导人犯下的。[1]

两类国家的治理：新西兰与印度

在国内舆论场上，一说起民主政治的实践，大家首先容易想到英国和美国。但实际上，在民主国家的光谱中，英美两国处于高质量的一端，而不少新兴民主国家的民主治理品质并不理想。拿议会现场来说，英国议会通常都是井然有序的，执政党与反对党议员分坐两侧，

[1] 达尔这里的言论参见罗伯特·A. 达尔《民主及其批评者》，曹海军、佟德志译，北京：中国人民大学出版社，2016年，第108-109、101页。

在辩论阶段都能做到有理有据、有礼有节，在投票环节则严守规则。而在一些新兴民主国家，议会现场会因议员在辩论环节互相厮打而陷入混乱，议会也会由于议员频繁使用阻碍议事程序而陷入瘫痪。如果说前者是迄今人类民主现场的标杆，那么后者是很多新兴民主政体的真实境况。

所有民主国家可以分为发达民主国家和发展中民主国家两类，而两者在治理绩效上的差异很大。若按照治理质量的高低去区分，多数发达民主国家都实现了高质量治理，英美两国大概是其中的典范；也有少数发达民主国家无法实现高质量治理，比如希腊目前就难以处理自身的债务与治理危机，但这样的国家不算很多。

对发展中民主国家来说，能够实现高质量治理的国家则只占一定比例。当然，这种比例上的划分跟我们对善治的要求有关。如果最低限度的善治只是国家不陷入内乱、经济没有大的衰退，那么多数新兴的发展中民主国家算得上已经实现合格的治理了。但是，如果善治的标准不只是这些，还包括经济的持续增长、教育程度的不断提高、人均寿命的稳步增加、社会不平等程度的降低、高效能和清廉的官僚体系、可持续的科技与经济创新，等等，那么只有较少的发展中民主国家能做到这些。大家不要把这里的讨论视为反民主或否定民主治理的绩效，这只不过是介绍一下全球范围内民主治理绩效分化的真实情形。

我们不妨以新西兰和印度两国为例来进行民主治理绩效的比较。这里的比较指标主要是世界银行公布的评级指数——全球治理指数（worldwide governance indicators），这一指数包括公民表达与问责制（voice and accountability）、政治稳定与控制暴力（political stability and absence of violence/terrorism）、政府效能（government effectiveness）、管制质量（regulatory quality）、法治（rule of law）和控制腐败

(control of corruption)等六个指标。[1] 图 1.1 的全球治理指数显示，在百分制标准分中，新西兰最近 10 年（2006—2016 年）有 5 个全球治理指数的分值几乎都在 95 分以上，大部分评分落在 97—100 分的区间，属于全球善治程度最高的国家之一。只有政治稳定与控制暴力一个指标，新西兰的得分曾低于 90 分，但后来很快就有提升，最新评级已高达 99 分。即便在发达国家中，新西兰也是发达民主国家善治的样板。

如果考察印度最近 10 年（2006—2016 年）的数据，就会发现，在百分制标准分中，该国的政治稳定与控制暴力指标低于 20 分，管制质量和控制腐败指标大约在 40 分上下波动，政府效能和法治两项指标落在 50—60 分的区间，而仅有公民表达与问责制一项指标刚好超过 60 分。这些数据代表的是印度民主政体的治理水准，印度尽管是一个具有 70 年民主历史的国家，但离高质量的民主与善治还有一段很长的路。

新西兰与印度的案例比较显示，发达民主国家与发展中民主国家的治理绩效差距很大。对发展中民主国家来说，要实现高质量的民主治理决非易事，这也是考察民主现实的一个方面。这并不意味着，像印度这样的国家若蜕变为非民主政体，其公共治理表现就会更好。曾经同为英国殖民地、民主程度远低于印度的巴基斯坦和孟加拉国，公共治理表现跟印度相比要更为逊色。

所以，民主与否只是决定其治理绩效的一个制度因素。从经验来看，当很多原先落后的发展中国家迈过人均 GDP10000 美元、20000 美元的门槛时，这些国家的全球治理指数评级也会水涨船高。

[1] 全球治理指数的数据来源于世界银行的相关网站：http://info.worldbank.org/governance/wgi/#home

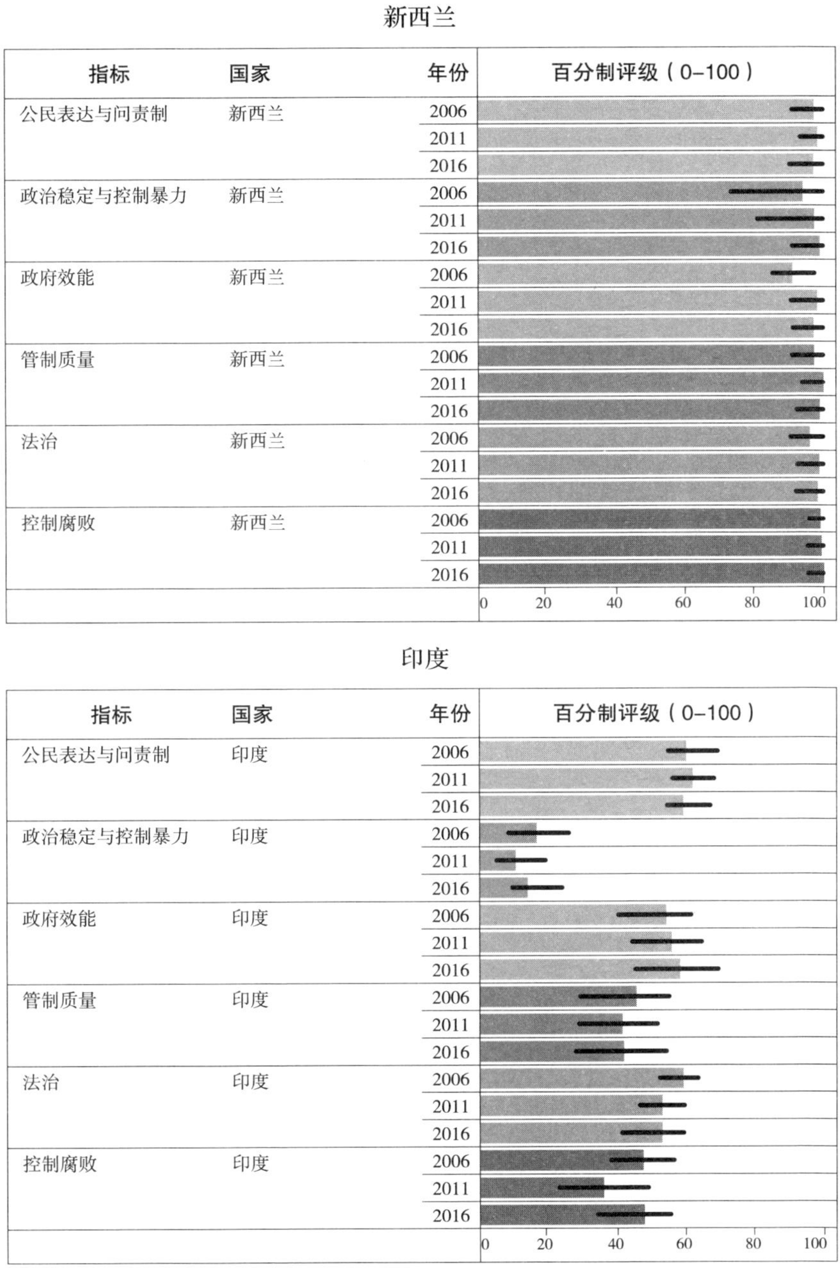

图 1.1 新西兰与印度的全球治理指数比较（2006—2016 年）

资料来源：世界银行网站全球治理指数数据，参考网址 http://info.worldbank.org/governance/wgi/#reports

新兴政体的转型难题

另一个绕不过去的现实问题是，不少新兴民主国家都会面临如何完成转型的难题。对于中等收入与低收入的国家组别来说，不少国家都遇到了民主转型的困境。比如，泰国的民主就很难运转起来。过去的经验表明，泰国的民主通常是短命的。一个常见的模式是，大选结束后，反对派就会发动大规模的街头抗争，直至政治冲突升级导致首都政治秩序瘫痪。此时，泰国军方就会站出来。当然，泰国在民主转型上算是一个比较特殊的案例，该国屡次启动转型，又屡次遭遇挫败。在第三波民主化中，也有很多像西班牙、葡萄牙、捷克、韩国这样的成功转型案例。但即便是民主能运转起来的国家，民主体制就能得到巩固吗？民主治理就能产生好的绩效吗？从全球转型的经验来看，新兴民主政体在这方面的挑战仍然很大。

过去，学术界和媒体关于民主转型曾有过一种过分简单的认知，有人称之为“民主转型三部曲”：威权垮台、启动转型与民主巩固。这种认知让人想起青春肥皂剧，年轻的男孩女孩偶遇之后，第一步是约会，第二步是恋爱，第三步是结婚。从此，他们就幸福地生活在一起了。但实际上，有生活经验的人知道，各种各样的问题仍会不断涌现。类似的，“民主转型三部曲”也是一种过分简单化的误读。

经验告诉我们，民主转型更可能是一个结果不确定、充满各种挑战、历时漫长的政治过程。其实，我们理解民主和民主转型也需要经历一个从天上到人间的过程。与其基于单纯的政治理念，以过分理想化的视角来理解民主，不如放眼全球，基于各国的真实经验来考察民主转型的政治逻辑。这也是本书的写作目标。

1.6 民主是自由之敌还是自由之友?

民主论战的另一个重要议题，是民主与政治诸要素之间的关系，比如民主与自由、民主与法治、民主与平等、民主与市场、民主与国家，等等。解读民主与政治诸要素之间的关系，构成了理解现代民主的一个重要视角。

自由是目的，民主是手段?

民主与自由的关系从来都是政治哲学领域的热门话题。过去一个常见的说法是：民主是手段，自由是目的。这个观点反映出价值排序的优先性，即自由具有更高的价值。但这只代表了一种观点。

若深入思考，就会发现民主与自由存在着两种不同的逻辑。一是两者互相冲突的逻辑，这种可能性确实存在。按照经济学家弗里德里希·哈耶克的说法，自由是“一个人不受其他某人或某些人武断意志的强制”，或者说自由就是免于强制。[1]英国近代哲学家约翰·洛克把社会成员的生命权、自由权与财产权得到确定无疑的保护视为自由问题的核心。[2]根据这种观点，一个人来到世界最重要的不是能不能投票，而是这些基础性的自由权利能否得到确定的保障。英国哲学家约翰·斯图亚特·密尔则认为：

[1] 弗里德里希·奥古斯都·冯·哈耶克：《自由宪章》，杨玉生等译，杨玉生等校，北京：中国社会科学出版社，2012 年，第 27–43 页。

[2] 洛克：《政府论》(下篇)，叶启芳、瞿菊农译，北京：商务印书馆，1996 年。

对于文明群体中的任何一名成员，可以违反其意志而正当地行使权力的唯一目的，就是防止对他人的伤害。至于这个人自己的好处，无论物质上的还是精神上的，都不是充足的正当理由。……只有涉及他人的那部分行为，才是任何人应该对社会负责的行为。从正当性上说，在仅涉及他自己的那部分行为上，他的独立性是绝对的。对于他自己，对于他的身体和心智，个人是最高主权者。[1]

根据这些观点，自由的道理与民主的道理是两回事。有人甚至担心，民主可能侵犯自由。在政治决策中，民主高度依赖于多数规则，但多数规则下不见得会做出尊重自由的决定。如果一个由多数规则做出的政治决定是侵犯自由的，那么，此时的民主就是反自由的。

自由派确实有理由担心：当民主规则意味着多数派做决定时，少数派的权利是否能得到保障呢？进一步说，这种多数决定规则是否可能导致多数暴政呢？若自由派笃定认为，自由才是优先价值，那么只有当民主保障自由时，这种民主才是令人向往的；当民主侵犯自由时，民主就不再是理想的统治秩序了。

第二种逻辑恰恰相反，即民主与自由互相兼容的逻辑。古典自由主义的经典教义是：统治应该基于被治者的同意。这既是约翰·洛克阐述的政治原则，也是美国《独立宣言》的基本思想。按照这一经典教义，有人会问："既然统治应该基于被治者的同意，那么被治者如何同意呢？我们需要建立一个怎样的制度与程序来确保这种被治者的同

[1] 约翰·密尔：《论自由》，顾肃译，南京：译林出版社，2010年，第10–11页。

意呢？”依此原则，迄今，人类统治秩序中，只有一种与之对应的统治形式，那就是民主。只有民主政体，才有可能落实“统治应该基于被治者同意”的原则。所以，这是从自由原则推导出民主规则的一种逻辑。

此外，民主固然可能侵害自由，但与民主相比，非民主政体更能促进自由吗？或许，在民主化时代之前的欧洲，符合立宪原则的非民主政体有可能是自由的保障。除此之外，亚非拉地区的非民主政体通常都是自由的破坏者。从概率上看，与非民主政体相比，民主政体当然更有可能是自由的捍卫者。

重要的不是民主而是法治？

民主和法治的关系同样重要。北京大学潘维教授曾出版过一部书，名叫《法治与“民主迷信”》，其核心观点是：对一个国家来说最重要的是法治，而非民主。[1]他甚至把很多人比较坚定的民主信念称为“民主迷信”。这一派学者主张“重要的不是民主而是法治”，不妨称之为“法治优先派”。他们大致是说，只要有法治，即便无民主，善治可期；但如果只有民主而无法治，则容易沦为多数暴政。

从全球经验来看，欧洲法治与民主史可以作为这种观点的佐证。以英国为例，英格兰1215年签署了《大宪章》，1258年又签署了《牛津条约》，由此国王的权力受到了约束，同时一个贵族会议得以创建并最终进化为后来的英国议会。但在相当长的时间里，英国（1832年之

[1] 潘维：《法治与“民主迷信”：一个法治主义者眼中的中国现代化和世界秩序》，香港：香港社会科学出版有限公司，2003年。

前）拥有投票权的人不足5%。所以，英国直到19世纪中叶都不算是严格的民主政体，而是一种少数人拥有投票权的竞争性精英政体。但是，这种统治尊重英国成文的和不成文的法律与惯例，政府发号施令建立在法治的基础上。英国作为一个案例似乎可以证明，只要有法治，即便民主程度不足，亦有可能实现一种优良的统治秩序。

然而，世界上的其他国家并非都是近现代的英国或欧陆国家。“民主优先派”（姑且这样称呼）对此的一个质疑是，优良的法治传统主要存在于欧洲。如果没有优良的法治传统，再加上没有民主来约束统治者，这样的国家能够实现善治吗？尤其是，如果统治者倾向于制定恶法或破坏法治，这个社会若同时缺少民主对统治者的控制，那么善治如何可能呢？对于欧洲文明之外缺少法治传统的国家来说，如果民主缺位，统治者是根本无法被约束的。

因此，“民主优先派”认为，民主是实现善治的必要条件。其实，这一派很难说是真正主张民主优先论，他们通常强调民主与法治需要携手并进，但他们确定无疑地反对只要法治而认为民主可有可无的观点。

我们究竟需要何种政治平等？

民主与平等的关系也是一个经久不衰的议题。民主能够促进平等吗？或者，民主能够实现何种政治平等？《论政治平等》一书强化了罗伯特·达尔关于政治平等的观点，表明他更坚定地站在了左派阵营。在美国的政治传统中，开国之父们对基本政治权利平等之上的其他平等并不重视，甚至还有所警惕。达尔则试图寻求某种实质性的平等。在他的框架中，权力就是影响力，真正意义上的政治平等就是每个公民获得相当的或同等的政治影响力。[1]当然，很多人认为这种主张是一种政治幻想。这如何可能呢？

如果说民主至少意味着基本的政治身份平等，这是很多不同流派的思想家都乐意接受的观点。美国《独立宣言》就表达了类似的观点，即所有人生而平等。这是某种基础性的政治平等，亦即政治权利的平等或形式上的政治平等。当然，如果放到历史长河中去考察，这种基础性的政治平等其实也来之不易，可以算人类政治史上的一项伟大创造。在过去数千年中，全球范围内的大部分国家、文明和政治体都没有办法实现这种基本的政治平等。相反，这主要是最近200多年的事情。

但有人觉得仅有基本的政治身份平等、投票权的平等以及法律面前的人人平等，还不能令人满意。他们期待民主能增进一个社会的实质性平等。然而，几乎所有社会中都存在着贫富差距。不同职业、行业、教育水平、家庭出身的人，收入和财富水平的差距往往是巨大的。在被视为现代民主典范的美国，有的500强公司CEO年收入高达上千万美元，很多普通人一年薪水则不足4万美元。此外，不同人的政治影响力也是不同的。统治精英、高级官僚、跨国公司高管、公共知识分子、演艺明星的政治影响力通常都比较大，而普通公民的政治影响力则相当有限。如果理想中的政治平等意味着政治影响力的相当，那么保守派会认为这是无法做到的。

大家关心的是，一个社会到底能够实现什么样的民主或平等呢？平民主义民主论和精英主义民主论在这方面的分歧很大。达尔期待的是寻求实质性平等的民主。麦迪逊和熊彼特等人则认为，最多能够实现的是大众统治与精英治理相结合的民主，但精英无疑会比普通民众

---

[1] 罗伯特·达尔：《论政治平等》，谢岳译，上海：上海人民出版社，2010年。

拥有更高的社会阶层和更大的政治影响力。在他们看来，完全意义上的实质性平等，则是任何社会难以企及的。

民主与市场：朋友还是对手？

有人还关心，民主和市场是什么关系？2008年全球金融危机之后，美国出现了占领华尔街运动。这些占领者声称：他们是99%的普通人，而华尔街那些贪婪的金融寡头与投机者正在剥削整个美国。这个例子似乎预示着，代表“民主力量”的多数普通人对不受节制的市场力量——至少是对金融市场——感到不满和厌恶。

那么，民主反对市场吗？似乎并非如此。今天，欧美发达国家的标准制度配置就是自由民主政体与市场经济模式的组合。英国、美国、法国、德国、澳大利亚、日本莫不如此，但问题是，民主政体和市场经济一定是朋友吗？抑或，它们还可能是对手？

一种可能是民主和市场的相互强化。一方面，放眼全球，自由民主政体通常都致力于保护产权，民主政体下的政府也是责任政府。产权保护加责任政府，一般都有利于市场经济的成长发育。否则，如果政治权力不受约束或胡作非为，市场经济就难以获得充分的成长空间。比如，美国经济学家道格拉斯·诺思在《经济史上的结构与变革》中讲过一个故事：近代法国南部曾经有一个发达市场，后来，法国国王不知节制，开始对该市场征收高额税费，结果这个市场就慢慢衰落了。

另一方面，市场经济更容易造就经济繁荣，同时有利于培育一个社会的多元力量。从经验上看，只有市场经济模式，才会造就持久的经济繁荣。此外，由于资本掌握在不同人和不同企业的手中，市场经济是典型的多元化经济，有助于孕育多元的社会力量。如果一个社会既富有又多元，就更有可能促成民主的兴起与巩固。

简而言之，民主政体保护产权，塑造责任政府，有助于促进市场经济；而市场经济创造经济繁荣、维系多元社会，有助于强化民主，两者是相辅相成的。经验告诉我们，从 19 世纪到 20 世纪两大强国——英国和美国——的成功，很大程度上都得益于这种民主政体与市场经济的互相强化。

另一种可能是民主和市场的互相削弱。一方面，民主可能要求更多的政府干预及推行再分配政策。民主政府的惯常做法是更多的政府干预、更大的政府规模、更高的所得税率以及更积极的再分配政策。这些政策最初往往来自普通民众对民主政府的施压。然而，市场经济要求资源根据效率原则进行自由流动和有效配置。从这个视角看，民主政府的政策有可能会跟市场经济模式相冲突，或者会削弱市场的力量。

另一方面，市场经济的运作机制与结果可能也会削弱民主的力量。市场承认贫富差距（注意这里用的不是“加剧”，因为非市场经济体制下的贫富分化可能同样严重），市场还会强化资本力量。在一个贫富分化严重的社会，民主政体往往更难维系，原因在于穷人容易产生革命性的要求，富人则由于不安全感而倾向于反对民主。此外，资本力量若过于强大，可能会试图控制政治过程。美国允许政治捐款，但国会曾经立法给每场选举中针对一个候选人的政治捐款设定了上限，就是希望抑制资本对政治的过大影响力。这种立法的背后，也是民主体制对资本力量的担忧。

简而言之，民主政府有可能强化政府干预和再分配政策，结果就会削弱市场力量；市场承认贫富差距并强化资本力量，可能反过来削弱民主政体的社会基础，两者之间还存在着潜在的对抗逻辑。

被启蒙传统忽略的国家

最后一个重要问题是民主与国家的关系。自启蒙运动以来，西方社会的主流意识形态把国家视为一种“必要的恶”，政治上的实际做法则是限制国家。这套限制国家的标准配置，包括立宪、法治、民主、有限政府和分权制衡等一整套制度安排。这种政治观念的主要倾向是防止国家干坏事。我曾在别处讲过一个流行的美国小故事，正好对应了这种国家观。

> 圣诞节快要到了，美国有个小男孩想得到一份圣诞节礼物。他决定向上帝求助，他寄给上帝的明信片上写着：“亲爱的上帝，圣诞节马上就到了，你能否赐予我100美元作为圣诞节礼物？感谢上帝！”邮递员由于找不到上帝，就把这张明信片寄到了白宫。几天之后，美国总统收到这张本来要寄给上帝的明信片。其实，总统秘书不过是想让总统开心一下。读到小男孩的信后，这位总统慷慨地从钱包里抽出50美元，委托秘书把钱寄出去。这样，几天后小男孩就收到了从白宫寄来的50美元。
>
> 又过了一些天，这位好心的总统收到了小男孩写给上帝的回信。上面写着：“亲爱的上帝，感谢您给我寄来钱作为圣诞节礼物。可是，当您的钱经过白宫时，被那帮狗娘养的克扣了50美元，所以我只收到了50美元。再次感谢上帝！”

这个故事的寓意是一个普通的美国小男孩对国家权力都抱有深刻的警惕。的确，防止国家干坏事很重要。但另一个问题随之而来：国家有能力做好事吗？对很多发展中国家来说，它们可能更需要国家有能力做好事。比如，1947 年印度独立时，作为总理的贾瓦哈拉尔·尼赫鲁看到的是印度的人均 GDP 不足 100 美金，以及印度与欧洲之间的鸿沟。作为领导人的尼赫鲁有很大的冲动，要把印度这个新生国家带上一条现代化的道路。那么，“印度国家”能够胜任这一任务吗？

这里首要的问题是国家本身，即国家能完成有效的构建吗？相反的例子是，有些国家在独立建国后不久就面临着国家垮塌与解体的危机。比如，20 世纪 60 年代的尼日利亚在独立后不久即陷入内战。再比如，苏丹自独立以来一直内乱不断，最后不得不分裂为苏丹和南苏丹。对这样的社会来说，国家构建本身是一个重要的政治问题。

如果国家构建的任务基本完成，那么随之而来的问题是国家能力或政府效能的塑造。美国建国之初同样面临着这样的挑战，即能否塑造一个有效能的联邦政府。在《联邦党人文集》这部讨论分权制衡的经典作品中，亚历山大·汉密尔顿反复论述塑造强有力的联邦政府的重要性。

当然，经济学家通常不喜欢讨论国家能力的问题。一位很有名望的经济学家在微信上跟我讨论，他同样认为国家能力是一个误导性的概念。但是，从政治学角度看，国家能力还是一个有意义的概念。当国家能力不足时，不少发展中国家——特别是在那些宗教或族群分裂程度很高的社会——随时可能会面临国家失败的风险。本书后面还会讨论，20 世纪 80 年代以来，国际学术界的重要进展之一是找回了被启蒙传统忽略的国家。当政体理论与国家理论相结合，或者说当民主与有效国家相结合时，我们才更容易理解人类政治生活背后的真实逻辑。

第2讲 民主作为政治发明：从古希腊到近代英国

现代民主的理论和实践不仅仅源自古代城邦民治政府的遗绪，而且吸取了其他演进与革命两方面的历史经验，它们是没有充分融合的要素的混合物。……

为了帮助我们理解我们称之为“民主”的混合物是何以形成的，我打算对其最重要的四个来源进行一番描述。……这四个来源分别是：古希腊；共和主义传统，该传统主要来自罗马以及中世纪和文艺复兴时期的意大利城市国家；代议制政府的理念和制度；以及政治平等的逻辑。

——罗伯特·达尔

2.1 政治改革与雅典城邦民主的运作

从这里开始，我们将要陆续介绍人类民主演进史的基本脉络——从古希腊民主制的缘起，到古罗马共和制的勃兴，然后到英国议会政治的进化，再到从 19 世纪至今的三波民主化浪潮。按照罗伯特·达尔的观点，现代民主是一种复合型政体，包含了古希腊贡献的民主因素、古罗马贡献的共和主义传统、英格兰贡献的成熟代议制以及欧洲北美所贡献的政治平等逻辑。[1]所以，人类民主演进史的故事还是要从古希腊城邦说起。

雅典城邦民主为何兴起?

一般认为，人类早期民主政体的完整实践可以追溯至古希腊的雅典城邦。[2]关于雅典城邦的民主政体，我们曾在最初的文字中有所涉及。那么，为什么古典民主政体首先兴起于古希腊的雅典城邦呢？由于史料的缺乏，古典史学者对此也难有共识，目前有几种比较流行的观点。

---

[1] 罗伯特·A. 达尔:《民主及其批评者》，曹海军、佟德志译，北京：中国人民大学出版社，2016 年，第 13-41 页。

[2] 尽管有人认为民主的零星实践要早于古希腊，但作为一整套政治制度的民主无疑是起源于雅典城邦。参见约翰·邓恩《让人民自由：民主的历史》，尹钛译，北京：新星出版社，2010 年；约翰·基恩《生死民主》，安雯译，北京：中央编译出版社，2016 年。关于雅典城邦政治的研究，参见梅耶《古希腊政治的起源》，王师译，上海：华东师范大学出版社，2013 年。

第一种观点可以称为地理条件假说。古希腊（包括雅典）位于爱琴海与地中海的海滨，有着非常曲折的海岸线、众多的岛屿以及高低不平的山地。按照托马斯·霍布斯的逻辑，任何地方首先都需要被统治。但如果一个较大的王国想统治整个古希腊的地理范围，这样的地理条件会带来技术上的困难。

在古代世界，几乎所有疆域广大的古典文明都出现在大河流域，通常也是大规模的平原地区。在这种大规模的平原之上，强有力的统治者可以较容易地组建大规模的军队，通过征收少许比例的税收就能为一个大规模官僚系统和一支庞大军队提供财力支持，从而更容易统一相对广大的地区。

但是，古希腊却是海岸曲折、岛屿众多、陆地多山的地形。在当时的条件下，很难有哪个统治者能够拥有统治这种地理条件下广大地域的军事、技术或组织能力。结果是，古希腊更有可能出现一种各城邦相对独立、互不统属的政治体系，而没有哪一个统治者能建立起类似于古代埃及或古代中国式的中央集权化统治体系。

第二种观点是阶级斗争假说。在雅典城邦的民主化时代之前，即公元前 594 年梭伦改革之前的一个时期，雅典城邦的富有阶层开始控制越来越多的土地，很多自由的平民身陷债务危机，有的不幸沦为"六一汉"——即要将自己土地上六分之一的收成永久地交予债权人。甚至还有更为悲惨的自由平民不得不把妻儿和自身卖身为奴，以身抵债。

后来，处在困境中的平民阶层开始对这种状况日益不满，并进行政治抗争。在这个过程中，有的政治家就站到了人数众多的平民一边。慢慢地，平民阶层在跟贵族的斗争中逐渐占据优势。所有这些社会分化和政治冲突带来的政治变迁，最终导向了一场促成民主政体兴起的政治改革。

第三种观点是军事技术假说。在雅典城邦的军事生活中，海战的地位极为重要。特别是在公元前480年的第二次希波（希腊—波斯）战争中，海战成为决定战争胜负的关键因素。当时，以雅典为首的古希腊海军的主要装备是三桨座战舰。这种战舰的战斗力很强，灵活性很高，而动力主要依赖于分布在战舰两侧三层的大量水手人工操作的长桨。

由于没有机械动力，这种战舰在海战时是否能有效作战，高度依赖于操作船桨的水手们能否全力以赴和团结协作。结果是，以雅典为首的古希腊海军在希波战争中战胜了波斯海军，从而使得古希腊的城邦政治和古典文明得以暂时保全。由于平民水手在军事上发挥了关键作用，他们在政治生活中也变得更为重要。所以，雅典城邦的政治演进趋势就变得越来越民主了。

这些不同的理论解释各有千秋，由于雅典城邦距今历史久远，史料有限，今天很难为某种假说建立起严密的证据链条，甚至很难说是哪个单一逻辑决定了雅典城邦民主制的兴起。但无论怎样，这些观点至少能从不同视角帮助读者理解，为什么古希腊的雅典城邦能够发展出一种完全不同于古代黄河流域或尼罗河流域的政治文明。

三次关键的政治改革

历史学界一般认为，雅典城邦在公元前700年左右，由原先的君主专政统治逐渐演变为贵族统治。这种贵族统治主要是借助阿瑞奥帕戈斯会议进行的，这个贵族会议因在雅典的阿瑞斯山丘召开而得名。

今天所知的后来雅典民主政体中的很多制度安排，其实是这个贵族会议统治时期首创的。比如，雅典当时开始设立三个执政官的制度，分别主管宗教、军事和一般行政三项公共事务，后来又增设六个司法执政官，这就是后来九个执政官制度的缘起。

但是，后来以阿瑞奥帕戈斯会议为标志的贵族统治遭遇到了很多新的挑战。从公元前6世纪初开始，雅典城邦先后出现了三次关键的政治改革，最终于公元前5世纪左右形成了雅典城邦的古典民主政体。[1]

第一场重要改革是梭伦改革。公元前594年，贵族出身的梭伦做了行政官，贵族会议决定授予他很大的权力，让他有10年时间来推行雅典城邦的改革。当时，雅典城邦已面临很多政治难题，特别是严重的贫富分化及其带来的政治压力。这场改革通常被视为雅典古典民主政体的开端。梭伦改革主要分为经济改革与政治改革两个方面。

他的经济改革措施今天看起来恐怕不易理解。比如，一个重要的措施是取消平民的债务。当然，究竟取消的是全部债务，还是以身抵债类型的债务，由于史料所限，学术界观点不一。但无论怎样，梭伦在债务问题上明显站在平民一边。这是一种革命性的措施。相应地，梭伦的另一改革措施是取消了土地抵押。这样，平民又重新获得了本来已经抵押给债权人的土地。梭伦还设立禁令，禁止自由平民以卖身为奴的方式来偿还债务，这实际上是把当时存在的以身抵债的制度取消了。所有这些做法都是为了缓和自由平民与雅典城邦的关系。

梭伦还规定，除了橄榄油，禁止雅典城邦出口食品。众所周知，

[1] 关于古希腊三次民主改革的概况，参见约翰·索利《雅典的民主》，王琼淑译，上海：上海译文出版社，2001年；N. G. L. 哈蒙德《希腊史》，朱龙华译，北京：商务印书馆，2016年。

普通食品价格高低对平民阶层影响很大，禁止食品出口同样有利于平民阶层。此外，梭伦还统一了雅典的度量衡，并鼓励外来工匠移民雅典——这种措施很像今天美国的移民政策，即通过鼓励技术移民和投资移民来推动经济增长。

在政治改革上，梭伦把所有雅典公民划分为四个财产等级：五百斗级、骑士级、双牛级和雇工级。这里是用粮食产量来度量一个家庭的收入与财富，然后再确定其社会等级。按照当时标准，一斗粮食大约是 38 公斤。每年收入达到 500 斗的户主，其收入接近于 20000 公斤粮食的价值。骑士级每年的收入是 300 到 500 斗粮食，双牛级是 200 到 300 斗粮食，雇工级则是 200 斗粮食以下。当时雇工级的人数比重，大约要多于雅典公民的一半。

按照梭伦改革制定的最初规则，一个男性公民的财富等级跟他的任职资格有关。比如，出席四百人会议最初需要具有双牛级及其以上的社会等级，想通过抽签出任行政官则需达到五百斗级或骑士级的社会等级才行。但到了后来，任职资格出现了放松，雇工级公民也曾出席四百人会议或后来的五百人会议。

梭伦的另一项政治改革，是设立了四百人会议的制度。很多历史学者相信，梭伦是这一制度的首创者。四百人会议由雅典阿提卡地区的四个爱奥尼亚部落各自派出 100 人组成。关于这 100 人的社会等级，史料非常有限，有人相信至少是前三个社会等级的成员。当时，雅典城邦的公民大会已经开始运作，但政治权力还相当有限。考虑到公民大会的议程由四百人会议决定，四百人会议是较有实权的。无论怎样，与此前贵族会议的精英统治相比，四百人会议的设立肯定是增加了城邦政治的民主成分。

梭伦还对司法审判制度进行了重大改革。其首要措施是，每个社会等级的男性公民均可担任陪审员，并由评审法庭而非原先的司法执政官来决定案件的判决。这样，司法审判权力就转移到了平民团体的手中。与此同时，梭伦还大幅缩减了贵族统治实体——阿瑞奥帕戈斯会议的政治权力，尽管它在梭伦时代仍然是一个拥有实权与威望的政治机构。

在梭伦改革 80 多年后，雅典城邦又出现了一位名叫克里斯提尼的政治家。实际上，在梭伦之后、克里斯提尼之前，雅典城邦又经历了一个僭主统治时期。到公元前 508—前 507 年，克里斯提尼开启了新的政治改革，这一改革既传承了梭伦改革的很多做法，又采取了不少新的政治措施，最终促成了雅典古典民主政体的成型。克里斯提尼的一个重要创造，是将雅典各部落重新划分为十个新部落，并在此基础上建立了五百人议事会——新的十个部落分别派出 50 人参加。

克里斯提尼的另一改革措施是设立了选举产生十将军的制度。一般认为，雅典多数行政官员职位是由抽签产生的，但将军这个职位对军事技能要求很高，所以由选举产生。在克里斯提尼时代，雅典城邦还出现了一种离任考核制度，其逻辑类似于今天的离任审计。此外，克里斯提尼还恢复了被僭主统治所中断的雅典公民大会，重新开启了民主法庭和司法审判制度，并设计了全新的陶片放逐制度等。

尤其值得一提的是，基层治理单位是雅典城邦民主体制的基础，克里斯提尼的改革措施设立了一种新的基层治理单位，称为德谟（demos），相当于今天所理解的村社。一般的说法是，当时的雅典共有 139 个德谟，相当于 139 个村社。在克里斯提尼改革之后，雅典民主政治的运作很大部分都是以德谟为基础的。这种基层治理单位的再造，构成了雅典民主政体的社会基础。

第三个重要改革是公元前 5 世纪中叶的伯里克利改革。就具体做法而言，伯里克利巩固了当时已经成型的各种民主制度。在此基础上，伯里克利还引入了一种支薪制度，就是给出席五百人议事会、陪审法庭和担任行政官员的公民提供日薪。考古学家们一般认为，当时的日薪较低，甚至不足以维持体面的生活，但对收入微薄的社会阶层来说，这种支薪制度有利于鼓励他们对雅典城邦公共事务的参与。

伯里克利的另一项措施涉及雅典的公民权。在伯里克利之前，只要父亲是雅典公民，其子女出生后自动成为雅典公民。但伯里克利发明了一种新的制度，即只有父母双方都是雅典公民的条件下，其子女才能成为雅典公民。从更广阔的视角看，这一措施已经提出了雅典城邦公民权这一重大的政治问题。按照英国政治学者塞缪尔·芬纳的说法，公民权正是雅典城邦首创的政治发明。

雅典城邦的运作与古典民主的反思

这样，经过长达一个多世纪的三场关键政治改革，雅典城邦的古典民主政体在公元前 5 世纪就达到了它的高峰。那么，这种古典民主政体实际上是怎样运作的呢？[1]当时最重要的制度安排是公民大会，它是雅典城邦的最高权力机构，法定人数为 6000 人，通常一年至少召开 40 次会议，20 岁以上的男性公民均有资格参加。这一资格限定，意味着生活在雅典的四类人不能参加公民大会：一是外邦人，二是奴隶，三是女子，四是未成年人。尽管如此，即便以 19 世纪的欧洲标准来看，雅典城邦也已经相当民主，即所有成年男性公民都享有充分的公

[1] 关于雅典城邦民主的运作模式，参见戴维·赫尔德《民主的模式》，燕继荣等译，王浦劬校，北京：中央编译出版社，2004 年，第 15–45 页。

民权利和政治参与资格。

另一种重要制度安排是五百人议事会，它由10个部落各派出50人参加，参加者要求为30岁以上成年男性公民。五百人议事会的权力比较大，负责制定公民大会的议程和执行公民大会的决策。很多人认为，雅典城邦的民主政体下，似乎每一成年男性公民的权利都是一样的。但如果深入其中的民主细节，大家就会发现，雅典的直接民主制之下也存在着某种平民统治和精英治理的平衡机制——尽管其精英治理色彩很弱。有历史学者认为，五百人议事会不仅有参会者的年龄资格限制，而且各部落通常还会选派明晓事理、富有行政经验和能够付出时间精力的公民来参加。

雅典城邦的行政官员由两种机制产生：绝大多数公职由抽签产生，少数公职则由选举产生。一般认为，行政官员需要年满30岁，且最初的规定是前两个较高等级的公民才能出任，即五百斗级与骑士级；但到了后来，前三个等级的公民都有资格出任，也就是再加上双牛级；再后来，似乎又放宽了标准，历史文献记载很多雇工级的公民也通过抽签当选公职人员。在大约600名行政官员中，100名左右的官员是由选举产生的，比如十将军、部落的骑兵与步兵指挥官、财政或财务官员、宗教事务官员等均由公民大会选举产生，需要特定的知识、技能与才干是采用选举制的主要考虑因素。

雅典城邦的陪审法庭规模最小也要200人。为了防止出现僵局，一般是201人。有时，陪审法庭的规模甚至高达500人、1000人或1500人，但通常为单数，以便两边票数相当时能决出胜负。今天普通法系下实行陪审团判决案件的制度，业已成为一种惯例。而雅典城邦的司法审判制度，就是某种形式的陪审团制度——只是陪审员的规模相当之大。历史地看，雅典城邦在2500年前就实行的这种陪审法庭制度，不能不说是法治史上的奇迹。当然，训练有素的法学家们会担心，这么多未经专业训练的公民充当陪审员，加上人数众多时难以避免"群众式"集体情绪的左右，且要决定当事人是否有罪，故可能会产生很多实际的问题。的确，这种顾虑并非毫无道理。

雅典城邦还一度把陶片放逐法作为一种制度补充，这种制度主要是对可能的"危险分子"实施放逐，放逐时间为10年，但被放逐者的财产和地位不受影响。那么，这个制度是怎么操作的呢？大致的程序是，首先公民大会需要就陶片放逐事项进行提议和表决，通过后才能发起一次陶片放逐投票。具体投票的规则是，公民们在指定的日期和地点手持陶器碎片，并在上面刻上自己认为应当放逐者的姓名，然后将陶片投入投票箱。如果最终所有投票累计超过6000票，那么此次投票中得票最多的人就需要被放逐。据史料记载，从公元前487年到前417年，雅典城邦用这种陶片放逐法先后放逐了12位政治人物。

那么，究竟如何评价雅典古典民主政体呢？大家知道，伯里克利认为，雅典城邦的宪法应该成为其他城邦模仿的典范。确实，雅典城邦创造了非常辉煌的古典文明。但同时，雅典城邦的民主政体不断地被批评和被质疑。无论是柏拉图还是老寡头，都对雅典民主没有任何好感。其中的观点分歧非常之大，上文已有讨论。

质疑雅典民主时，一个反复被提及的案例就是公元前399年著名哲学家苏格拉底之死。苏格拉底是无神论者，他主张言论自由，而他本人也是这一主张的践行者。他以哲学思辨的方式来对待很多当时被视为神圣的、不可亵渎的事物，试图通过不停地质疑和思辨来发掘事物的真相。公元前5世纪，当苏格拉底以此种方式跟雅典城邦的青年人讨论政治问题时，有人认为他的做法亵渎了神灵并蛊惑了城邦的青年。

于是，有人提出起诉，陪审法庭判定苏格拉底有罪，并在随后第二轮审判中判处苏格拉底死刑。公元前 399 年，苏格拉底在有机会逃脱的情况下，喝下了行刑官带来的一杯毒酒，然后就死掉了。苏格拉底将遵守而不是逃避雅典城邦的死亡判决，视为一个雅典公民的义务。但如果民主的结果是这样的，那么民主还是一种好的政体吗？

事后来看，数百人组成的陪审法庭很容易受一时情绪的左右。无疑，这个审判制度有其缺陷。但与同时代的其他文明相比——它们一般都由单个统治者或少数行政官员来裁决司法案件，陪审法庭制度当然也不能被简单否定。

随着时间的推移，雅典城邦后来就慢慢衰落了。在此过程中，一个主要事件是伯罗奔尼撒战争。这场战争持续了将近 30 年之久，雅典城邦在此过程中日益衰落，最后以溃败告终。有历史学家强调雅典战败的结构性因素，也有历史学家强调偶然因素的重大影响——主要就是后来反复侵袭雅典的黑死病。

再往后的另一个主要事件是亚历山大征服。公元前 338 年，马其顿在亚历山大大帝领导下大败希腊联军，取得了对整个古希腊的控制权。亚历山大征服之后，古希腊城邦的古典民主政体就退出了历史舞台。

2.2 共和政体与古罗马文明的崛起

在雅典城邦践行民主政体的时期，意大利半岛上的罗马开始尝试一种不同于古典民主政体但又有民主元素的政体形式，被称为共和政体。德国著名法学家鲁道夫·耶林曾这样评价古罗马文明："罗马曾三次征服世界，第一次以武力，第二次以宗教，第三次以法律。"那么，古罗马共和国的政治又是如何运作的呢？[1]

罗马共和国的政体类型

罗马共和国最初不过是台伯河畔的七个小村庄，从公元前 753 年创建罗马城起步，中间经过了长时间的建设和拓展，公元前 3 世纪开始进行大规模对外扩张，通过不断地战胜地中海周边的其他政治体，到公元前 2 世纪就占领了地中海及其周围的广大地区。在古罗马共和国的鼎盛时期，地中海几乎成了它的内海。

从政治上看，公元前 509 年之前是古罗马的王政时代。公元前 509 年罗马废除王政，改行共和，随后开始了将近五个世纪的共和时代。雅典城邦的梭伦改革始于公元前 594 年，大概比古罗马改行共和政体提前了不到一个世纪，但古罗马的共和政体要比古希腊的民主政体延续得更为久远。

罗马人自称共和（republic），就词源而论，res 是指事务，publicus

[1] 关于古罗马共和国政治的专门研究，参见安德鲁·林托特《罗马共和国政制》，晏绍祥译，北京：商务印书馆，2016 年。

是指公共的，所以共和意指所有事务属于人民。很多历史学者认为，元老院是古罗马共和体制的象征，是古罗马共和政体既不同于雅典城邦，又不同于其东方邻居的地方。创作于1888年的油画《西塞罗谴责喀提林》恰当地为读者展示了古罗马元老院的内部场景。罗马著名政治家、演说家西塞罗站在元老院的中央，面对上百位身着白袍的元老，发表谴责喀提林的演讲，反对他意图颠覆共和政体的不端行为。

那么，罗马为什么能够实现快速的扩张呢？身为古希腊人，后又长期在古罗马共和国生活的历史学家波里比阿认为，罗马共和国的崛起与扩张是古代文明史上的一个奇特事件。他这样说：

> 诚然没有人会在见识上如此偏狭或漠然以至于不会想去思考并发觉究竟罗马人是利用何种方法和何种政府体制，在不到五十三年的时间，将几乎全世界所有人居住的地方纳入他们的统治之下。这是人类历史上无与伦比的成就，但却被忽略。[1]

波里比阿非常明确地认为，罗马共和国的混合政体所具有的政治优势，正是它能快速扩张的关键。我们最初就已经提及，罗马共和政体是三个因素的融合，即君主因素、贵族因素和民主因素，是一种典型的混合政体。首先，在罗马共和国的政治框架中，执政官代表了君主因素。当时，罗马共和国有两名执政官，同时配有多名副执政官。执政官由平民大会选举产生，权力很大，在领导国家和指挥战争等重要事务上扮演关键角色。后世这样说，罗马的战争是由执政官赢得的，行省也是由执政官和其他高级官员统治的。但需要注意的是，拥有巨

[1] 波里比阿：《罗马帝国的崛起》，翁嘉声译，北京：社会科学文献出版社，2013年，第129-130页。这里所谓的全世界，是当时古希腊和古罗马人所知的世界。

大权力的执政官同时需要服从罗马共和国的法律，需要尊重元老院的命令，其权力也受到有效的约束。

其次，元老院代表了贵族因素。罗马共和国与众不同的地方，在于它设置了元老院这一强有力的实权机构。从规则上说，元老院基本上控制共和国政府的预算和资金，管理着共和国的日常公共事务，还决定着各行省重要官员的任命等。所以，元老院的权力也是巨大的。罗马共和国流行的说法是："没有元老院的支持，那些由人民选举产生的官员无法采取行动。"这里所指的人民选举的官员包括执政官在内，由此可见元老院的重要性。此外，元老院还有一个重要特点，它是共和国唯一可以进行自由讨论的政治场所，很多重大公共事务自然经由元老院这一自由讨论的平台来决定。最初，罗马元老院的元老是由贵族出任的，但后来担任过执政官的人卸任后获得了出任元老的资格。这样，由于两个执政官通常有一个是由平民出任的，平民也就获得了进入元老院的途径。

最后，平民大会代表了民主因素。平民大会的巨大权力是选举产生执政官，还负责颁布法律。与平民大会相配套的一个政治职位是保民官，它实际上是平民阶层的代言人，负责捍卫平民的权利与利益。据说，保民官职位的产生富有戏剧性。按照牛津大学教授安德鲁·林托特的叙述：

> 在公元前494年的第一次撤离中，平民在与贵族谈判时选举保民官为他们的代言人，并发誓向任何对保民官施以暴力的人报复，从而宣布了他们的神圣性。[1]

---

[1] 安德鲁·林托特：《罗马共和国政制》，晏绍祥译，北京：商务印书馆，2016年，第181页。

因此，毋庸置疑，罗马共和政体确实有着相当的民主成分。当然，这种民主成分与雅典城邦的民主制相比无疑要低得多。从功能上讲，古罗马的平民大会（或称公民大会）与古希腊的公民大会差异也比较大，前者主要是投票和表决，基本上没有公民本身的议事和辩论程序。

综合来看，古罗马共和政体是君主因素（通过执政官来体现）、贵族因素（通过元老院来体现）和民主因素（通过平民大会和保民官来体现）的融合，是古典时代的混合政体或均衡政制典范。波里比阿这样说：

> 对罗马人来说，要他们清楚宣布整个系统究竟是贵族政治，或是民主政治，或是王权政治，甚至是不可能的。事实上，这是很自然的，因为我们假如只将注意力放在执政官的权力上，这政体或许给人一种完全是国王政治及王权的印象；又假如我们将注意力集中在元老院，这似乎看起来是贵族政治；但假如我们集中在人民的权利，这似乎是民主政治的一个明显范例。[1]

这段文字的表述方式或许让人感到困惑，波里比阿实际上是在强调，罗马共和政体决非某个单一的政体，而是三种因素的融合，而且每种权力在各自领域内都有着相当的影响力和主宰权。在这种混合政体的框架中，有人比较强调君主制、贵族制和民主制的因素是和谐和平衡的，但如果深入到罗马共和国的内部去考察，大家就会发现，三者之间不仅存在着和谐与平衡的关系，而且存在着对抗与冲突的关系。

---

[1] 波里比阿：《罗马帝国的崛起》，翁嘉声译，北京：社会科学文献出版社，2013年，第404页。

实际上，执政官与将军们、元老院、平民阶层三者之间完全可能出现严重的冲突。到了共和国后期，正是这种冲突使得罗马共和国的政体出现了严重的失衡，甚至最终毁坏了共和政体。

西塞罗也持有与波里比阿相似的观点。在《国家篇》中，西塞罗认为，在单一政体中，“君主制是这三种基本政府形式中最好的一种”，但如果还有更好选择的话，他这样说：

> 一种温和的并平衡了的政府形式（结合了这三种优良的简单形式）甚至比君主制更为可取。因为一个国家必须有一种最高的和高贵的成分，某些权力应该授予上层公民，而某些事物又应该留给民众来判断和欲求。这样一种宪制，首先提供了某种高度平等，而平等是自由人在任何比较长的时间内难以置之不顾的；其次，它具有稳定性。[1]

这段文字提及了三种政体各自的优点，但其实每种政体都有其反面。正如我们最初讨论过的，君主制固然包含了最高贵的成分，但容易沦为专制；贵族制固然是最上层公民、最优秀人物的统治，但容易沦为寡头统治；民主固然很重要，反映了民众的预期，但民众的过度欲求可能会毁掉一个共和国。共和制或混合政体的倡导者都强调要在诸种政治因素中寻求一种平衡，以实现更理想的政治生活。

[1] 西塞罗：《国家篇 法律篇》，沈叔平等译，北京：商务印书馆，1999年，第53页。

政治难题与共和政体的退场

罗马共和政体延续了将近五个世纪的时间，这本身就已经是人类文明史上的政治奇迹了。尽管如此，罗马共和国仍然无法避免很多政治难题，这些政治难题最终促成了罗马共和政体的瓦解。[1]

第一个主要挑战，是国家规模与行省统治的难题。罗马共和政体原来统治的是较小的地方，是罗马附近的疆域，或者说是不超过今天意大利半岛的疆域。但后来共和国不断扩张，一直扩张到统治整个地中海及其附近地区。在当时的技术与组织条件下，这种大规模的国土疆域是否适合以共和政体方式进行统治呢？要知道，那个时候并没有现代的交通和通讯工具。比如，一条命令从罗马元老院发出，最终抵达罗马共和国的各个行省或边陲地区，需要数周乃至更久的时间。

在此种技术条件下，中央政府要想统治如此巨大的地理疆域，最后不得不高度依赖各个行省的总督。于是，行省总督们必须要获得相当的独断权力，这些总督们或许还兼任着罗马军团的指挥官。这样一来，罗马共和国的中央政府就有对行省失去控制的风险。

与这种领土扩张有关的是，罗马共和国还面临着一个较为特殊的问题：作为共和国，它是否要授予被征服地区的人民公民权？但在当时的交通与通讯条件下，如果一个地方的公民实际上无法像罗马城的公民一样参与中央政府的治理，不能出席平民大会，那么他还是一个政治意义上的罗马共和国公民吗？

第二个主要挑战，是罗马共和国在扩张过程中及扩张以后所处的

[1] 关于罗马共和国危机及其倾覆的研究，参见克劳斯·布林格曼《罗马共和国史》，刘智译，上海：华东师范大学出版社，2014 年。

时代乃是战争频繁的时代。共和国处在无休止的战争状态，就会产生天然的军事化倾向。这样，共和国的日常主要工作就不再是生产与贸易，不再是对生产与贸易活动的管理，而是必须要面对频繁战争以及要考虑如何在战争中战胜他人和保全自我。于是，如何管理战争成了共和国的首要任务。

在这种频繁的战争状态之下，国家治理的军事化倾向日益凸显。借鉴最新的政治学研究成果，当今的读者们或许更能理解，与文官集团相比，杰出的将军们更有可能获得军事主导权，并由此获得政治上的强势地位。到了共和国后期，苏拉、凯撒与屋大维等人特殊政治地位的获得，都与这种从战争到内政的逻辑有关。一个更一般的理论问题是，在当时的技术与组织条件下，共和政体能够与长期的战争状态并存吗？这也是罗马共和国无法回避的问题。

第三个主要挑战，是国内的财富结构和阶级结构随着罗马扩张而发生的重大变化。起初，罗马共和国是一个以自耕农为主的农耕社会，其财富以农耕和工商贸易为主。普通公民多数是自耕农，以耕种土地为生，闲暇时则到广场上参加平民大会，必要时则作为士兵出征或承担起守卫罗马城的职责。罗马史学者迈克尔·罗斯托夫采夫认为，在扩张之前，“罗马是一个农民国家”。在这种条件下，罗马共和国的普通公民被认为是经济上能够自足且热心公共事务的。

后来，随着罗马版图的扩张，国内的财富结构也发生了巨变。首都罗马城的主要财富不再来自于农耕和工商贸易，而是很大部分来自于海外战争。罗斯托夫采夫认为：

> 分肥最多的是罗马军队的将领们、元老院议员阶级的成员。……他们在扩张领土的战争中增加了自己的财富。大量的人畜都落入他

们之手。当劫掠城市的时候，大多数战利品归他们所有。[1]

当战争成为私人财富的主要来源，首都及其附近的生产活动变得不再重要时，整个社会的阶级力量也随之改变。一方面，富人变得愈来愈富有，他们的大量财富来源都与战争（战利品等）有关；另一方面，普通公民的谋生变得日益艰难，很多人由于过分贫穷而产生了更为激进的再分配要求。于是，原本缓和的阶级矛盾变得越来越尖锐，阶级冲突逐渐加剧。

公元前 2 世纪中后期，以保民官提比略·格拉古和盖约·格拉古提出的有利于平民阶层的土地法案为核心，罗马共和国的不同阶层就此展开了激烈的阶级斗争。中间还发生了提比略·格拉古及其 300 名左右的支持者在开会过程中被一批元老率领仆从用棍棒打死的大规模流血事件。这对共和国来说是一个不详的信号。公元前 2 世纪之后，罗马共和国后期更是出现了包括西西里奴隶起义、斯巴达克起义和意大利人争取罗马公民权起义等一系列内乱。上述政治事件都具有不同特质的阶级冲突属性。这就意味着，罗马共和国原本平稳的国内政治，逐渐开始被日益激烈的阶级冲突所支配。

很多历史学家都认为，如同当时的平民派领袖提比略·格拉古意识到的那样，古代共和国力量的秘密在于土地的平等分配。不同阶级之间的冲突以及平民阶层进行的斗争，对平民阶层获得权利来说是必要的。实际上，共和政体稳定的基础在于不同阶层之间的势力均衡以及平民阶层在政治军事生活中的参与和力量。然而，长期海外服役的

[1] 罗斯托夫采夫在他的作品中用较长篇幅讨论了类似问题，参见 M. 罗斯托夫采夫《罗马帝国社会经济史》（上下册），马雍、厉以宁译，北京：商务印书馆，2005 年，第 33–34 页。

经历，侵蚀了军队的公民精神，他们不再是共和国的士兵了。因此，正如后来法国思想家孟德斯鸠所指出的，引起麻烦、把人民的骚动转变成内战的，正是共和国的伟大。

这样，在罗马共和国的后期，精英阶层日益变得腐败，平民阶层则缺少了公共精神，维系整个共和政体的社会结构、力量均衡和公共道德也逐渐走向衰弱。所有这些可能的因素最终酿成了罗马共和政体的重大危机。罗伯特·达尔这样说：

> 大约公元前130年后，由于内部动乱、战争、军事化、腐败，这种制度最终被削弱了，在罗马公民中原来存在的坚实的公民精神也在衰退。那少得可怜的真正的共和实践也随着凯撒的独裁而消亡了。在公元前44年凯撒遇刺身亡后，曾经的由公民统治的共和国变成了由皇帝统治的帝国。[1]

大约到了公元前60年，罗马的共和政体就已经变得岌岌可危，先是经历了前三巨头的统治，而后是争夺统治权的内战，接着又是后三巨头的统治。到公元前27年，屋大维击败其主要政治对手，成为事实上的独裁者，元老院被迫授予屋大维"奥古斯都"（意为神圣伟大）的称号。至此，罗马共和国完全让位于罗马帝国，古典的共和政体就此退出了历史舞台。

共和政体终结之后，尽管罗马帝国还残存着元老院等共和政体元素，但政体的核心机制已发生改变。在此之后，欧洲历史上相当长的

[1] 罗伯特·A. 达尔：《论民主》，李风华译，北京：中国人民大学出版社，2012年，第13页。

时间里，既看不到古希腊意义上的民主政体，又看不到古罗马意义上的共和政体。历史地看，从罗马共和国创立到共和政体退出历史舞台，中间历经将近五个世纪的时间。此后，罗马帝国从公元前27年创立到西罗马帝国于476年瓦解，又经历了五个世纪的时间。如果把古罗马文明视为一个整体，它对整个欧洲和世界的直接影响长达千年之久。

古罗马共和国在政治上的一项重要遗产，就是其古典共和制或混合政体的实践与理论。就横向比较而言，罗马这套政制安排要比同一时期的其他政治文明都复杂得多。一种复杂的政体安排固然在运转过程中会面对各种不同因素的冲突，但这种复杂性带来的弹性和灵活性往往是其他单一政体所不具备的。从治理绩效的视角看，这种复杂的政体更有可能实现诸种政治因素之间的平衡，并且更有可能达成善治的目标。

即便对今天的现代国家来说，仍然可以感受混合政体或均衡政制的重要性。凡是运转良好的民主政体，基本上都具备某种混合政体的政治特质。拿老牌民主国家来说，英国政制模式尽管历经复杂的变迁，但仍然保持着某种混合政体的特征；至于美国的这套政治制度模式，更是对罗马共和国混合政体的模仿，这一点我们此前讨论过。从新兴民主国家的转型经验来看，如果不能在民主化过程实现某种程度的混合政体或均衡政制，即便有了民主选举，仍然难以保证民主的品质与善治。

再往前看，在古希腊的直接民主政体和古罗马的共和政体退出历史舞台之后，欧洲还有一些地方性的政治实践仍然保有某种类似的传统。比如，7—10世纪，北欧一些地方还存在着地方集会的传统，或许可以被视为较小范围内的民主实践；12世纪前后，中世纪意大利一些城市成为了自治市，在自治市范围内拥有某种程度的自治。但是，这些在小范围内实践的“政治发明”对人类政治演进的主要趋势并没有产生决定性影响。

2.3 立宪传统与英国议会政治的登场

476年西罗马帝国覆灭之后，我们的目光需要从地中海转向大西洋，大西洋靠近欧洲海域的一个岛国——英格兰——开始逐步进入人类政治舞台的中心。那么，英格兰率先发明了何种政体模式？这种政体模式又会对人类政治进化产生何种影响呢？

讨论英国现代政体的塑造，必须要从英格兰的历史说起。在西罗马帝国覆灭之后，英格兰经历了从盎格鲁-撒克逊统治到1066年诺曼征服这样复杂的历史变迁。诺曼征服以后，欧洲大陆上盛行的封建主义制度开始在更大程度上影响英格兰，并实现了与原先盎格鲁-撒克逊政治传统的某种融合。粗略地说，统治12世纪到13世纪英格兰的是封建主义体制。

立宪政治的封建主义起源

国内对封建主义存有很多误解。一讲封建主义，大家就容易联想到封建专制主义、封建腐朽思想等。但欧洲历史意义上的封建主义体制，是封君与封臣之间基于土地、融合了财产权利与政治权利的契约关系。这种契约关系的核心是：封君或领主应提供保护和尊重习惯，而封臣或附庸应提供兵役和表示效忠。在封建主义框架下，如果封臣不提供兵役、不表示效忠，按照最初的契约和惯例，封君是有权取消土地分封的；反过来，如果封君无法为封臣们提供应有的保护，或者封君胡作非为、破坏已有的惯例与传统，封臣也可以不服从这种关系。

因此，这种欧洲式的封建主义契约关系，跟中国古代“普天之下，莫非王土；率土之滨，莫非王臣”的政治关系是完全不同的。

过去，欧洲人习惯把中世纪称为黑暗的中世纪或“黑暗时代”，但如今学术界不再是标签化地把中世纪称为“黑暗时代”，而是把封建主义视为一种新的文明形态。詹姆斯·W. 汤普逊这样评价封建主义：

> 尽管封建制度常常有着强暴而又恶劣的性质，无可置疑，整个来说，它是一个社会进步的和社会完整化的现象，而非一个社会腐烂的现象。如果我们从远处来看，我们能看到封建时代的文明是多么有建设性的、多么有创造性的和多么有伟大性的一种文明。……封建制度不是一座跨过野蛮和文明之间的海湾上的桥梁——它本身就是文明，这一种高级文化，在 1150 和 1250 年之间，达到了它的顶峰。[1]

很多中国读者都感到难以置信，封建主义竟然也是个“好东西”？这里无法深究封建主义的细节，我们关心的是：封建主义对于近现代政治的演进来说意味着什么？实际上，英国近现代立宪体制就有着确定无疑的封建主义起源。这个观点并非笔者首创，但国内学界较少有人这样讨论问题。换言之，英国近现代的立宪体制可以在欧洲封建主义的制度框架中找到源头。

---

[1] 汤普逊：《中世纪经济社会史》（下册），耿淡如译，北京：商务印书馆，1997 年，第 326–327 页。

《大宪章》：驯服统治者的政治文本

英格兰近现代政治起源的关键事件，正是 1215 年《大宪章》的签署。[1] 众所周知，《大宪章》堪称英国近现代政治缘起的最重要文本。当时英格兰的社会背景就是封建主义体制，国王与贵族之间是一种基于土地和分封的政治契约关系。

1199 年，约翰王成为英格兰国王，开始执掌英格兰统治权。在中世纪后期，欧洲国家或政治体之间经常发生战争，而英格兰国王在相当长的时间里跟法国都处于战争状态。当时，英格兰贵族在今天法国的诺曼底还拥有大量土地，这是当时的大背景。约翰王与法国经常作战，但他总是打败仗。约翰王屡战屡败，又屡败屡战。结果是，约翰王就把英格兰贵族位于诺曼底的大量领地都丢失了，因此人称“失地王”。这意味着，这位英格兰国王作为英格兰最大的领主并没有履行提供保护领地的义务。不仅如此，由于不断作战需要更多的财力支持，约翰王还对贵族们提出了更多财政与兵役支持的要求。

最终，这位“失地王”的做法激起了很多贵族的反抗，他们决定联合起来跟国王作战。结果是，这位“失地王”不仅不能战胜法国，而且也无法战胜英格兰贵族。1215 年，战败的约翰王与英格兰贵族在伦敦附近兰尼米德草地上签署了一个文件，这个文件就是著名的《大宪章》。按照中国的历史传统，一个国王被打败，结果大概只能被杀死，胜利者会取而代之。但是，在欧洲的封建主义传统中，依照惯例，

---

[1] 本节关于《大宪章》的部分文字，曾经刊发于包刚升《驯服统治者：〈大宪章〉的政治遗产》，《东方早报 · 上海书评》2015 年 6 月 14 日。关于《大宪章》的系统研究，参见 J. C. 霍尔特《大宪章》，毕竟悦、李红海、苗文龙译，北京：北京大学出版社，2010 年。

国王是不可以被杀死的。战败的国王仍然还是国王。既然国王不能被杀死，而国王的做法又必须被纠正，所以贵族们就胁迫国王签署了一份必须遵守既定规则的政治文件。这就是《大宪章》的由来。

为什么1215年的《大宪章》如此重要？一个首要的原因是，《大宪章》包含了很多非同寻常的条款——尽管很多约束统治者的条款在800年后的今天看来似乎稀松平常，但签署这份文件的1215年还是人类政治史上的蒙昧时代。甚至可以说，正是英格兰的这份政治文件首先带来了现代政治文明的曙光。

比如，《大宪章》第一条就规定："根据本宪章，英国教会应当享有自由，其权利将不受克减，其自由将不受侵犯。"英国教会这么庞大而有势力的机构，难道还担心受到谁的侵害吗？实际上，唯有英格兰国王有能力侵害教会。这一条就是确认宗教自由和教会自主的原则，也是对世俗权力和宗教权力关系的一种界定。

比如，还有条款规定："贵族身故，其继承人缴纳继承税后即可享受其遗产。"这一条与封建主义的制度安排和惯例有关。最初，贵族——就是国王的封臣——身故之后，按照早期的惯例，贵族所拥有的土地，国王作为领主是有权收回的，但他通常不会收回，而是把土地重新分封给已故贵族的直接继承人，比如他的长子，而这个过程需要一个正式的仪式来加以确认。问题是，这里就存在着一个操作空间，如果国王在该贵族去世后急于用钱，他不想把这块土地及其财产授予这位贵族的继承人，那么其中的法理困境该如何处置呢？所以，《大宪章》规定，国王不能再收回这块土地。这一条款使封君和封臣之间的财产关系变得更加明确了，后者的财产权利受到更加确定的保护，后者子孙的合法继承权就变成永久性的了。

再比如，还有条款规定，被英格兰国王非法剥夺的贵族原先拥有的城堡、土地和其他财产等，应该归还给贵族。所有这些条款包含了两个最重要的信息：一是国王权力受到很多原则性的约束，国王不是想干什么就能干什么；二是国王过去做错的事情应该被纠正过来。

除了这些基本条款，《大宪章》还包括两个非常重要的条款。最著名的恐怕要数第39条："任何自由人，如未经其同等地位之人根据这块土地上的法律作出合法裁判，皆不得被逮捕、监禁、没收财产、剥夺法律保护权、流放，或加以任何其他形式的损害。"

这一条款基本上等同于现代意义上的人身保护令。如果未经审判，一个人的人身自由不受侵犯。这一条款还特别强调，这种审判不应该是自上而下的，而是应该由跟被告具有同等地位者所组成的法庭来决定他是否有罪。换言之，一个贵族不是由国王来决定他是否有罪，而是必须由贵族法庭来决定他是否有罪；同样，一个普通的自由人也需要由自由人组成的法庭来决定他是否有罪。这意味着国王已经丧失了裁决贵族或普通公民是否有罪的权力，司法审判权被移交给了法律和陪审法庭。

《大宪章》第61条也是非常重要的条款。贵族们预期，国王在签署《大宪章》之后仍然有可能违反《大宪章》。1215年的约翰王同意签署《大宪章》，是因为他是战败者。但是，他仍然是英格兰国王。有一天，他会卷土重来吗？完全有这种可能。贵族们未雨绸缪，决定设计出一个防患于未然的条款：倘若国王违反《大宪章》，"此二十五男爵即可联合全国人民，共同使用权力，以一切方法向余（国王的自称）等施以抑制与压力，诸如夺取余等之城堡、土地与财产等等"，直到国王的错误得以改正。这里的"余"，就是说《大宪章》是以国王第一人称的方式签署和公布的。这一条款实际上已经赋予贵族及全国人民对国王的合法反抗权。

800 多年前的 1215 年，英格兰所确立的贵族和平民对国王的合法反抗权，实在是一项非常了不起的政治发明。所以，笔者喜欢把《大宪章》称为一份驯服统治者的政治文件。要知道，自古希腊古罗马以降，人类历史上的统治者从来都是被暴力所推翻或为革命所驱逐，几乎从未发生过以非武力驯服统治者的先例。这是人类历史上第一次试图用这种法律文本的方式来限制和约束国王的权力。

自《大宪章》开始，英格兰逐渐塑造了一种统治者受驯服的政治文化。比如，13 世纪的英国大法官布雷克顿就说过这样的名言："国王不应受制于任何人，但应受制于上帝和法律，因为法律创造了国王。"这句话的另一个译本是："国王在万人之上，但仍然在上帝与法律之下。"

随着时间的推移，尽管国王与贵族仍然就《大宪章》展开反复的政治斗争，但确定无疑的是，立宪主义传统在英格兰政治生活中变得日益坚固。到了 17 世纪，爱德华·柯克爵士的一则事例足以说明这种立宪主义传统已经在英格兰政治生活中扎根了。故事发生在 1608 年，当时的英格兰国王是詹姆斯一世，他非常关心一个司法案件，大约这个案件涉及一位他所关心的人物。有一天，国王亲自跑到法院，他跟法官们说要拿走那个案件的卷宗，并亲自进行审理和裁决。詹姆斯一世贵为国王，他的这一要求其实关乎一个重要问题，即国王权力和法院司法权之间的关系。此时，著名大法官柯克爵士就在现场，他勇敢地拒绝了国王的要求，并对国王说"法律是一门需要长时间学习和历练的技艺"，意思是未受专门法律训练的国王其实并不合适审理案件。更重要的是，柯克爵士继续强调自己所信奉的法律原则：

> 我要说，陛下应当受制于法律；而认可陛下的要求，则是叛

国；对于我所说的话，布雷克顿曾经说："国王不应受制于任何人，但应受制于上帝和法律。"

据说，詹姆斯一世听到此言后，勃然大怒，拂袖而去，而柯克爵士则备感恐慌。要知道，詹姆斯一世毕竟贵为国王，且此事的发生时间尚在英国内战与光荣革命之前。即便如此，柯克爵士作为大法官和法学家，在后续的判决和写作中仍然坚持立宪主义原则与法治传统。这个小事例说明，早在 17 世纪初，英格兰的立宪主义与法治传统已相当坚固。国王作为统治者尽管仍然拥有政治上的实权，但已经很难超越法律来自行其是了。

到了 1688 年的光荣革命，英国立宪主义与法治传统已正式完成制度架构上的塑造。当时的一个重要细节是新君的加冕仪式。在加冕时，新国王或女王需要当众承诺一个加冕誓词，内容是这样的：

大主教问："您是否庄严宣誓，保证根据议会的制定法、其他法律和习惯法统治英国及其属地人民？"

国王或女王应回答："我庄严宣誓，依此行事。"

当然，倘若把英格兰的立宪主义与法治传统都归功于《大宪章》，并非历史的真相。在《大宪章》签署之前，英格兰政治就已经发生了复杂的进化，国王应该遵守法律和惯例的传统已然出现。在《大宪章》签署之后，国王和贵族又就如何约束权力进行了复杂而艰苦的斗争。常见的情形是，国王签完之后又推翻，推翻之后贵族们又进行斗争，而后国王又不得不再次签署，如此反复。国王与贵族之间最激烈的一次冲突，就是发生在 17 世纪 40 年代的英国内战。但无论怎样，《大宪章》依然功不可没，是标志英国走上立宪政治道路和确立法治传统的里程碑。

从《大宪章》到议会政治的兴起

到了 1258 年，在一场复杂的政治斗争之后，英国贵族们又迫使国王签署了一个新的政治契约，是为《牛津条约》。该契约的一个主要方面是承认《大宪章》依然是有效的，此外还有一个新的创造：它把《大宪章》中规定的 25 个男爵在国王违反《大宪章》之后的合法反抗权进一步制度化了，即明确规定要创设一个由 15 名男爵组成的贵族会议来监督国王。《牛津条约》规定，国王处理国家公共事务时需要遵从这一会议的意见。这意味着，贵族会议不同意的事情，国王就不能做了。实际上，这一贵族会议就是英国议会的源头。在当时看来，贵族会议的创设或许只是一个小小的开端，但这一小小的开端后来在政治上竟造成了伟大的改变。

此后，英格兰的国王和贵族又经历了包括英国内战在内的政治斗争与军事冲突，一直到 1688 年的光荣革命，英格兰终于确立了议会主权的原则。当然，议会主权的措辞容易让人误以为国王已放弃主权，但实际上，正确的说法是“王在议会”。这就是说，完整意义上的英格兰议会是由国王与议会成员共同构成的。

光荣革命之后，两大趋势变得日益明朗。一方面，议会上院和议会下院开始分立，议会下院逐步获得了政治主导权。时至今日，英国议会上院已经没有法案的否决权，仅有法案的搁置权。另一方面，特别是 18 世纪之后，国王作为一个政治职位逐步实现了去行政化，国王或女王开始超越现实政治，实行“统而不治”。最近的一个例子是，在英国脱欧公投中，女王伊丽莎白二世不持立场。如今，英国国王已经成为一个国家符号，既高高在上又统而不治，所以国王才能保持其现有地位。

英国下院获得政治主导权之后，紧接着出现的政治现象是责任内阁的兴起。一个标志性事件是，18 世纪 20 年代开始，辉格党领袖罗伯特·沃波尔作为财政大臣受命组阁。此时，他正是以多数党领袖身份组阁的。后来，英国议会就慢慢形成了新的惯例，那就是责任内阁制度。在英国议会占有多数的政党，占据了组建内阁的主导权。组阁以后，内阁需要定期向议会报告他们的工作。这样，今天英国议会和内阁的关系在 18 世纪就逐渐成形了。而当内阁的施政不受欢迎或得不到议会多数信任时，内阁就会下台。由此，英国的责任内阁制度就悄然登场了。这算得上是近现代英国的又一项伟大政治发明。

与此同时，英国政治演进的另一个重要产物是政党政治的兴起。一开始，由于对詹姆斯二世是否拥有继承王位资格的态度不同，英格兰政治精英分子分化为托利党和辉格党。后来，托利党演变为一个代表土地贵族立场和利益的政党，而后又演变为今天的保守党；辉格党演变为一个代表新兴工商业者立场和利益的政党，而后又演变为自由党。当两大政党逐渐成形、责任内阁制兴起之后，政党政治就变得越来越重要。由于英国议会内部存在立场不同的党派，责任内阁制又使得不同政党可以竞争领导权，实现轮流执政，这样英国式的两党制在 18、19 世纪就慢慢成形了。

当然，英国政党政治后来又经历了比较复杂的演变。到了 20 世纪初，自由党逐渐衰落，代表新兴的劳工阶层利益的工党迅速崛起，并取代自由党，成为与保守党对垒的两大主要政党之一。从社会结构上看，工党兴起的背后是工业革命与城市化推动的工人阶级成长及其阶级意识觉醒。20 世纪 20 年代以后，保守党与工党之间的政治关系成为英国政治生活中的关键问题，当然这是后话。

借助上述讨论，我们大概知道，英国政治经历了从 1215 年开始启动的政治演进过程，到 19 世纪初大致形成了包括立宪主义、法治传统、议会主权、代议制度、责任政府和政党政治在内的一整套现代政治制度安排。如果说英国最大的经济贡献是率先发动工业革命，那么英国最大的政治贡献则是发明了这样一套融立宪主义、法治传统、议会主权、代议制度、责任政府和政党政治为一体的现代政体。

2.4 普选权与英国民主化的完成

到了19世纪早期，英国的政治制度模式与20世纪的现代民主政体已非常相似，一个主要的差异是此时英国的大多数普通公民尚未获得投票权，因此英国还不是完整意义上的现代民主政体。当时的英国大约仅有4.4%的成年公民拥有投票权，这意味着95%以上的成年公民与选举权无缘。从1832年开始，英国先后进行多次议会改革与选举改革，中间历经了约一个世纪的时间，至1928年才最终落实21岁以上成年男女公民的普选权。这样，英国才成了标准的现代民主国家。

普选权作为政治议题的兴起

普通公民应该拥有投票权吗？对21世纪的人们来说，这是一个毋庸置疑的问题，但并非历来如此。那么，普选权这个政治议题是如何出现的呢？如果追溯到比较古老的传统，大家会发现，政治平等的主张由来已久。比如，英国内战之后，平等派对于经济平等和政治平等的主张就是相当狂热的。普选权议题真正成为一个重要的政治现象，凸显的是新的社会条件的出现，即工业革命和城市化创造了新的阶级力量，并引发了新的政治诉求。工业革命之前，大部分人都生活在传统的农村地区，远离城市和组织化的生产生活方式。工业革命和城市不仅改变了他们的存在方式，也改变了他们的政治诉求。最终，他们发现，投票权才是政治权利的核心问题。

当时的另一个政治背景是，英国的政治精英阶层在此问题上产生了分化，姑且可以称之为改革派与保守派的较量。保守派不太主张给普通人投票权，或者主张要给投票权设定严苛的门槛；改革派主张给更多人以投票权，或者主张至少应该降低投票权的门槛。

活跃在19世纪后半叶的重要思想家约翰·斯图亚特·密尔在1861年出版的《代议制政府》中说：

> 现代文明的代议制政府，其自然趋势是朝向集体的平庸，这种趋势是由于选举权的不断下降和扩大而增长，其结果就是将主要权力置于越来越低于最高社会教养水平的阶级手中。

由此可见，密尔对普通人获得投票权并没有什么好感。他用“集体的平庸”来形容投票权普及的结果，原因就是选举权的不断普及。作为政治学名著《论自由》的作者，密尔在投票权问题上有着相当保守的倾向。尽管不能说《代议制政府》一书是反民主的，但他的确主张选民资格论：

> 我认为任何不会读、写以及——我再加上——不会做普通的算术运算的人参加选举是完全不能允许的。[1]

而以1848年《共产党宣言》的发表和1848年欧洲革命为标志，19世纪中叶整个欧洲社会的政治思潮风起云涌。英国的保守派政治家和思想家还担心：如果普通人获得投票权之后，他们会不会以和平的议会斗争方式控制政治权力，进而颠覆英国的财产制度与市场制度

[1] 密尔这里的言论参见J.S.密尔《代议制政府》，汪瑄译，北京：商务印书馆，1997年，第112、129页。

呢？由于这些因素，当时的保守派在普选权问题上极为审慎。

普选权的社会动力学

既然精英们最初控制着英国的政治与立法，为什么投票权能普及呢？这里有两个主要的逻辑。

第一个原因是政治系统以外社会性的驱动力量。简而言之，主要是指工业革命、城市化以及大规模工厂组织的出现。在此过程中，普通人的公民意识和政治参与意识开始觉醒。所有这些，都构成了落实普选权运动背后的社会背景。总体上，正是经济模式的改变，引发了社会结构的变迁，由此又导致了政治趋势的改变。

当然，这一过程相当复杂，这里仅以一个重要的社会运动为例，来说明这种趋势的变迁。众所周知，英国曾经在1838—1848年发生过一场普通劳动者要求社会政治改革的群众运动，这一运动正是那个时代的标志性事件。其政治主张集中体现在1838年发表的《人民宪章》这一文件中，所以被称为宪章运动。[1]《人民宪章》的主要诉求有六项，包括：（1）21岁以上男子拥有普选权；（2）实行选区大小人数平等；（3）选举实行秘密投票；（4）取消参选财产限制；（5）给予议员年俸；（6）进行每年一度的选举。

为什么主张成年男子普选权呢？这一点当然容易理解。当时的英国尽管已经历1832年议会与选举改革，但仍然只有7.1%左右的成年公民拥有投票权。考虑到男女人口的比例，估计拥有投票权的成年男

[1] 关于宪章运动的研究，参见R. G. 甘米奇《宪章运动史》，苏公隽译，北京：商务印书馆，1979年。

子比重不足六分之一。至于女性公民的普选权，那更是后话。

为什么主张选区大小人数平等呢？因为当时的英国选区划分对农村比较有利，但由于工业化和城市化条件下大量人口聚集到城市，当时的选区划分使得城市人口无法获得成比例的代表权。此外，农村选区通常比较保守，而且更容易被贵族所控制。

实际上，宪章运动中所主张的秘密投票制度也与此有关。在当时的选举操作中，选举并非秘密投票。这样，在很多选区，无论是农村的贵族还是城市的工商业主，他们在现场很容易就能看到谁投了哪位候选人的票。比如，在一个农村选区，一位较富有的农民拥有选举权，但投票时一个大贵族在投票站观望，这种情况下，普通投票者就会承受很大的压力，通常不敢投出对这位大贵族不利的选票。

与第一个政治诉求有关的是，宪章运动还主张取消参选的财产限制。如果说第一条争取的是选举权，那么这一条争取的是被选举权。根据当时对候选人设定的财产资格限制，普通公民根本不可能获得被选举权。普通工人们明白，只有把自己的代表送到国会下院，他们期待的立法和公共政策才会出现。

此外，他们还主张给予议员年俸或薪水。要知道，那个时候的英国议员是没有薪水的。这就使得只有贵族或富人才会出来做议员。议员职位一般由贵族和大资产者出任。由于没有薪水，工人运动的领袖人物即便能够当选，实际上也很难出任国会议员，因为当时的议员是一份需要强大财力支撑的职业。宪章运动的最后一个要求，则是希望实行每年一度的选举。

宪章运动的这些政治诉求，跟这里探讨的普选权密切相关，背后的驱动力量同样是社会结构和阶级力量的变迁。如果放宽历史的视野，大家会看到，宪章运动中的六项政治要求，尽管在当时并没有获得直接的成功，但绝大多数诉求都在其后不到一个世纪的时间里逐步得以落实（除了最后一项，即每年进行一次选举，实际上这并不是一个有利的做法）。

落实普选权的政治动力学

第二个原因是政治系统内部本身的动力机制。到19世纪30年代，英国政治体系除了普选权这一条，其他方面已经与后来的现代民主政体没有显著差异了。那么，在政治系统内部，是什么样的政治动力机制最终使得普选权的落实成为可能呢？

首先，1832年之前英国政治体制基本上已经为民主化时代的到来做好了铺垫。4.4%的成年公民拥有投票权和没有人拥有投票权，两者间有实质性的差别。在1832年之前的英国，那些财产或缴纳税收较多的上层阶级、中上阶级已经拥有了投票权。尽管只有4.4%的成年公民有投票权，但这4.4%实际上已经覆盖到了很大一部分中产阶级。按人口比例来计算，整个英国大约有8%—9%家庭的男性户主是拥有投票权的。这些拥有投票权的人中，固然有极其富有的贵族和大工商业者，也有很多算不得富有的中产阶级——他们只是相对于工人阶级来说更为富有。比如，以今天的中国社会来说，按照年收入前4.4%的人口来划线，还是会包括相当多的中产阶级；如果比例扩大至8%—9%，会包括更多的中产阶级。

这些拥有投票权的中产阶级的政治与投票倾向就变得很重要。他们是赞成更加保守的选举立法，还是赞成更加民主的选举立法呢？实际上，很多人愿意看到让更多的普通人拥有投票权。应该说，这种机制是非常重要的。从逻辑上看，跟从不民主到少数人的“民主”相比，从少数人的“民主”到多数人的民主，相对会更容易一些。

其次，其中的动力机制还跟英国精英阶层的政治分化和辉格党的政治想象有关。简单地说，托利党与辉格党对于普选权的看法并不一致。谁更反对普选权？是托利党，它代表土地贵族的利益。谁主张给更多人以投票权呢？是辉格党，它的阶级基础是工商业主和中产阶级。在当时的选举政治中，上层选民更愿意投票支持托利党，而中产选民更愿意投票支持辉格党。这种情况下，辉格党产生了一个强烈的政治想象，如果普通公民获得投票权，辉格党将会获得新的巨大票仓，因为新增普通选民的投票往往对辉格党更有利（但其长期后果是辉格党始料未及的）。所以，辉格党就乐意支持给更多普通公民以投票权。

此外，围绕普选权问题，当时的英国还爆发了很多政治冲突。比如，1831 年辉格党提出的选举改革方案被托利党主导的上院否决以后，多个城市出现了骚乱和小规模暴动。如果保守派继续拒绝给予财产更少的公民以投票权，社会冲突和政治暴力可能还会继续升级。不少英国政治家开始对这一前景表示担忧。

正是在这样的政治背景下，英国的社会思潮开始逐渐转向。一个较为温和的建议是，最起码要让更多人获得投票资格，这意味着需要降低选民财产资格的限制。比较激进的观点则主张，应该给予所有成年男性公民普选权，仍然认为应该把投票权通过财产资格限制在极小范围内的观点，变得越来越不合时宜。

随着投票权逐步放宽，在所有获得投票权的选民中，普通中产阶级的比例不断提高。这种普通中产阶级比重的提高，又反过来强化了投票权的进一步扩展。随着更多较为普通的中产阶级获得投票权，那些过分保守的政治家就不容易获得选民支持，甚至导致很多政治保守

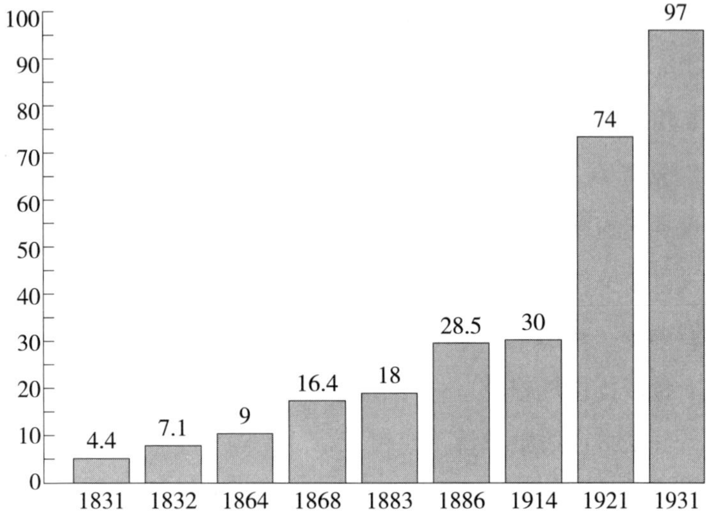

图 2.1 英国 20 岁以上人口拥有投票权的比例（1831—1931 年）

资料来源：罗伯特·A. 达尔：《论民主》，李风华译，北京：中国人民大学出版社，2012 年，第 21 页。

的资深议员在自己选区落选，而那些主张给更多人投票权的政治家更有当选的可能。这样，正因为英国政治体制中的部分民主因素，在这一政治机制的驱动下就有了越来越民主的趋势。落实普选权的社会气氛逐步形成了。当然，具体来说，每一次选举改革都有着相当复杂的情形，而且都是艰苦的政治斗争的结果。

罗伯特·达尔在《论民主》一书中借助《大不列颠百科全书》的数据，概要描述了英国从 1832 年改革到 1928 年改革的近一个世纪的选举政治史。[1] 1831 年，英国只有 4.4% 的成年公民拥有投票权，后

[1] 罗伯特·A. 达尔：《论民主》，李风华译，北京：中国人民大学出版社，2012 年，第 21 页。

来经历了一系列议会与选举改革，主要是 1832 年改革、1867 年改革、1884 年改革和 1928 年改革，英国终于逐步落实成年男女公民的普选权。

这些改革的关键特征有两个：一是逐步降低成年男性公民的财产资格限制，直至最后全部取消；二是逐步落实投票资格上的男女平权，从最初 30 岁以上成年女子首先获得投票权，到 1928 年实现 21 岁以上成年男女公民的普选权。这样，经过一个世纪左右的政治抗争与政治妥协，英国终于在 1928 年落实了不区分性别的 21 岁以上成年公民的普选权。（后来，英国的不同地区又降低公民普选权的年龄。）这样，到 1928 年时，英国的完全民主化最终得以完成。

英国政治进化的启示

那么，英国近现代政治演进的道路提供了何种启示呢？一方面，英国现代政治的演进呈现的是阶段性的跨越。其中的历史细节固然丰富，但关键的进展可以归纳为四个阶段。第一个阶段是约束国王权力。国王或统治者的权力必须被约束，这以 1215 年的《大宪章》为主要政治文本，而后又包括 1258 年的《牛津条约》等。所有这些政治文本的核心，就是让立宪主义和法治成为更高的规则，成为约束与驯服统治者的铁律。

第二个阶段是议会主权的形成。实际上，这个过程是国王的政治权力逐渐移交到议会的过程。一开始是“王在议会”——大致上是有实权的国王与议会的共治，后来国王逐渐超越政治，成为“统而不治”的君主。这样，议会就掌握了英国的主权。

第三个阶段是责任政府的形成。这里的责任政府，直接含义是内阁要对自己的施政结果负责，而当其施政不受欢迎或遭到议会多数不信任投票时，就只能辞职下台。当然，责任政府也意味着，内阁或政府在施政过程中需要有效回应民意和社会诉求。与此同时，政党政治开始逐步兴起。

最后一个阶段是落实普选权。通过扩展普选权和实现男女平权，英国从竞争性的精英政体实现了向完全民主政体的过渡。这样，到1928年英国现代民主政体的构建终于大功告成。

另一方面，除了从立宪政治到民主的阶段性演进，英国道路还有若干重要的特征。第一是时间跨度非常长。如果从1215年开始算，英国大约用了700年时间才完成充分的民主化进程。当然，这不意味着其他后进国家的民主化过程也需要这么长的时间。但这一时间长度或许预示着现代政治文明诞生过程的艰难曲折。

第二是英国的这一政治过程受到了社会结构的重大影响。早期，英国社会结构的重要特征是封建主义体制，国王与贵族的势力均衡成了英国近现代政治起源的关键因素；后来，工业化和城市化所驱动的普通民众大规模进入工厂与城市，由此引发工人运动和工人力量在政治上的兴起，又构成了英国落实普选权的社会条件。

第三是英国现代政治转型并不是一个和谐平滑的过程，而是一个充满政治冲突的过程。早期是国王和贵族的冲突，中间甚至还经历了英国内战，后来是工人运动所带来的很多新冲突。英国的政治演进，很大一部分就是对不同时期政治冲突的回应，然后又慢慢让这种政治冲突制度化，将其纳入日常政治的范畴。

最后是观念因素的重要性。放眼世界文明史，很多读者都会好奇，为什么有些地方会形成立宪主义观念？有些地方会形成法治传统？更具体地说，为什么一个地方会出现约翰·洛克这样的政治哲学家？洛克认为，一个政治社会首要的职能是保护其成员的生命权、自由权和财产权。这种观念何以产生？今天，古典自由主义经济学家亚当·斯密仍然备受推崇，他为什么早在1776年就能阐发自由市场经济的基本原理呢？为什么古典自由主义首先在英国生根发芽、开花结果呢？

《自由的基因》作者、英国保守主义政治家丹尼尔·汉南认为，英美文明不同于欧洲大陆的文明，两者的重要差异就在于政治观念的不同。特别是，英国传统中对权利的保护、对法治的尊崇、对政府的防范，正是欧洲大陆早期传统中所缺少的。[1]这些或许正是英国能够成为英国的重要观念因素。正如另一位英国杰出经济学家约翰·梅纳德·凯恩斯所言，我们的行为选择不唯独受物质利益框架的约束，同时还受到观念力量的引领。

英国所创造的政治文明后来之所以产生了全球性的影响，直接原因乃是英国不仅创造了自身的政治文明，而且还直接影响到了包括美国、加拿大、澳大利亚、印度、尼日利亚、南非等国在内的大量国家。实际上，英国是18—19世纪全球体系的塑造者与主宰者，是曾经的“日不落帝国”，这是政治和国际关系的视角。更重要的是，英国的政治优势乃是以其经济优势做后盾的。英国18世纪率先启动工业革命，随后工业革命开始在英国的邻近地区扩张，并最终扩展到全球范围。正是工业革命的影响，英国获得了长达百年以上的世界性支配地位。这种支配地位所塑造的英国影响力，不仅是经济上的，而且是政治上的、制度上的和观念上的。由此，英国成了人类现代政治文明的首要开创者。

---

[1] 丹尼尔·汉南：《自由的基因：我们现代世界的由来》，徐爽译，桂林：广西师范大学出版社，2015年。

第3讲

民主化的三次浪潮：从19世纪到21世纪

历史已经证明，无论是乐观主义者还是悲观主义者都在民主问题上犯下了错误，而未来的事情很可能会继续证明这一点。在许多社会，都存在着民主扩张的可怕障碍。第三波，这场20世纪晚期的“全球性的民主革命”，将不会永远继续下去。随之而来的，很可能是威权主义的沉渣泛起，从而形成第三波回潮。然而，这并不能排除在21世纪的某个时候出现第四波民主化的可能。

——塞缪尔·亨廷顿

3.1 民主演进的两百年

如果说在近现代的民主起源过程中，英国扮演了重要角色，那么这套现代民主政体又是如何走向全球的呢？在英国近现代政治文明的塑造过程中，民主开始在全球范围内逐步扩展。从 19 世纪至今，人类社会又经历了三次民主化浪潮。那么，如何解读人类社会的三波民主化浪潮呢？这一讲要探讨的就是从 19 世纪到 21 世纪的民主历程。

亨廷顿论三波民主化

塞缪尔·亨廷顿有一个说法是民主化浪潮和民主化回潮，这组概念能够恰如其分地勾勒最近 200 年的民主历程。在 1991 年出版的英文著作《第三波》中，亨廷顿把 19 世纪到 20 世纪民主在全球的进展视为三波民主化的进程。亨廷顿认为：

> 一波民主化是指在一个特定的时间期间内发生的一组由非民主政体向民主政体的转型，并且在这一时段内，这种转型在数量上明显超过反向转型的数量。[1]

这里有两个意思：首先，不是一个国家、两个国家或是少数国家，而是有较多国家在一个较短时间或是一个相对固定的时期内发生转型；

[1] 塞缪尔·亨廷顿：《第三波：20 世纪后期的民主化浪潮》，欧阳景根译，北京：中国人民大学出版社，2013 年，第 11 页。

其次，民主转型的数量要远远超过民主衰退或民主逆转的数量。跟民主化浪潮相对应的，是民主化的回潮。在亨廷顿看来，民主化回潮是指，在一个特定的时间周期内发生的一组由原先已经民主化的国家向非民主政体的转型，并在这一时段内，这种转型在数量上明显超过民主转型的数量。

基于这样的概念，亨廷顿认为人类的民主化已经历了三次浪潮：

> 第一波民主化长波：1828—1926
>
> 第一波民主化回潮：1922—1942
>
> 第二波民主化短波：1943—1962
>
> 第二波民主化回潮：1958—1975
>
> 第三波民主化浪潮：1974—

在亨廷顿看来，第三波民主化起源于1974年，他出版《第三波》时是1991年，那时苏联还没有解体（苏联是1991年年底解体的），第三波只进展了16、17年时间。而到目前为止，第三波民主化已经行进了40余年时间。那么，第三波民主化是否会如同过去的民主化一样经历回潮呢？目前为止，学术界对这个问题一直存在争议。亨廷顿过去曾经做过这样的预言：

> 历史已经证明，无论是乐观主义者还是悲观主义者都在民主问题上犯下了错误，而未来的事情很可能会继续证明这一点。在许多社会，都存在着民主扩张的可怕障碍。第三波，这场20世纪晚期的“全球性的民主革命”，将不会永远继续下去。随之而来的，很可能是威权主义的沉渣泛起，从而形成第三波回潮。然而，

这并不能排除在21世纪的某个时候出现第四波民主化的可能。[1]

政体变迁的历史图谱

一家国际著名政体评级机构体制和平中心（The Center for Systemic Peace，简称CSP）下设的政体项目（the Polity Project）以其特有的方式评估了过去200多年世界范围内的民主进程，也就是1800年以来的民主进程。[2]

它以曲线图直观显示民主政体与威权政体的数量消长，其中民主政体的数量基本呈曲折上升的走势，中间固然会有回调，但回调后还会继续上升，这让人容易联想到道琼斯指数。从1800年到1920年前后，民主政体稳步上升，但需要提醒的是，当时的国家数量还比较少，比如，19世纪初非洲就没有多少像样的国家，拉丁美洲的国家还没有独立。随后的20世纪20年代到30年代，民主政体经历了一波急剧的下挫，这就是亨廷顿定义的民主化回潮。到了20世纪40年代到60年代初，民主国家数量又呈现快速上升的趋势。然而，大约从20世纪60年代开始，民主曲线又陷入停滞状态了，同时新生的威权政体数量大幅上升。这波威权政体数量上升的背景，是很多发展中国家在二战之后独立，经历了对西式民主政体的短暂尝试之后，又迅速蜕变为威权

[1] 塞缪尔·亨廷顿：《第三波：20世纪后期的民主化浪潮》，欧阳景根译，北京：中国人民大学出版社，2013年，第296-297页。

[2] 这里主要是指该机构的政体项目从政体Ⅵ（Polity Ⅵ，1800-2015年数据）到政体5（Polity 5，2016年以后数据）的民主评级，该项目数据的网址是http://www.systemicpeace.org/polityproject.html需要说明的是，这个评级机构对某些国家的评级存在比较大的争议。

政体的过程。到了 20 世纪 70 年代中期，威权政体数量在触及顶峰后，开始急剧下挫，同时民主政体的数量开始急剧上升，这就是第三波民主化浪潮。当第三波民主进展到 20 世纪 90 年代时，民主国家的数量终于超过了威权国家的数量，重现了所谓的“民主的突破”。从曲线上看，最近几年民主政体的数量变化趋势又趋于平缓，所以有学者担心民主化进展是否会出现停滞。

三波民主化过程中的不同国家群组

亨廷顿在《第三波》中设计的一个表格，清晰地记录了到 1991 年之前全球不同国家所经历的民主化进程。在表 3.1 中，从 A 到 F 这些国家组别启动的是第一波民主化，深灰色代表这些国家的民主时期或准民主时期，而当它变成浅灰色的时候，就意味着这组国家发生了民主回潮或衰退。从 G 到 J 这些国家组别启动的是第二波民主化，这些国家后来有的发生了民主化回潮，有的则没有发生回潮。在此过程中，原先的第一波民主化国家已经发生民主衰退的，有些又再次加入了第二波民主化浪潮的行列。从 K 到 L 这些国家组别经历的则是第三波民主化。

更具体地说，基于对民主的概念界定和对每个国家的评估，亨廷顿区分出第一个类型的国家组别 A 包括 10 个国家，分别是澳大利亚、加拿大、芬兰、冰岛、爱尔兰、新西兰、瑞典、瑞士、英国、美国。这 10 个国家在亨廷顿看来是第一波民主化国家，并且它们没有发生过民主回潮，至今仍然维持民主政体。

国家组别 B 比较特别，实际上只有一个国家，那就是智利。它是

类型	国家数量	第一波	第一次回潮	第二波	第二次回潮	第三波	第三次回潮
L	3						
K	12						
J	6						
I	1						
H	9						
G	10						
F	3						
E	4						
D	5						
C	10						
B	1						
A	10						
民主国家		33（最多）	11（最少）	52（最多）	30（最少）	65（最多）	61（最少）
净变化		+33	−22	+41	−22	+35	−4
国家总数=74							

民主的或半民主阶段

前民主国家的非民主阶段

表 3.1 民主化浪潮与回潮

说明：国家分类

（A）澳大利亚、加拿大、芬兰、冰岛、爱尔兰、新西兰、瑞典、瑞士、英国、美国

（B）智利

（C）奥地利、比利时、哥伦比亚、丹麦、法国、联邦德国、意大利、日本、荷兰、挪威
（D）阿根廷、捷克斯洛伐克、希腊、匈牙利、乌拉圭
（E）民主德国、波兰、葡萄牙、西班牙
（F）爱沙尼亚、拉脱维亚、立陶宛
（G）博茨瓦纳、哥斯达黎加、冈比亚、以色列、牙买加、马来西亚、马耳他、斯里兰卡、特立尼达和多巴哥、委内瑞拉
（H）玻利维亚、巴西、厄瓜多尔、印度、韩国、巴基斯坦、秘鲁、菲律宾、土耳其
（I）尼日利亚
（J）缅甸、斐济、加纳、圭亚那、印度尼西亚、黎巴嫩
（K）保加利亚、多米尼加、萨尔瓦多、危地马拉、洪都拉斯、蒙古、纳米比亚、尼加拉瓜、巴拿马、巴布亚新几内亚、罗马尼亚、塞内加尔
（L）海地、苏丹、苏里南
资料来源：塞缪尔·亨廷顿：《第三波：20世纪后期的民主化浪潮》，欧阳景根译，北京：中国人民大学出版社，2013年，第10—11页。

在第一波民主化中就进入民主转型的国家，而且在第一波民主化回潮中没有发生民主衰退。问题是，它在第二波民主化回潮中发生了民主衰退，随后又在第三波民主化中启动了新的民主转型，并至今维系着民主政体。

第三类国家组别C是另一类比较典型的国家，它们在第一波民主化中启动民主转型，但是遭遇了第一波民主化衰退，然后又在第二波民主化浪潮中再次赶上潮流，启动了新的民主化，并一直将民主政体保持至今。这些国家包括奥地利、比利时、哥伦比亚、丹麦、法国、西德、意大利、日本、荷兰和挪威。该组别国家大部分都是欧洲国家，少部分是拉丁美洲国家，只有一个是亚洲国家——日本。当然，日本无论在政治还是经济上，都是整个亚洲较为特殊的案例。

第四类国家组别D包括了阿根廷、捷克斯洛伐克、希腊、匈牙利和乌拉圭五国，这里既包括东欧、南欧国家，又包括拉美国家。这组国家的特点是，它们在第一波民主化中就启动民主转型，然后经历了

第一波回潮；又在第二波中再次启动民主转型，但又经历了第二波回潮；然后，最终在第三波民主化中实现成功的民主转型，至亨廷顿出版该书时没有再出现回潮，成为了实现初步稳定的民主国家。到目前为止，这五国中的四国都是已经实现民主巩固的国家，匈牙利或许存有争议——该国最近几年被认为出现了民主衰退的迹象。[1]

第五类国家组别是 E，它们在第一波中启动民主转型，然后经历民主崩溃；崩溃以后没有再进入第二波民主化，亦即在第二波民主化过程中维系着相对稳定的威权政体；后来，这些国家直接进入了第三波民主化。这样的国家包括东德、波兰、葡萄牙和西班牙四国，它们都是欧洲国家，如今都是稳定的民主国家。其中东德已经跟西德合并，重新成为统一的德国。

国家组别 F 非常特别，这些国家原来是独立国家，后来成为苏联的一部分，亨廷顿出版这部书时苏联尚未解体，这些国家还没有独立，所以图表中就变成了白色的空白区域。这组国家是波罗的海三国——爱沙尼亚、拉脱维亚和立陶宛。

在第一波民主化中就启动转型的国家，按亨廷顿的说法是 33 个。根据上表的数据，在第一波民主回潮的低谷中，仅有 11 个国家维持了民主政体。如果把“一次民主转型成功率”作为衡量民主化绩效的一个指标，那么这个指标还是很低的。

有人看到这张表格很好奇，如果时间回放到 20 世纪一二十年代，当时的中华民国算什么类型的政体呢？其实，中国是亚洲最早尝试建立民主共和政体的国家之一，后来的政治变迁则比较复杂。1913 年，中国实行过首次全国性的议会选举，当时较富有的 40 多万人拥有投票

[1] János Kornai, "Hungary's U-Turn: Retreating from Democracy," in *Journal of Democracy*, Vol. 26, No. 3(Jul. 2015), pp. 34-48.

权。[1]在1913年的亚洲，能够这样做的国家还寥寥无几。但是，由于获得投票权的公民比率比较低，没有达到亨廷顿所说的至少半数成年男子拥有投票权的民主标准，所以这个表格没有把中国放进去。

再往后的国家组别跟第一波民主化就没有关系了，亦即它们都错过了第一波民主化，但是这些国家卷入了第二波民主化。国家组别G包括博茨瓦纳、哥斯达黎加、冈比亚、以色列、牙买加、马来西亚、马耳他、斯里兰卡、特立尼达和多巴哥、委内瑞拉等。这一国家组别非常多样化，包括了非洲国家、亚洲国家和拉丁美洲国家，覆盖范围相当之大，甚至还包括了以色列这一个犹太人建立的中东国家。在亨廷顿看来，这一国家组别进入第二波民主化之后，没有再经历第二波民主化回潮，直接实现了民主巩固，并且在第三波民主化过程中维系着民主政体，至少亨廷顿出版该书时没有发生逆转。

但是，亨廷顿对这些国家民主程度的判断标准，可能存在争议。比如，像这组国家中的马来西亚，它到底是不是一个民主国家？这就充满争议。很多评级机构把该时期的马来西亚视为威权化色彩很重的国家。国际学术界的一个观点是，该国尽管维持着定期选举的基本形式，但执政党在很长时期内都强有力地控制着选举和政治生活，其他竞争性政党——至少是在过去相当长的时间里——很难有机会控制最高统治权。

国家组别H包括了玻利维亚、巴西、厄瓜多尔、印度、韩国、巴基斯坦、秘鲁、菲律宾和土耳其等。这些国家既包括了拉丁美洲国家，也包括了亚洲国家，而其中的土耳其一般被视为中东北非国家。这些国家的首次民主转型发生在第二波民主化过程中，然后又都遭遇

[1] 张朋园：《中国民主政治的困境：晚清以来历届议会选举述论》，长春：吉林出版集团有限责任公司，2008年。

了第二波民主化的衰退，但这些国家在第三波民主化中实现了成功转型——至少到亨廷顿出版该书时未发生民主衰退。

当然，像印度这样的国家也有争议。尽管印度在 1975 到 1977 年间曾经经历过 21 个月的紧急状态，但那是一次民主崩溃吗？印度在 1947 年独立以后，一直是一个实行定期选举的议会制民主国家。20 世纪 70 年代中期，时任印度总理的是开国总理尼赫鲁的女儿英迪拉·甘地，甘地夫人以某选区当选议员的身份进入国会，然后凭借国大党领袖的身份，顺理成章地再度出任印度总理。然而跟她竞争同一选区议席的政治对手起诉她，理由是甘地在本选区竞选时非法动用了她身为总理的行政资源，这就违反了宪法和选举法，诉讼请求要求法院判决甘地夫人当选国会议员无效。结果，地方法院竟然判决这项诉讼请求成立，原告获胜。

这意味着，如果判决结果实施的话，甘地夫人就要被剥夺国会议员身份，印度总理职位不保。在这种情况下，加上印度社会当时面临的其他政治冲突，英迪拉·甘地宣布启动紧急状态，并要求总统签署相关的紧急状态命令，开始对整个印度社会实行管制，并逮捕了一批反对派领导人。按照印度宪法的相关规定，总理（实权）可以在总统（虚位）批准的情况下启动紧急状态，而启动紧急状态后可以搁置部分的公民权利和政治权利。甘地夫人认为，在印度实施紧急状态以及采取一系列政治措施是合宪或合法的。

当时全球一些重要媒体认为，印度民主政治已经运转不畅，或者说印度民主已经衰退。但出人意料的是，甘地夫人在 21 个月之后又取消了印度的紧急状态统治，恢复了日常政治。印度的民主政体又得以重新运转。正因为如此，我过去的一项研究没有把印度 1975—1977 年的政治事件列入民主崩溃的案例。[1]按照这一观点，印度就应该被视为第二波民主化中直接实现民主巩固的国家。

国家组别 I 其实就是一个非洲国家——尼日利亚，该国经历了第二波民主化，紧接着发生了民主衰退，而后在第三波民主化中再次启动转型，然后又遭遇了民主衰退。当然，亨廷顿的表格时间只是截止到 1991 年之前。该国从 1999 年开始再次启动民主化，重新卷入了第三波民主化，并至今维系着“选举民主政体”。这意味着尼日利亚拥有定期选举的基本民主形式，但是该国选举的自由公正程度、国家治理的法治化程度还不高。

按照亨廷顿的观点，还有一些国家卷入了第二波民主化，并经历了第二波民主化的失败，直到 1991 年尚未启动新的民主化进程。这一国家组别 J 包括了缅甸、斐济、加纳、圭亚那、印度尼西亚、黎巴嫩等六国。但随着时间的推移，从 1991 年至 2017 年，这组国家几乎又都重新卷入了第三波民主化——尽管这些国家目前的民主评级差异很大。

在第三波民主化中，首次启动民主化并且至 1991 年没有发生民主衰退的国家有 12 个，即国家组别 K，这些国家是保加利亚、多米尼加、萨尔瓦多、危地马拉、洪都拉斯、蒙古、纳米比亚、尼加拉瓜、巴拿马、巴布亚新几内亚、罗马尼亚和塞内加尔等。还有三个首次启动民主化但截至 1991 年已发生衰退的国家，分别是海地、苏丹、苏里南，这是国家组别 L。当然，需要提醒的是，亨廷顿的表格截止时间是《第三波》出版的 1991 年。1991 年之后，表 3.1 中的部分国家后来又发生了新的政体变迁，这是后话。

---

[1] 关于印度民主的案例研究，参见包刚升《民主崩溃的政治学》，北京：商务印书馆，2014 年，第 367-458 页。

3.2 第一波民主化：源起欧美

接下来，本书要陆续解读三波民主化。通常，从事政治哲学与政治思想史研究的学者更愿意从观念入手来探讨民主问题，而本书更关注民主在经验世界中究竟运转得如何。19 世纪至今全球范围内的民主转型与民主运转经验，是我们理解民主问题的基础。

美国革命与美国民主的演进

第一波民主化的启动跟两个重大事件——美国革命与法国革命——有关。这里先从美国革命说起。美国 1776 年发生独立革命，1783 年赢得独立战争，1787 年召开制宪会议并完成制宪，1789 年诞生首任总统乔治·华盛顿，由此逐渐发展成了一个现代国家。

按照亨廷顿的观点，民主政体应该有两个最低标准：一是至少 50% 成年男子拥有普选权；二是政府首脑要么依靠民选议会的多数支持，要么通过定期普选产生。亨廷顿认为，美国在 1828 年就达到了这个最低限度的民主标准。50% 成年男子拥有普选权的数字，是美国政治学者统计了当时各州关于选举资格的实际规定后估算出来的。由此，美国就成了世界上第一个现代民主政体。而同一时期的英国，拥有投票权的成年男子比例还不足 10%。

理解美国政治的一个视角，是重视对其重要历史文献的解读。通常，1776 年《独立宣言》和 1787 年《美国宪法》被视为美国两个最重要的建国历史文献。1776 年《独立宣言》的开篇这样说：

> 我们认为下述真理是不言而喻的，人人生而平等，造物主赋予他们若干不可让与的权利，其中包括生存权、自由权、追求幸福的权利，为了保障这些权利，人们才在他们中间建立政府，而政府的正当权利则是经被统治者同意授予。

《独立宣言》这段开篇尽管言简意赅，但意味深长。首先，它倡导的是政治平等；其次，它强调公民的基本自由权利；最后，它落实到自治的政治原则上。熟悉西方政治传统的读者会发现，《独立宣言》开篇语是对英国哲学家约翰·洛克《政府论》下篇的模仿——洛克认为，人类组成政治社会的目的，是为了保护每一个社会成员的生命权、自由权与财产权。《独立宣言》还认为，政府需要经过被治者的同意。那么，这种被治者的同意是通过何种形式来实现的呢？这就离不开民主共和政体的政制设计。

美国立国的另一篇经典文献是1787年《美国宪法》，这部宪法的开篇这样说：

> 我们合众国人民为建立更完善的联邦，树立正义，保障国内安宁，提供共同防务，促进公共福利，并使我们自己和后代得享自由的幸福，特为美利坚合众国制定本宪法。

这个煽情式的宣言清晰地彰显了美国立国的基本精神。然而，如果回到当时的历史过程，大家就会发现，1787年《美国宪法》的制定并非易事。美国拥有这样一部宪法，也决非什么历史的必然，而是一批杰出政治人物艰苦努力的结果。在1787年之前，美国并没有全国性的宪法，也没有总统，而只有国会。国会强于议事、弱于执行的特点，使其很难有效地管理美国的公共事务、协调各州之间的关系以及处理好美国外交问题。

当时一位著名驻法外交官就在书信中抱怨，每次北美殖民地需要跟法国签署什么协议，对他来说，都是一种异常痛苦的经历。因为这一美法协议需要 13 个殖民地一致同意，最后才能生效。这使得美国驻法大使的工作以及美国的其他外交工作很难展开。此外，在美国国内，当时各州之间还需要就跨州关税、跨州公共事务进行协调，但由于缺少有效的中央政府，因而成效不高。当时美国的另一个重要事件是 1786 年爆发的谢斯起义，一时之间美国内政陷入了深刻的危机。

正是由于面临诸种困境，到了 1787 年，美国终于觉得有必要召集一次制宪会议，其基本目标是纠正美国邦联体制的困境，商讨如何建立一个强有力的联邦。1787 年《美国宪法》就是这次制宪会议的成果。总体上，1787 年《美国宪法》是一部以三权分立、联邦制为基本制度的共和制宪法。尽管这部宪法也被美国开国之父们视为一部共和制宪法而非民主宪法，但这部宪法中无疑包含了很多民主因素。一方面，无论是总统，还是参、众两院议员，都是由选举产生的。尽管一开始总统与参议员的职位是由间接选举产生的，但后来其选举方式逐步由间接选举过渡到直接选举。另一方面，尽管 1787 年《美国宪法》没有规定谁有投票资格，这种权力属于各州且各州对选民选举资格规定不同，但大趋势是美国公民后来逐步获得了普选权，而这正是美国民主化深入的过程。

一开始，美国各州仅开放了成年男性公民的选举权，并且对选举资格还设置了财产要求。实际上，这也是当时英国和部分西欧国家流行的做法。但后来的大趋势是，从 1787 年到 19 世纪、20 世纪，各州对男性选民财产资格的限制逐步放开，直至完全取消。总的来说，从美国建国到 20 世纪 60 年代，美国公民的选举权经历了三个方面的主要变迁：一是成年男性公民陆续获得不受财产资格限制的普选权，二是成年女性公民获得不受性别资格限制的普选权，三是黑人群体从奴隶制下解放出来并慢慢获得了与白人公民同等的普选权。这样，美国就完成了从受限制的选举权到不受身份限制的普选权的过渡。

实际上，直到 1965 年《投票权利法案》（*Voting Rights Act of 1965*）通过，美国才最终成为完全意义上的民主政体。最初，美国宪法并未规定关于选举资格的条款，而是由各州宪法或选举法自行决定各州的选举资格。正是因为这种规定，各州关于选举资格的规定及后来普选权的进展并不一致。简而言之，有些州最初对选举权资格的要求更高，有些州则更低，这意味着后者比前者更为民主，而各州放宽选举资格限制的节奏也差异很大。

尽管 1787 年《美国宪法》并没有关于选举资格的规定，但这并不意味着联邦政府在这一问题上对各州没有干预。1870 年以后，美国国会不断就此提出宪法修正案，用修正宪法条款的方式来调整关于选举资格的规定。一旦宪法修正案获得通过，其效力就等同于宪法，各州必须遵守或执行。如果一州法律或实际做法违反最新的宪法修正案，最高法院就会以违宪审查方式判定该州相应的法律或做法违宪。

从时间顺序上说，美国 1870 年通过的第 15 条宪法修正案规定，不得因为“种族、肤色或先前奴隶地位”而制定投票权的资格限制。这条宪法修正案针对的是美国内战之后黑人公民普遍面临的政治权利匮乏状态。要知道，在美国内战之前，多数黑人还处于奴隶地位，所以要落实这样的宪法修正案殊为不易。

尽管宪法修正案对此有新的规定，但去歧视化的实际过程并不容易。比如，当时美国一些州就实行着很多对普通黑人很不友好的做法。一些州在做选民登记时，有不少技术性的要求，比如完整无误地写出自己的名字。而在那个教育尚未普及的年代，不少普通黑人还难以完整无误地写出自己的名字。还有一些州甚至规定了更为复杂的条件，比如要求进行选民登记的公民说出美国宪法有哪些主要原则与规定。这无形中把很多文化程度较低的普通人都排除出去了。当然，这些做法并非全无道理。较为保守的观点认为，一个合格选民应该有基本的读写能力，并能理解美国宪法的基本精神。但这客观上对黑人确实较为不利。这些事例都说明，第15条宪法修正案的实际落实需要相当长的时间过程。

1920年，美国又通过了第19条宪法修正案，规定女性在选举资格方面不受歧视。美国这一跟性别选举资格有关的宪法修正案，时间上跟英国女性获得普选权的时间相当。英国1918年允许30岁以上、符合财产资格条件的成年女子获得投票权，1928年又将女性普选权年龄降至跟男性一致。1964年，美国又通过第24条宪法修正案，规定不得以“人头税和其他税种缴纳”来限制任何公民的投票权。最初，美国各州对公民投票权都有或多或少的财产资格要求，而后又经历了财产资格要求不断降低的过程。直到1964年，这一基于财产资格或纳税资格的选举权限制条款才被彻底废除。

如果英国哲学家约翰·斯图亚特·密尔仍然健在，他很可能会反对美国的这一宪法修正案。一个完全没有交税的人，到底有没有能力履行公民的基本义务呢？密尔的类似问题肯定会引来很多争议。但是，从密尔所处的时代到20世纪60年代，差不多一个世纪过去了，在这一个世纪中，西方社会的潮流已经发生了转向。后来的普遍看法是，普选权是任何公民与生俱来的权利，不应该有财产或任何其他资格的限制。

到了 1965 年，美国国会正式通过《投票权利法案》，明确禁止投票权利方面的种族歧视，不得再设立针对少数族裔公民的投票权限制。这一条款很大程度上是为了保护黑人的投票权，而且是对 1870 年美国第 15 条宪法修正案的强化。显然，这一《投票权利法案》是受到了 20 世纪五六十年代黑人民权运动的影响，或者说就是黑人民权运动的政治成果之一。1971 年，美国又通过第 26 条宪法修正案，将各州投票权起点不一的年龄规定统一为 18 岁美国公民即可获得普选权。这样，到 20 世纪六七十年代，完全意义上的无差别普选权在美国这块土地上得以落实，美国的共和政体才最终完成向完全的民主政体的过渡。

在此过程中，美国选举制度的另一个变迁是两项重要选举逐步由间接选举过渡到直接选举，这也是美国民主深化的重要方面。一是美国总统选举制度的变化。美国总统最初由选举人团选举产生，后来逐渐演变为选举人团的选举人基本不持立场，而是根据各州总统预选结果来投票。比如，如果本州总统预选结果显示候选人 A 与候选人 B 相比获得更多的选民支持，那么选举人团通常（绝大多数州）就会把选举人票全部投给候选人 A。这样，美国总统选举实际上已经变为各州选民直选了。

至于在具体制度设计上，美国总统选举制度是比较特殊的，候选人要根据所获得的以州为单位的选举人票的数量多寡来决定谁能当选。由于候选人赢得各州选举人票的比例，与他们赢得各州选民实际选票的比例不同，所以有可能出现赢得选民总票数更少的候选人当选总统的情形。比如，2000 年总统选举中，乔治 · W · 布什在全国选民总得票数量低于阿尔 · 戈尔的情况下，以选举人票的少许优势当选为美国总统。对于其中技术化的选举公正问题，这里不再多做讨论。这里的重点是，美国总统选举一开始是某种间接选举制度，后来逐步转变为美国各州选民的全民直选——只是计票方式仍然以各州选举人票为准，这也是民主深化的一种表现。

二是美国参议员选举制度的重大调整。按照1787年《美国宪法》的规定，参议员一开始由各州议会选举产生，后来逐渐演变为各州选民直选。参议员每州两名，任期六年，每三年改选一名。这样，实际上各州是每三年选举一名参议员，选举方式是全民直选，具体制度是领先者胜出制。这个演进过程的逻辑跟总统选举制度改革也是类似的，同样代表了美国民主的深化。

总体来说，美国的民主化过程是比较顺利的。一个关键性的条件是美国在1787年就已经确立了一部共和制宪法，这是一个非常重要的制度框架。宪法的制定相当于给美利坚这部列车确定了一个基本的轨道，后来的历史进程尽管时时可以看到政治家们就宪法条款展开的一系列斗争——有人坚持某些条款，有人反对某些条款，有人修正某些条款，但总的来说，宪法这个基本规则还是在起作用。

与此同时，宪法制定以后，后续的政治家、立法者和大法官们在政治上的努力也很重要。比如，美国最高法院司法审查权的起源，很大程度上是跟1803年“马伯里诉麦迪逊案”有关。在该案的判决中，后来著名的联邦大法官约翰·马歇尔援引宪法条款，并首次以司法审查方式判决国会通过的具体法律条款违宪。正是这种果断而有力的行为，开创了美国司法审查的先例，也把1787年《美国宪法》所规定的原则性的司法权具体化了。所以，固然宪法很重要，但仅有一部宪法是不够的，政治精英们后续的人为努力也同样重要。

除了世界上第一部共和制宪法，美国的社会条件对其后来的民主深化也非常有利。比如，作为英国在北美的衍生国，美国从英国继承了大量的政治遗产。英国作为人类近现代政治文明的发源地，从1215年《大宪章》逐步形塑立宪政治与法治传统，到议会主权和代议制度的兴起，再到少数人拥有投票权的政治实践，都在很大程度上影响着美国这个新生的国家。英国的政治遗产，成了美国确立共和政体与后来逐步民主化的重要资源。

另外，正如托克维尔所说，美国受到英国影响的不仅是政治法律传统，还包括宗教传统。美国是以新教为主的社会，而新教跟当时主导欧洲大陆的天主教有很大不同。新教一方面主张因信称义，主张教徒直接跟上帝沟通，这样就消解了天主教社会威权化的教会权力结构；另一方面主张上帝之下人人平等，倡导的是一种更平等、温和与包容的观念。这种精神条件，也有利于美国新生的共和政体巩固。

跟拉丁美洲国家相比，美国的土地制度对共和民主政体的维系亦有重要贡献。简而言之，美国的土地制度是建国以后每个农户或家庭均有机会以较低成本取得较大面积土地的制度。特别是，亚伯拉罕·林肯总统1862年颁布的《宅地法》更是将这种制度推至顶峰，该法规定每个美国公民只须交纳10美元登记费，即可在西部获得160英亩的土地，连续耕种5年即为土地合法所有人。而拉美国家主要是大庄园与雇农相结合的庄园制度，其政治后果是，大的庄园主阶层在政治上容易变得极其保守，普通人则由于生活艰难而容易变得激进。这样，在后续的民主化过程中，拉丁美洲国家的一个突出问题是：普通的无地雇农阶层获得投票权后想要瓜分庄园主的土地，由此引发剧烈的阶级冲突，甚至最终因为庄园主阶层与军人集团联手而引发很多拉美国家的民主崩溃。

美国土地制度与自耕农模式的结合至少带来了两方面的好处。一方面，如果能拥有面积较大的土地，自耕农和自耕农家庭通常都能自食其力，甚至可以做到生活相对优越。这种阶级条件非常有利于建立一种捍卫自由的共和政体。即便获得了投票权，他们通常也不会提出激烈的再分配要求，从而能够避免很多民主化国家遭遇的阶级冲突的巨大压力。另一方面，美国的土地制度和自耕农模式的结合还强化了美国的个人主义文化。在19世纪中叶的欧洲，很多人生活在拥挤不堪的城市或郊区大工厂，这样就很容易催生工人运动和工人组织，激进的左翼运动和政治思潮迅速兴起。但美国与此不同，自耕农模式下的美国人更崇尚个人奋斗与自力更生，崇尚依靠自己而不是依靠国家，相信通过自己的努力来改善命运而不是依赖政府供给与社会福利。

就是到了后来，即便身为民主党总统的巴拉克·奥巴马在演讲中还会反复提到，美国是一个以自由精神立国的国家，每个人相信自我奋斗。当然，奥巴马还会强调，仅有个人主义精神是不够的，还需要靠大家的合作。但无论怎样，很多政治演说都会肯定美国的个人主义传统与自力更生精神。所有这些，对美国民主制度的巩固都较为有利。

从1783年独立、1787年制宪至今，美国不只是成长为一个巩固的民主国家，而且还崛起成为一个全球领导型国家并产生了世界性影响。这种巨大的影响力可以从三个方面进行解读。第一，美国经济、科学和学术的成功使其成为全球发展的典范。从19世纪到今天，美国作为一个新兴国家获得了巨大的成功。大约1870年前后，美国的经济总量就已经接近工业革命发源地英国；1900年，美国已经在总量上超越英国，成为全球经济规模最大的国家，但此时的美国在科学和学术上还没有超越欧洲。第二次世界大战前后，美国又实现了在科学和学术上对欧洲的整体超越。正是因为美国本身的成功，其政体模式也对世界其他国家产生极强的示范效应。

第二，美国作为大国实现崛起之后，逐渐成了国际体系中的关键博弈者和主导者。众所周知，美国是一战之后国联的发起国，又是二战之后联合国的创始成员国，今天对整个国际体系的影响力几乎无处不在。就对全球民主力量的影响而言，美国不仅在两次世界大战中“拯救”了欧洲，而且在某种程度上拯救了全球的民主政体。二战之后，德国、日本这样的国家，也是在美国的直接干预下重新成为了民主与繁荣的大国。

凡是经历过战争的政治家或思想家或许可以思考一个反事实问题：如果地球版图上没有北美大陆，那么英、法能打赢第一次世界大战吗？英、法能打赢第二次世界大战吗？恐怕我们很难给这个问题以肯定的回答。如果英、法无法打赢第一次和第二次世界大战，今天欧洲的命运会是怎样呢？21 世纪人类社会的命运和民主的命运又会是怎样呢？

第三，更具体地说，20 世纪七八十年代以后，美国确立了“民主外交”的对外政策，同时致力于推动全球意识形态的重塑。这种具体的外交政策与作为，实际上也对国际体系和很多国家的政治变迁产生了直接影响。比如，韩国就受到了美国民主外交政策的直接影响。所以，美国作为第一波民主化国家，其民主政体本身的成功和作为一个新兴大国在 20 世纪的崛起产生了巨大的世界性影响，进而促成了全球政治体系中民主力量与非民主力量的均衡。

法国大革命与法国民主的演进

比美国革命略晚的是法国大革命，发生在 1789 年。由此，法国也成了卷入第一波民主化的国家。但法国从 18 世纪晚期到 20 世纪的政治变迁非常复杂，一直以来都是历史学和政治学反复研究的主题。一般来说，英美的主流学术传统与法国本身的学术传统对这些问题看法差异很大。拿盎格鲁-撒克逊的思想传统来说，他们总体上对18世纪末爆发的法国大革命并没有多少好感，特别是，英国思想家埃德蒙·柏克的保守主义名著《法国革命论》就是对法国大革命的反思。然而，很多法国人对大革命往往有更为积极的看法——尽管也不乏大量的严肃反思。比如，巴黎著名的埃菲尔铁塔是在1889年修建的，目的就是为了纪念法国大革命100周年。可见，很多法国人对那个大革命时代还是充满了积极的记忆。

法国思想家托克维尔在《旧制度与大革命》中这样说：

> 对于一个坏制度来说，最危险的时刻通常就是它开始改革的时刻。……人民耐心忍受着苦难，以为这是不可避免的，但一旦有人出主意想消除苦难时，它就变得无法忍受了。[1]

1789年法国大革命的缘起，跟波旁王朝遇到的政治经济困境有关，同时还伴随着法国社会的严重分化和阶级撕裂。而波旁王朝正试图通过一场改革来解决这种政治经济困境。在当时的法国，比较富有的教士、贵族与官僚阶层享受免税待遇，过着优渥的生活，但是普通工商业者和底层民众常常比较窘困，税负沉重，生活艰难。与此同时，波旁王朝的另一个直接问题是，面对欧洲国际体系中的冲突与外交压力，其财政状况显得日益艰难。

从历史经验来看，财政困境往往是引发很多国家政治变革的导火索。英国1215年的《大宪章》起源于约翰王的财力不足，而美国革

[1] 托克维尔：《旧制度与大革命》，冯棠译，北京：商务印书馆，2012年，第215页。

命则跟北美殖民地在没有英国国会代表权下的纳税问题有关。对当时的波旁王朝来说，因为这一财政上的严重困境，不得不召开三级会议，这一会议的最初目的是要解决王朝遇到的财政危机。然而，随着会议的召开，整个会议的气氛和巴黎的政治气候变得越来越紧张。随后，1789 年 7 月 14 日法国大革命爆发了。革命之后，法国人尝试着创建共和政体，但很快又陷入了内政与外交上的严重困境。

在这种情形下，法国大革命变得越来越激进。特别是，从 1793 到 1794 年间，以罗伯斯庇尔为代表的雅各宾派统治几乎已经是一种不折不扣的恐怖统治。按照历史学家的说法，那个时期约有 4 万多法国人被不明不白地送进监狱，其中一部分人甚至直接就被送上了断头台，而这些都没有经过合法法庭的正式审判。这种做法的蔓延引起了极大的恐慌，整个社会陷入了严重的恐怖气氛。实际上，当时的法国社会已经秩序失控。

英国思想家埃德蒙·柏克初次听到法国大革命的消息时，颇为犹豫，不知道该如何对这场大革命做出评判。但是，随着法国大革命的进展，柏克通过各种媒体消息得知了大革命期间所发生的种种匪夷所思的事件之后，愤然写下了《法国大革命的反思》，今天的中译本一般翻译为《法国革命论》。在这部享有盛誉的著作中，柏克这样说：

> 我应该中止我对于法国的新的自由的祝贺，直到我获悉了它是怎样与政府相结合在一起的，与公共力量、与军队的纪律性和服从、与一种有效的而分配良好的征税制度、与道德和宗教、与财产的稳定、与和平的秩序、与政治和社会的风尚相结合在一起的。[1]

[1] 柏克：《法国革命论》，何兆武、彭刚译，北京：商务印书馆，2010 年，第 11 页。

这至少说明，柏克对法国大革命时期的混乱境况感到不安。后来，著名政治经济学者约瑟夫·熊彼特在剖析当时的法国面临的政治经济困境时，陈述了这样一个基本判断：当革命状态导致秩序失控后，随着时间的推移，整个国家和社会将慢慢地对稳定和秩序充满渴望。比如，当时一个突出的问题是，法国无法解决国内宗教与政治之间的冲突。正是在这样的大背景下，拿破仑登场了。先是1789年大革命，而后是中间经历的恐怖统治与秩序失控，再到1799年左右拿破仑成为法国新的执政者，法国政治经历了从激进到混乱再到保守的过程。熊彼特在评论法兰西第一共和国的政治局势与危机时这样说：

> 当时最紧迫的政治需要之一是宗教上的和解，它能廓清大革命和执政府时期留下来的混乱局面，并为千万人的心境带来和平。……但是，很难看出用民主方法怎能获得这样的成就。……任何以民主方法解决问题的企图最可能的结果将是引起越来越大愤怒的僵局或无休止的斗争。但拿破仑能够合理地解决问题，确实是因为不能自愿地放弃他们自己主张的所有那些集团同时也能够并愿意接受强加给他们的安排。[1]

换言之，拿破仑给法国带来的有效统治、政治稳定及社会和平等成就，不是当时民主的办法、投票的办法或大众革命的办法所能取得的，而是靠强势政治人物的上台和威权方式来实现的。唯有后者，才是平息当时法国国内严重冲突的有效方法。

[1] 约瑟夫·熊彼特：《资本主义、社会主义与民主》，吴良健译，北京：商务印书馆，2007年，第377–378页。

跟很多政治哲学作品不同的是，本书的重要特点是从经验角度考察民主政体的实际运转。从经验角度来看，民主政治运作当然有其优越性，但它也可能遭遇自身无法解决的问题，或者面临难以克服的危机。而一个好的民主政体，必须要能够应付政治经济上的诸种挑战。如果民主政体不能解决这些基本的政治经济难题，无法控制政治冲突，不能恢复法律和秩序，民主政体本身就难以为继，更谈不上在民主政体下实现一个国家的稳定、自由与繁荣了。

考察法国1789年之后的政治经历，大家可以发现，民主建设本身就是一个很不容易的过程。如果民主建设是一件容易的事情，如果法兰西第一共和国一落地就能生根发芽、茁壮成长，那么今日法国就不会叫法兰西第五共和国了。第五共和国意味着前面四个共和国都失败了。1792年成立的法兰西第一共和国，实际上只维系到了1799年，中间只经历了七年时间，因为从1799年开始的后面五年其实是拿破仑在执掌大权。这五年只有共和国的名号，而没有共和国的实质。1804年，拿破仑正式加冕为法兰西皇帝。到了1815年，执政十多年的拿破仑由于欧洲战争的失败，被迫下台，法兰西第一帝国也被颠覆了。而后，法国又经历了三十余年的波旁王朝复辟和六月王朝统治。

直到1848年欧洲革命，法国又迎来了法兰西第二共和国。但是，法国人本来充满热望的一个崭新的共和国，结果只延续了四年时间。法兰西第二共和国实行的是总统制。从英国流亡归来的夏尔·路易-拿破仑·波拿巴听说即将举行总统大选，他也设法获得了总统候选人的资格。因为他是拿破仑的侄儿，所以总能找到一些政治力量支持他。在当时的巴黎，政治精英们普遍认为阅历丰富的政治家——路易-欧仁·卡芬雅克——是总统职位的热门人选。

由于1848年法国新宪法把普选权授予了法国所有成年男性公民，

这样法国郊区、农村和偏远地区目不识丁的成年男子都获得了普选权。结果，当投票开始时，很多普通法国人根本不知道巴黎有什么重要的政界人物——因为那时候的法国不像现在有全国性大报、电视媒体和互联网媒体，那时候只有少数发行量很低的报纸，而大部分法国人都还是文盲。这样一来，很多巴黎以外的法国选民对巴黎的政治家基本上一无所知，他们只知道拿破仑·波拿巴的姓氏。所以，很多人都把选票投给那个带有拿破仑符号的总统候选人。结果是，在巴黎广受欢迎的政治家路易-欧仁·卡芬雅克只得到了100多万张票，而拿破仑的侄儿竟然凭一个姓氏就得到了500多万张票，以遥遥领先的方式当选法兰西第二共和国总统。在今天看来，这是法国政治生活中富有戏剧性的一幕。

当选总统以后，这位新的拿破仑试图修改法国宪法，但无法得到议会四分之三足够多数的支持。这种情况下，他铤而走险，先是发动政变，而后通过1852年的两次全民投票，以绝对优势的高支持率将法兰西第二共和国转型为法兰西第二帝国，后拿破仑三世正式称帝。然而，法兰西第二帝国只维持了不到二十年时间，在1871年普法战争失败后，帝国命运亦随之终结。

此后，法国又迎来了法兰西第三共和国，但第三共和国也并非一帆风顺。由于法兰西第二共和国总统制的失败，第三共和国又开始尝试议会制。随之而来的问题是，第三共和国议会的党派数量众多，政治精英们不断地分化组合，结果是，法兰西第三共和国以内阁不稳定和政治效能低下著称。从1875到1940年的几十年时间里，法兰西第三共和国先后出现过数十届内阁，平均每届政府的执政时间大约只有一年多。尽管很难说法兰西第三共和国本身的民主政体是不稳定的，但至少内阁或高层政治是不稳定的，这种状况一直维持到1940年纳粹德国的入侵。

通过对法国民主史的简要回顾，大家会发现，主流趋势是法国一直在向民主政体的方向迈进，19 世纪以后君主政体或威权政体在法国显然是难以为继了。但法国转向民主政体后往往又会遭遇重重难题，在构建稳定有效的民主政体上阻力重重。

历史地看，从 18 世纪晚期到 19 世纪中叶，法国大革命的爆发、共和国的创建以及成年男子的普选权，代表的是比较保守的欧洲迸发出的一种激进民主思潮。而这种激进民主思潮要真正落地，要成为一种能够良好运转的政治秩序，难度很大。从法兰西第一共和国的创立到后来民主共和政体遭遇的曲折命运，都说明了这种巨大的困难。无论怎样，经过民主化的尝试—挫败—再尝试，法国自 19 世纪 70 年代开始，或者说自第二次世界大战以来，终于拥有了相对稳定的民主政体，自此才完成其完整的民主化进程。

除了内政本身，法国大革命以及后来的政治变迁还产生了很大的国际影响。在法国大革命时期，启蒙运动的基本理念就得到了快速的传播，自由、平等、博爱的口号以及法国大革命时期公布的《人权与公民权宣言》，都已经成为影响欧洲和世界的政治新观念。随着后来拿破仑对欧洲大部分地区的征服，《拿破仑法典》一度在整个欧洲获得了统治地位。当时法国代表的新秩序对欧洲旧秩序的扫荡，都从根本上改变了整个欧洲的政治、制度与观念。

比如，法国 1789 年公布的《人权与公民权宣言》就陈述了很多革命性的观念。这部宣言这样写道：

第一条　人生来就是而且始终是自由的，在权利方面一律平等。社会差别只能建立在公益基础之上。

第二条　一切政治结合均旨在维护人类自然的和不受时效约束的权利。这些权利是自由、财产、安全与反抗压迫。

第三条　整个主权的本原根本上乃存在于国民。任何团体或任何个人皆不得行使国民所未明白授予的权力。

第四条　自由是指能从事一切无害于他人的行为；因此，每一个人行使其自然权利，只以保证社会上其他成员能享有相同的权利为限制。此等限制只能以法律决定之。

第七条　除非在法律所确定情况下并按照法律所规定的程序，任何人均不受控告、逮捕与拘留。……

第十七条　财产是不可侵犯与神圣的权利，除非合法认定的公共需要对它明白地提出要求，同时基于公正和预先补偿的条件，任何人的财产皆不可受到剥夺。

所有这些源自法国的现代政治理念，不仅影响了欧洲，而且影响了世界，从而促进了自由民主观念在全球范围内的传播。由此，法国同美国一样都是全球民主化的重要先行者。不同的是，法国是一位经历更为曲折的先行者。

第一波民主化的基本特征

在简要剖析美国民主革命和法国民主演进之后，再讨论一下第一波民主化的基本特征。第一波民主化覆盖的地理范围主要以大西洋两岸的最发达国家为主。比较而言，美国和英国这样的国家在第一波民主化中表现非常出色；卷入其中的如法国这样的国家多次尝试民主化，可谓历经艰难曲折；像拉丁美洲的一些国家尽管首次尝试了民主化，结果并不理想，但相对于其他发展中地区，拉丁美洲已经是全球较早尝试民主化的地区了；卷入第一波民主化的还包括一个特例——亚洲国家日本，日本从明治维新、立宪改革到大正民主运动，一直在推进民主化进程，直至 20 世纪 30 年代遭遇军事政变和民主挫败。

总的来看，第一波民主化有几个基本特征：（1）第一波是现代世界民主化的首次尝试，人类社会发生了政体潮流的现代转向。从此以后，君主和各式各样独裁者对世界的统治逐步让位于民主对世界的统治。（2）第一波民主化国家很多都是以竞争性精英政体为起点，开始逐步民主化，直至完成向普选权的过渡。英国、美国、法国等很多国家都经历了这样的政治过程。（3）工业革命首先起源于英国，逐渐波及到西欧和北美，并影响到整个世界。由此，作为民主先行者的英国和美国，不仅以率先启动工业革命树立了世界发展的标杆，而且借助技术革新，使得后来全球化的进程成为可能。民主国家作为工业革命与全球化的引领者，对后续的全球民主革命产生了重要的影响。（4）西方征服世界和国际体系中的重大事件对很多国家的民主化进程产生了直接影响。比如，美国独立革命直接受到了英美关系的影响，法国大革命则对整个欧洲的政治、制度和观念都产生了重大冲击，日本的近代化进程和民主化尝试可以说是西方征服世界的一个副产品。（5）如果从全球版图来看，第一波民主化只是少数地区的民主觉醒，而多数地区还处于政治上的沉睡状态。世界上大部分比较传统的社会还没有受到这一波民主化浪潮的显著影响，尤其是亚洲和非洲这两个古老的大陆。

到了 20 世纪 20 年代，第一波民主化就达到了它的巅峰。当时，全球范围内约有 30 个左右国家达到了最低限度的民主标准。从 19 世纪三四十年代到20世纪20年代，正如托克维尔在1835年《论美国的民主》开篇所预言的那样，这是一个民主与政治平等运动高歌猛进的时代。从1828年到20世纪20年代初，人类首次开启的民主化进程似乎颇为顺利。到了1920年，政治学者詹姆斯·布赖斯在其名著《现代民治政体》中这样问，如今随处可见的民主大趋势是否会因为社会进步的一般规律而成为一种自然趋势呢？显然，他的态度颇为乐观。[1]

然而，就在这种较为乐观的情绪笼罩之下，人类社会很快就出现了民主化的回潮。从20世纪20年代到30年代，人类的民主化——特别是欧洲的民主化——就迎来了它的艰难时世。随后，作为民主政体替代方案的军人统治与极权主义政体开始在很多国家兴起。从意大利到德国，从阿根廷到乌拉圭，都受到了这一民主化退潮的影响。

按照亨廷顿在《第三波》中的看法，在这波民主化退潮中，历时更短的新兴民主政体显得更为脆弱。他发现，1910年之前创建的12个民主政体只有希腊发生了民主崩溃，而1910年到1931年出现的17个新兴民主政体仅4个得以维系，不少欧洲国家和拉丁美洲的新兴民主政体都相继发生了崩溃。这样，人类社会就迎来了第一波民主化的回潮。

[1] 詹姆斯·布赖斯：《现代民治政体》（上下册），张慰慈等译，长春：吉林人民出版社，2001年。

3.3 第二波民主化：走出西方

从 19 世纪、特别是 20 世纪以来，整个世界变得越来越一体化，全球化进程也深刻影响了人类社会的经济革命与政治革命。这样，世界变得更加彼此不可分割，不同国家与地区之间的互相影响也与日俱增。在这种背景下，第二波民主化浪潮的到来跟国际体系中的两个重大事件有关。一是第二次世界大战的终结，以美国为首的盟军击败德日轴心，获得了战争的胜利，这是非常重大的事件。大家试想，如果 1945 年是纳粹德国和军国主义日本获得了战争的胜利，这个世界会是怎样的？第二次世界大战的终结引发了十分重大的政治后果，大量国家因此启动了新的民主化进程。

二是 20 世纪 50 到 60 年代以后亚洲和非洲国家去殖民化浪潮。在这一时期，数十个国家发生了去殖民化的国家革命与民族革命，陆续宣布独立，而欧洲国家在这些地区的殖民体系纷纷垮塌。那么，这些去殖民化的新生国家会选择何种政治制度呢？从比例上说，较少国家选择回归过去的君主统治，较多国家选择模仿过去宗主国的政体类型，开始尝试不同形式的民主政体。这样，很多亚洲和非洲国家就在这种背景下开始了首次民主化尝试。那么，第二波民主化的结果怎样呢？

德国的民主：从转型、崩溃到巩固

德国既卷入了第一波民主化并遭遇了民主崩溃，而后由于二战失败又卷入第二波民主化并获得了成功。早在 1918 年之前，德国就大致完成从君主制到君主立宪制的演进。那个时候的德意志第二帝国就有宪法、议会、定期选举和政党政治，其结构似乎跟英国无异。但其实，德国和英国存在着实质性的差异，德国首相与内阁是对皇帝负责，而不是对议会负责。当时流传着一个著名的故事，时任德国首相的奥托·冯·俾斯麦在议会遭遇不快后说："我对德意志皇帝负责，而不是对你们负责。"然而，当时的宪法又规定，德国首相与内阁提交的财政预算案需要通过德国议会的审批。

实际上，德意志皇帝的政治角色十分微妙。很多人听过的一个故事，说的是普鲁士国王在法官干预下不得不尊重一个小磨坊主的财产权。尽管这个故事的真实性存有争议，但学术界的一般看法是，德意志的法治传统由来已久，君主需要遵守法律的观念并非新鲜事物。所以，德意志第二帝国的政治制度其实是一种奇妙的组合，一边是君主制和有实权的君主，政府和军队需要对君主负责，另一边是君主也要遵守宪法和法律，同时政治生活中还有相当的民主成分——比如，相当比例的男性拥有投票权，议员职位的选举竞争颇为激烈，议会政治取决于不同党派的势力均衡，议会同时还控制着政府的预算。因而，当时的德意志第二帝国大致上是一个具有相当民主色彩的君主立宪制国家。

始料未及的是，德国在第一次世界大战中战败，导致德意志第二帝国及君主制垮台。随后，德国在1918—1919年启动了完全意义上的民主转型，国会在魏玛制定了新宪法，新的共和国由此诞生，史称魏玛共和国。但这个新生的共和国很快就遭遇了一系列政治压力，包括1918到1919年国内革命和骚乱、巴黎和会确定的战败赔款条款以及随之而来的巨额通货膨胀。关于当时的巨额通货膨胀，甚至还流传着这样一个故事：

大约在1923年年末，德国的一位储户收到从银行寄来的一封信件，信件上说：尊敬的先生，您在本行有一笔数百马克的存款，但考虑到目前的计量单位及操作便利，本行决定把您的这笔存款提高至100万马克。这貌似一笔飞来横财！然而，当这位储户留意银行寄信所用的信封时，赫然发现上面贴着面值500万马克的邮票！

尽管如此，魏玛共和国1924年之后在政治和经济上就趋于稳定了。然而，在经历了五年相对繁荣的岁月之后，1929年又跟其他欧美国家一样遭遇了全球经济大萧条。考虑到德国的对外赔款，这场大萧条让德国的日子变得尤其艰难。后果之一是，大萧条产生了约600万的失业人口，并由此引发了剧烈的阶级冲突。与此同时，魏玛共和国的高层政治中党派林立，行政权与立法权常常陷于冲突之中，总理与内阁频繁更迭，但似乎没有哪个政治家或党派能解决德国当时面临的困境。

这样，一位公开宣称要用“替代性解决方案”克服魏玛危机的政治野心家阿道夫·希特勒通过选举，成功上台了。由此，德国逐渐过渡到了法西斯主义的极权体制。随后，德意志第三帝国发动了对犹太人的种族屠杀，并成为第二次世界大战的主要发动者。从魏玛共和国到希特勒的纳粹统治，其中有很多复杂的理论问题。这里想强调的是，魏玛共和国首先是遭遇了民主治理的重大困境与危机，才为希特勒与纳粹党提供了政治机会，而非希特勒与纳粹党通过高超的政治技艺把一个本来稳定而有效的魏玛民主政体颠覆了。因此，希特勒的上台和德国的法西斯化，可以被视为魏玛民主政体运转不良的政治后果。这也说明了民主政体要想在德国生根发芽，决非易事。

二战之后，德国处于被盟军占领的状态，分为联邦德国（西德）和民主德国（东德）两部分。前者为美英法所控制，后者为苏联所控制。随后，联邦德国在美国主导下再次启动了民主化进程。在起草《联邦德国基本法》时，德国政治家和思想家们思考的基本问题是：希特勒为什么能够在魏玛共和国上台？魏玛共和国的民主政体为什么会崩溃？总体上，联邦德国宪法起草委员会充分吸取魏玛共和国失败的教训，试图在克服《魏玛宪法》政治缺陷的基础上制定新的《联邦德国基本法》。

简而言之，这部新宪法在政府形式上抛弃了容易导致行政权与立法权冲突的半总统制，改行议会制；修改容易导致极化多党制的纯粹比例代表制，确立了一种将比例代表制与多数决定制进行组合的混合型选举制度；修改了关于内阁设立与推翻的条款，以防止出现政府缺位的状况，等等。

1949 年《基本法》颁布之后，联邦德国在经济上经历了快速发展，甚至可以说创造了战后经济奇迹，同时整个德国社会变得普遍富裕了，工人阶级不仅分享着经济发展带来的成果，而且开始享受相对优厚的社会福利，阶级矛盾得到了缓和。这样，联邦德国的民主政体不再面临剧烈阶级冲突的困扰，最终走向了稳定和巩固。

在此过程中，联邦德国的政治文化也发生了转型。20 世纪 50 年代，美国政治学者在德国做民意调查时，发现德国普通公众对于民主并没有多少信仰，或者说当时的联邦德国缺少一种支持民主的政治文化。但是，一份 70 年代的德国民意调查指出，联邦德国的普通公众已经具有了高度认同民主的政治倾向，对民主制的信心和信仰程度也都大幅提高。原因在于，联邦德国此时不仅已经恢复民主政体超过 20 年的时间，而且还在学校教育和公民教育中普遍推行民主价值观。这样，联邦德国公民的政治文化已经产生了实质性的改变。

为什么魏玛民主遭遇了崩溃而德国二战后的民主政体能够成功

呢？原因当然是多方面的。一般认为，美国与盟国的政治干预、在制度上设计更为合理的《联邦德国基本法》、战后经济发展上的巨大成功以及公民教育和民主观念的普及等，都有利于联邦德国在 20 世纪后半叶实现成功的再民主化。如今，德国的民主政体一般被视为稳定与善治的典范。

印度：落后国家的民主奇迹

印度是第二波民主化中较为特殊的一个案例。尽管亨廷顿将印度视为一个曾经遭遇民主崩溃的国家，但很多学者并没有把印度 1975—1977 年为期 21 个月的紧急状态视为民主崩溃。按照后一种观点，印度是一个自 1947 年独立以来一直维系民主政体的国家。对于一个经济落后、族群与宗教分化严重的国家来说，这不能不说是一个民主的奇迹。那么，印度又走过了怎样的民主历程呢？

印度是一个历史悠久的亚洲国家。尽管历史上经常不是一个统一的国家，但该国却有着较为久远的国家观念，“印度”观念的缘起非常之早。有人认为，这种悠久的国家观念对印度独立后和民主化过程中维系国家构建的政治动力非常重要，这也是印度不同于很多没有国家历史和国家观念的非洲国家之处。18 世纪中叶，英国人作为殖民者进入印度之时，该国尚处于莫卧儿王朝的统治之下。后来，英国对印度这块土地实行了超过一个半世纪的殖民统治。有一种观点把印度后来的民主化跟英国的长期殖民统治联系在一起，即把印度独立之后的成功民主化归功于英国殖民统治的政治遗产。

英国带来的这些政治遗产包括：（1）英国将近现代的行政体系首次

引入印度;（2）英国在印度的国家治理和社会治理实现了基本的法治化，普通法的法治传统开始显著地影响印度;（3）英国后来开始在印度公共职位上引入了部分选举名额，议会既有官方委任议员名额，又有民选议员名额——后者使得印度的民主选举开始起步了;（4）英国按照自身的军政关系来塑造印度的军政关系，军队不干政自然是英国政治的基本原则，加上印度独立时的高级军官基本上都是英国人，这就使得印度免除了很多亚洲、非洲国家军人干政的政治困扰。所有这些有利因素都构成了后来印度民主化的积极因素。[1]

跟印度民主的缘起密切相关的政治过程是印度国家独立的实现。这实际上是一个复杂、漫长和艰苦的政治斗争过程。在此过程中，1885 年成立的印度国大党逐渐成了争取民族独立运动的中坚力量。印度国大党领导印度人民经过数十年艰苦卓绝的努力，终于在 1947 年迎来了国家的独立。这一政治过程尽管异常艰辛，但客观上为印度民主留下了一项重要的资产——印度国大党。到 1947 年印度独立为止，数十年的政治斗争将国大党锤炼成一个拥有巨大的全国性影响力、具有有效的高层领导团队、具备丰富的民主实践经验的大型主导政党。而现有研究文献认为，大型主导政党和有效政党体制的塑造是新兴民主政体成功的关键。[2]

尽管如此，印度的整个独立过程也遇到了很多严峻的挑战。比如，

[1] 政治学者米隆·魏纳（Myron Weiner）就把印度民主的稳定性部分地归因于英国殖民统治的制度遗产，他特别强调，一个相对中央集权化的国家和一个运转良好的公共行政系统，较早就引入的选举制度和民主实践、自由民主观念熏陶下印度政治精英的社会化（socialization）、独立的司法系统、自由的新闻媒体，以及一个竞争的政党体制等对后来印度民主化的积极作用。参见 Myron Weiner, *The Indian Paradox: Essays in Indian Politics*(New Delhi: Sage Publications, 1989).

[2] 参见 Allen Hicken, *Building Party Systems in Developing Democracies*(Cambridge: Cambridge University Press, 2009).

当时的最大问题是领土和国家边界问题。1947年前，历史上的英属印度包括了今天的三个南亚国家——印度、巴基斯坦和孟加拉国。从族群和宗教结构来看，巴基斯坦和孟加拉国这两块地方以伊斯兰教人口为主，今天的印度则以印度教人口为主。面对这样的人口结构，独立之后的印度应该如何考虑其国家边界与治理架构呢？

在印度独立之前，英国派出外交使团在印度调研，然后提出了著名的外交使团方案。这一方案的基本设想是：印度分成四大区，每个大区相对独立且拥有各自的宪法，同时维系印度作为一个统一的国家。但是，印度国大党并不同意这个方案，当时巴基斯坦地区的穆斯林同盟也不同意这个方案。这样，英国外交使团的方案就被推翻了。

如果当年印度以英国外交使团方案完成独立，即全国划分为四个大区，建立松散联邦或邦联，印度后来能否维系稳定的民主政体或许就要打上一个很大的问号。有一种观点认为，最终实现印巴分治的蒙巴顿方案，是英国人有意要给印度和巴基斯坦留下边境冲突的尾巴。这一说法值得怀疑。因为英国原先的主流方案是不主张印巴分治的，而是主张以英属印度作为一个统一国家的方式实现独立，这就是英国外交使团方案。当然，印巴分治也带来了很多现实问题，包括1947年之后的边境冲突和难民危机等。

印度独立以后，宪法起草委员会起草宪法就花了两年多时间，1949年宪法才获得正式通过。迄今，这部宪法运转了将近70年时间，属于世界上最稳定的宪法之一。这在整个发展中世界是非常罕见的。印度宪法规定，印度是民主的、议会制的、社会主义的、世俗的国家。民主是现代政治的基本原则，也是当时印度精英的政治追求。议会制是印度的政府形式，可以被理解为是对英国议会制传统的继承。至于世俗国家的原则，主要是因为印度是一个宗教多样性程度很高的国家，印度教徒大约占总人口的八成多，但印度也包括不少比例的佛教徒、穆斯林、基督徒和锡克教徒等。如何平衡不同宗教之间的政治关系呢？如何确立政教关系的原则呢？当时国大党的主要领袖、印度首任总理尼赫鲁担心这可能会构成印度国内政治冲突的导火索，所以他明确主张建立世俗国家，以避免可能的宗教纷争。

印度宪法还确立了社会主义原则——当然，这跟中国 1949—1978 年间所定义的社会主义差异很大，国大党的理念是要建立某种计划指导的混合经济模式，既包括了政府的经济发展计划、政府管制和许可证制度等，又包括了私有经济部门和国有经济部门的结合。总的来说，印度独立以后至 20 世纪 80 年代经济发展速度缓慢，主要原因就是受到了这种印度式计划指导的混合经济模式的影响。20 世纪八九十年代开始，印度进行了大规模的市场化改革，由此才迎来了经济高增长的岁月。

到目前为止，除了 1975—1977 年间存有争议的 21 个月紧急状态，印度维系相对稳定的民主政体已经达 70 年时间。那么，为什么印度能够创造这种民主奇迹呢？一般认为，印度有两个显著的不利条件：一是印度的经济非常落后，独立之后很长时间内人均 GDP 都在一两百美元至数百美元之间缓慢增长，直到很晚才突破人均 GDP1000 美元，而很多主流研究都认为，经济极度落后的国家更难维系民主政体；二是印度的族群、宗教和语言分化程度非常高，现有研究也认为，那些族群、宗教、语言分歧程度较高的社会同样较难维系民主政体。

既然如此，为什么印度过去 70 年中还能维系较为稳定的民主政体呢？学术界有几种不同的观点。

很多学者主张，印度民主的维系很大程度上有赖于印度政治精英的信念。[1]尽管印度有诸种不利的社会条件，但印度的政治精英们很多都在英国接受一流的教育，获得英国名校的学位。印度政治生活中的两位重要人物——圣雄莫罕达斯·卡拉姆昌德·甘地和总理尼贾瓦哈拉尔·尼赫鲁都曾在英国留学，前者曾就读于伦敦大学学院，后者先后就读于哈罗公学和剑桥大学。印度宪法的主要起草者比姆拉奥·安倍德卡尔（Bhimrao Ramji Ambedkar）博士是伦敦政治经济学院的法学博士，由于对起草印度宪法的卓越贡献而被尊称为"印度宪法之父"。印度的政治精英们普遍长期接受英国和英文教育的熏陶，接受英国政治观念与法律传统的洗礼。所有这些，都塑造了印度政治精英与当时印度传统社会很不一样的政治理念与政治信仰。

在1975—1977年的印度政治危机中，首相英迪拉·甘地完全有条件成为一个独裁者，至少在短期内无人能够挑战其政治地位。然而，在宣布紧急状态之后，甘地夫人尽管把反对党领袖投入了监狱，但并没有在肉体上折磨或消灭他们，而且在紧急状态结束之时立即就释放了他们，并很快恢复了正常的民主选举。在新一轮选举中，她所领导的国大党遭受严重挫败。在这种情况下，甘地夫人和国大党竟然老老实实地交出政治权力，让反对派上台执政。国大党随后又在下一次选举中赢得大胜，卷土重来。英迪拉·甘地的这种政治风格，很大程度上也受到她本人政治理念与政治信仰的极大影响。

关于印度民主奇迹的原因，我此前的一个分析框架关注的是两个关键维度：民主政体下具体制度安排的优劣和选民政治分裂程度的高低。核心观点是，向心型民主政体与社会结构中分歧因素尚未被充分

[1] 参见王红生教授的一项研究。王红生：《论印度的民主》，北京：社会科学文献出版社，2011年。

政治化是印度创造民主奇迹的主要原因。[1]我的这项研究认为，印度是典型的向心型民主政体，而非离心型民主政体，因而是一种更合理的民主制度模式。具体而言，印度政制模式是议会制、多数决定制和中央集权化的联邦制的组合，建国之初又维系了较为稳定的一党主导制。这些制度组合让印度独立后能够在民主政体下形成比较高的政府效能，从而使它避免其他发展中国家民主建国后面临的政党林立和斗争剧烈，甚至高层政治面临瘫痪的局面。因而，印度的这套政制模式有利于一个新兴民主国家强化政治效能，实现民主的巩固。

印度选民政治分裂方面的特点也影响着印度新兴民主政体的巩固。从社会结构上说，印度选民的政治分裂程度是比较高的。无论是族群、宗教因素还是语言因素，印度呈现的都是一个高度分裂的社会结构。按理说，选民社会分裂程度越高，维系民主政体的压力就越大。但是，独立之初的印度现代化程度非常低，早期的动员程度并不充分，这样，社会结构中的分裂因素并没有被充分地动员起来。换言之，在现代化程度和政治动员程度较低的情形下，印度社会原本存在的高度社会分歧尚未被充分地政治化。这也有利于印度民主政体的巩固。后来，当印度的政治动员程度提高时，这套民主政体已经运转了很多年。这也是有利于印度民主奇迹的重要原因。

尼日利亚：从民主到内战再到民主化

与印度相比，非洲国家尼日利亚建国后民主化的故事就并不那么

[1] 包刚升：《民主崩溃的政治学》，北京：商务印书馆，2014年，第367—458页。

令人愉快了。实际上，尼日利亚的首次民主化实验不仅是一种极其艰难的尝试，而且最终来说就是一场严重的政治悲剧。在1914年之前，早期的英国殖民者在今天的尼日利亚那个地方建立了两块殖民地，按如今的说法一块叫北尼日利亚、一块叫南尼日利亚。南尼日利亚靠海，经济相对发达，殖民政府拥有可观的收支盈余。北尼日利亚经济落后，殖民政府入不敷出，而且没有出海口，交通非常不便。后来，英国政府经过再三考虑，于1914年将这两块殖民地合并了。1914年之前，这两个地方的人民从来不认为南、北尼日利亚是一个国家，因此，即便合并发生以后，尼日利亚国家构建的完成和国家认同的塑造需要经历一个艰难的过程。

从20世纪30年代开始，英国殖民当局也如同对待印度一样，在尼日利亚开始实行相当规模的民主选举。当时，尼日利亚议会里既有官方委任议员，又有民选议员。而后，经过艰苦的政治斗争，尼日利亚终于在1960年赢得了国家独立。在此前后的重要事件包括1959年的首次全国大选，1960年的国家独立以及1963—1964年的第二次大选。由此看来，到20世纪60年代早期，尼日利亚似乎在独立建国的同时已经成为非洲的一个新兴民主国家。然而，离第二次选举仅仅时隔两年，尼日利亚就发生了1966年军事政变，随后则是第二次军事政变和持续两年多的全面内战。

尼日利亚第一共和国的主要特点是政治生活为族群关系主导。一方面，尼日利亚的三个主要族群分别占据北区、西区和东区三个主要的地理空间；另一方面，每个地区其实既有主导族群，又有数量众多、规模不等的小型族群。正是在这样的背景下，在整个制宪与选举过程中，尼日利亚的政治生活变得高度族群化和地区化了。在1959年的首次大选中，北区选民主要支持北区政党，西区选民主要支持西区政党，东区选民主要支持东区政党。结果，尼日利亚的中央政治变成了三大地区、三大主导族群及三大族群政党的权力角逐。

因此，尼日利亚政治生活的很多方面都变得非常微妙。比如，制宪过程中关于三个大区的议席分配，就是一场激烈的政治斗争。北区主张，北区面积超过四分之三，人口超过一半，所以至少要得到国会的一半议席。东区和西区认为，如果北区拥有一半议席，东区和西区就完全无法制约北区，只同意给北区总量不到一半的议席。但北区并不接受东区和西区的条件，他们坚决主张如果不能得到一半议席，北区就退出尼日利亚联邦。东区和西区的政治家忧心忡忡，他们认为北区退出联邦也会带来严重的后果，就被迫接受北区的条件。这样，北区就在尼日利亚联邦获得了国会的一半议席。上述关于国会议席比例的谈判过程也说明，尼日利亚作为一个统一国家的政治地位并不稳定。北区动辄就说要退出联邦，东区一度也说要退出联邦，这是后来尼日利亚走向内战的重要诱因。

由于北区拥有尼日利亚国会的半数议席，就在实质上控制了尼日利亚的联邦政府。在北区控制联邦政府之后，联邦政府在分配资源时将财政资金、基础工程、大型厂矿建设项目、教育资源等都向北区倾斜，这样东区和西区就处于不利地位。尼日利亚政治冲突的另一个触发因素，就是东区在 20 世纪 50 年代至 60 年代发现了储量巨大的石油资源。有一项关于石油资源区位与族群冲突关系的研究认为，多族群国家若在较小规模族群的地区发现石油，就更容易导致族群冲突与内战。[1] 实际上，尼日利亚后来的逻辑也是类似的。

---

[1] Hui Li and Shiping Tang, "Location, Location, Location: The Ethno-Geography of Oil and the Onset of Ethnic War," in *Chinese Political Science Review*, Vol. 2, No. 1(Mar. 2017), pp. 135–158.

东区主张，这里的土地和土地下面的资源本来就是属于东区的。但北区主导的联邦政府认为，应该由中央石油企业来开发新发现的石油资源，由此产生的收入、税收、就业机会等都由中央政府来掌控。这样做让东区、特别是东区的主导族群非常不满。他们会认为，油田本来就是东区的，而他们又世世代代在这块土地上生活，凭什么让北区主导的中央政府来控制石油资源和分配相关利益呢？后来，尼日利亚从政变到内战的事件，就是在这种背景下发生的。

在英国殖民时代，由于东区的文化教育程度较高，很多东区军人入伍之后被提拔为军官的可能性较高。所以，久而久之，到尼日利亚独立时，高级军官以来自东区的比例最高。1960 年独立以后，北区通过控制中央政府，加大了从北区招募士兵的力度，并有意加速提拔来自北区的军官。这样，尼日利亚的军队中也产生了地区政治和族群政治的较量。建国之初，由于东区军官在军队中仍然拥有较大的优势，在经历复杂的政治纷争之后，东区军官就在 1966 年首先发动军事政变，并在政变中处决了来自北区的几位主要政治领袖。但由于东区在整个联邦政治中的实力并不强，几个月之后，来自北区的军官再次发动政变，并清洗了原先参与政变的东区军官。

在这种情况下，东区逐渐产生了一个比较流行的主张：既然加入联邦对东区并没有什么好处，那不如就从联邦中独立出去。东区有储量巨大的油田，石油既可以成为政府财政收入的主要来源，又可以用石油资源来跟世界其他国家换取武器，这就强化了东区从联邦中独立出来的政治动机。而当联邦政府不同意东区独立时，尼日利亚内战就爆发了。这场内战历时两年多，死亡人数超过 200 万，是非洲大陆 20 世纪下半叶所发生的最大政治悲剧之一。这样，20 世纪 60 年代的尼日利亚成了一个从新兴民主政体、到军事政变、再到内战的民主失败案例。

那么，尼日利亚后来是如何解决这个问题的呢？如果一个族群分裂程度很高的社会被划分为数量极少的几个大区，实行高度分权的地区主义治理模式，就特别容易诱发族群冲突与地区冲突。有鉴于此，尼日利亚内战平息之后，新的军人政府做出了一个重要决策，把尼日利亚从四个大区划分为12个州。而后，行政区划又增加至19个州，逐渐演变为如今的36个州。同时，考虑到原首都、沿海城市拉各斯离大部分国土路途遥远，军人政府又决定设立尼日利亚新的中央特区，即在国土面积中心位置的阿布贾设立新首都。这样的做法至少保证尼日利亚不再出现国土分裂的危机，中央政府权力也大大地得到了强化。此后，哪一个州或哪一个族群再也没有能力挑战中央政府的权威了。尼日利亚这样的做法能够有效地强化其国家建构和国家认同，有助于为民主化塑造有利的国家条件。

经过从20世纪60年代到90年代复杂的政治演变，从1999年开始，尼日利亚又启动新的民主化进程，至今已经进行了多次定期的竞争性选举。国际社会普遍认为，尼日利亚目前维系着选举民主的基本形式，但离高度法治化的自由主义民主政体还有距离。同时，该国的族群政治和宗教政治分歧，仍然对民主化构成了重大压力。比如，该国不时发生规模不等的暴力冲突，有的事件导致高达数百人的死伤。过去几年，尼日利亚政府甚至多次宣布该国的部分地区实行过紧急状态，主要原因是族群—宗教分歧导致的严重政治冲突有可能走向局面失控。由此可见，如今的尼日利亚是一个充满瑕疵的选举民主政体。[1]

[1] 关于尼日利亚民主的案例研究，参见包刚升《民主崩溃的政治学》，北京：商务印书馆，2014年，第226–307页。

第二波民主化的基本特征

跟第一波民主化不同的是，第二波民主化的地理范围已经覆盖到欧洲、拉丁美洲、亚洲与非洲的大量国家，其基本特征包括:（1）第二波民主化的直接驱动力量既来自于二战的终结和以美国为首的盟军胜利，又来自于发展中世界的去殖民化运动。（2）第二波民主化的意识形态背景，是民主此时已逐渐成为全球支配性的意识形态；而在第一波民主化过程中，民主还很难说已经赢得了好名声。与此相关的是，普选权已经成为第二波民主化的标准制度配置；而第一波民主化过程中，公民投票权是逐渐普及的。（3）第二波民主化首次让民主运动大规模进入了欧洲及其衍生国之外的地区，亚洲和非洲也开始兴起了很多新兴民主政体——尽管其中的多数民主政体都表现不佳。（4）第二波民主化在更大程度上受到了全球化深入发展的影响，也开始跟新的国际制度和国际体系产生了更为密切的互动，美国、联合国以及其他国际组织在第二波民主化中开始扮演更重要的角色。

总体上看，从二战结束到 20 世纪 60 年代初，第二波民主化在全球范围内获得了重要进展。然而，就在全球民主人士对这一轮民主化浪潮满怀期待之时，到了 20 世纪 60 年代至 70 年代上半叶，民主再次遭遇了全球范围内的大规模衰退。拉丁美洲、亚洲和非洲的很多民主政体——特别是首次启动民主化的新兴民主政体——出现了大规模的民主崩溃。与这种民主崩溃现象相匹配的是，军人政权在全球很多地区快速崛起。根据亨廷顿在《第三波》中的统计，1962 年全球有 13 个政府是政变的产物，而 1975 年这一数量达到了 38 个。这样，20 世纪 60 年代和 70 年代早期，全球民主运动又迎来了一个新的低潮。

3.4 第三波民主化：全球时代

20 世纪 70 年代早期，就在很多人对当时全球民主前景抱有悲观预期时，从 1974 年葡萄牙支持民主的青年军官运动开始，新一波民主化浪潮从南欧启动了，并陆续波及拉丁美洲地区、亚洲、东欧与苏联、撒哈拉以南非洲等广大地区，甚至在 2010 年之后还波及了“被民主化遗忘的角落”——中东北非地区。这一波新的来势汹涌、波及甚广的全球民主化运动，被亨廷顿称为“第三波民主化”。

西班牙：第三波民主化的引领者

西班牙一般被视为第三波民主化的典范，该国通过执政者主动发起的政治转型完成了从军人统治向民主政体的变迁。[1] 西班牙跟很多欧洲国家相似，很早就拥有了某种程度的竞争性政体。1933 年之前，西班牙拥有一个竞争性政体所产生的共和政府。但 20 世纪 30 年代的欧洲局势并不太平，意大利的墨索里尼、德国的希特勒已经或即将上台，而英法这样的自由民主政体也处在某种程度的危机之中。所以，对西班牙共和政体来说，国际环境可以说是相当不利。从 1933 年到 1936 年，西班牙陷于比较严重的国内政治冲突，政治局势动荡不安。

1936 年起，西班牙的一支重要武装力量在政治上开始跟共和政府背道而驰，随后开始演变为武装叛乱。这样，西班牙就从原先共和政

[1] 关于西班牙民主转型的一项专门研究，参见保罗·普雷斯顿《民主的胜利：西班牙政治变革的进程》，李永学译，上海：上海社会科学院出版社，2017 年。

体的统治走向了内战状态。西班牙的一位重要将军和政治人物——弗朗西斯科·佛朗哥——领导叛军与共和政府进行了三年多的内战。起初，共和政府还控制着全国的大多数地方，但经过一系列战役之后，共和政府的军事力量日益衰微，最后佛朗哥取得了西班牙内战的胜利。这样，西班牙过去的竞争性政体就被颠覆了，随后进入了长达30多年的佛朗哥统治时期。

佛朗哥尽管是一位政治上的独裁者，但在他统治期间，西班牙的现代化程度有了稳步提高，经济发展、社会进步和对外开放都取得了很大进展。一个有趣的传闻故事可以佐证佛朗哥时代的这种发展：

> 一位在西班牙内战期间共和政府的支持者，内战失败后长期流亡海外。30多年后，当他回到西班牙时，竟然大吃一惊。因为他离开时西班牙还是一个贫穷落后的国家，而他返回时，发现西班牙已经实现了相当程度的工业化、城市化和现代化，俨然已经是一个欧洲的现代化国家。这位流亡者不禁拷问自己：为什么当年要跟佛朗哥的军队作战呢？当初的目的不就是想要西班牙获得发展与繁荣吗？眼下的一切不就是我们想要的东西吗？

这个故事意味深长。当然，一个国家的经济发展与繁荣会受到包括政体在内的诸多因素的影响。这个故事的另一个启示是，西班牙后来成功的民主转型可能与佛朗哥威权统治下的经济发展成就有关。我研究过很多发展中国家实现民主转型的成功案例，一个重要的经验是，很多国家都有过一个可以称之为“发展型威权主义”的阶段。这种发展型威权主义，固然是一种威权统治，但它在威权统治之下能够实现经济的发展、现代化程度的提高、文化教育的进步等。实际上，不仅是西班牙，智利、韩国等也都经历了这样的发展型威权主义阶段。

佛朗哥在其统治时期还把西班牙皇室的一位继承人重新确立为西班牙国王。事后看来，他的这一重大制度安排其实是在为未来的民主化做铺垫。1975 年，政治强人佛朗哥终于去世了。随后，国王胡安·卡洛斯就开始启动西班牙的民主进程，因为 20 世纪 70 年代的欧洲已经不可能再有一位实权君主了。对拥有国王的西班牙来说，君主立宪加民主制度是唯一可能的政体选择。在这一过程中，另一个重要人物首相阿道弗·苏亚雷斯·冈萨雷斯在政治上做了一系列设计与尝试。1977 年，西班牙举行了内战之后的首次民主选举。这样，西班牙很快就实现由掌权者主动启动的民主转型并实现了民主巩固，成为第三波民主化的重要引领者和成功样板。

那么，西班牙为什么能够顺畅地完成再民主化呢？学术界一般认为，历史上西班牙竞争性政体的传统、佛朗哥统治时期的经济发展和社会进步，以及后来执政集团的主动设计与推动，都是重要的条件。此外，另一个重要条件就是西班牙地处西南欧。在西班牙的周围，英国、法国、德国、意大利都是成熟稳定的发达民主国家——它们都对西班牙的政治生活有着重要的影响。再加上西班牙渴望加入欧共体（后来的欧盟），所有这些欧洲的外部条件都构成了西班牙完成民主转型的有利因素。

智利：从阶级斗争到民主巩固

在拉丁美洲，智利被视为第三波民主化中表现最为出色的国家之一。智利早在 19 世纪就拥有长时间实行竞争性政体的经验，而后于

1925年召开新的制宪会议，制定了更民主的新宪法，规定由选民直接选举产生总统。但这部新宪法对投票权有财产资格和教育资格的限制，所以在这部新宪法之下，一开始拥有投票权的人并不多。此时智利的政治制度是有着相当民主因素的竞争性政体，该国的精英阶层享受着较为充分的民主权利，而普通民众仍然无法获得投票权。

从20世纪20年代到70年代，智利又进行了多次政治改革，主要做法是不断放松对投票权的财产资格要求，这样就有越来越多的民众符合了选举资格。与此同时，由于教育的普及，智利不再有很多人因为不识字而无法获得投票权。这样，在这半个世纪中，智利的民主化不断深入。特别是，从20世纪50年代到70年代，智利选民的人数一下子就从数十万扩大到300万以上。

与此同时，智利社会结构的重要特点是贫富悬殊非常严重。智利的土地制度是庄园制，智利最大规模的庄园主拥有的土地面积甚至要超过中国东部一个地级市的规模，但多数普通民众连一寸土地都没有。要知道，在一个尚未充分工业化的农业社会，土地分配的不平等就是最大的不平等。在这种阶级结构条件下，普通民众获得投票权后，一个政治议题变得越来越突出：智利的土地要不要进行重新分配？要不要由政府征收大庄园制下的土地，并将其分配给那些无地或少地的农民？与此相关的是，大型厂矿、银行和企业是否应该由国家征收或接管，也成为了选举政治中的议题。结果，这些议题引发了剧烈的阶级冲突。

政治立场的基本分野是：比较保守的富有阶级认为，不应该重新分配土地，应该捍卫现有的土地与财产制度；获得投票权的贫穷农民则强烈要求重新分配土地；夹在中间的中产阶级则抱有某种更温和中庸的立场。但是，当有人想搞彻底的社会革命时，原本温和的中产阶级更有可能倒向保守派的怀抱。总之，从 20 世纪 50 年代到 70 年代，智利出现了越来越严重的阶级冲突。

后来的标志性事件则是 1970 年当选智利总统的萨尔瓦多·阿连德试图发动一场“社会主义革命”。阿连德总统是一个理想主义者，也是拉丁美洲政治史上非常重要的左派人物，他的和平主义的社会主义革命政纲进一步激化了智利的政治冲突。在阿连德的统治之下，智利的庄园主、企业家、工商阶级和没有多少财产的低收入阶层之间互相仇视，整个国家陷入了剑拔弩张的局面，经济衰退与通货膨胀也如影随形。其中一个典型的例子是，为了抵抗阿连德的社会主义革命，智利卡车业主协会一度进行全国联合大罢工，他们不仅罢运而且把无数辆卡车停放在通往首都的主要道路上，把圣地亚哥的交通要道堵得水泄不通，这使首都陷入了恐慌。

终于，1973 年 9 月 11 日，以奥古斯托·皮诺切特将军等人为首的智利军方把坦克开到了总统府。在一场剧烈的短兵相接之后，总统阿连德死于这场军事政变，随后智利进入了十多年的军人统治时期。皮诺切特执掌大权之后，邀请一批美国芝加哥大学毕业的经济学家——被称为“芝加哥小子们”——来智利协助制定经济政策。要知道，20 世纪 70 年代的芝加哥大学是美国新自由主义的重镇，很多著名的新自由主义经济学家在那里执教，头面人物包括弗里德里希·哈耶克、米尔顿·弗里德曼等。据说，智利政府一度还向弗里德曼请教如何管理经济。这也意味着，皮诺切特统治期间在经济上实行的是非常自由化的政策，这也可以被视为对阿联德社会主义革命的一种“反动”。有时，历史就像一个钟摆，在“左”“右”之间来回摆动。

自由主义经济改革后，智利开始恢复经济增长，甚至也创造了十多年的经济奇迹。从 70 年代中期到 80 年代，智利除了少数年份的经济增长率不理想，其余年份都实现了相对较高的经济增长。这样，到20世纪90年代初，智利人均GDP已达到9000美元左右。这也为80年代后期启动新的民主转型提供了有利的发展条件。

到了20世纪80年代后期，皮诺切特身体每况愈下，而军人统治本身一直面临着较大的政治压力，因为智利过去有着长时间竞争性政体和民主选举的传统。当1973年民主为军人统治所中断时，很多人预期这是一次对智利社会的拯救。甚至很多军官都相信，军人统治并非是取代智利民主制度的永久性治理方案。政变的正当性在于，并非军方可以更好地控制政权或管理国家，而是当这个国家走上错误道路时，需要军人集团来加以纠正。但如果智利的政治生活能够回到正轨，军人政权最终应该还政于民。

由此，智利又启动了新一轮的民主化并获得了成功。在新一轮民主化中，智利吸取了70年代民主崩溃的教训，在宪法设计和制度安排上采取了很多改革。特别是，智利大幅修改了过去选举制度上的比例代表制，引入了双名选区制（binomial voting system）。这种双名选区制的具体规则比较复杂，主要特征是每个选区仅设置两个议席。[1]其目的是鼓励大型主导政党或政党联盟，塑造有效的正当体制，防止政党体制的过分碎片化。此外，新宪法还在总统选举方式、行政权与立法权关系的调解等方面做了较大改革，目的是促进总统与国会之间的合作。如今，智利不仅是整个拉丁美洲民主巩固的典范，而且还在政治经济方面表现出优良的治理绩效。

---

[1] 关于智利选举制度的讨论，参见两篇观点不同的论文：Rhoda Rabkin, "Redemocratization, Electoral Engineering, and Party Strategies in Chile, 1989–1995," in *Comparative Political Studies*, Vol. 29, No. 3(Jun. 1996), pp. 335–356; Peter Siavelis, "Continuity and Change in the Chilean Party System: On the Transformational Effects of Electoral Reform," in *Comparative Political Studies*, Vol. 30, No. 6(Dec. 1997), pp. 651–674.

韩国：东亚的民主故事

韩国自二战以后也经历了从民主政体到军人统治到再次民主化的过程。韩国光复的关键政治人物是李承晚，他在韩国被日本占领时期就致力于韩国的光复和政治革命，并长时间在中国活动。由于日本战败，李承晚在美国支持下着手组建新的韩国战后政府。1948 年，《大韩民国宪法》获得通过，这是一部标准的民主共和制宪法。但在实施这部宪法过程中，李承晚遭遇了反对派强大的政治势力，他感到用民主方式驾驭政治局面有些力不从心。李承晚后来的做法，则是让政治生活越来越威权化，他的执政后期已经被视为一个威权风格的政治领导人。到了 1960 年，迫于大规模社会运动的政治压力，李承晚不得不辞职。随后，韩国又开始恢复民主化的尝试，但 1961 年朴正熙通过军事政变中断了这一民主化进程。

尽管朴正熙是一个政治上的威权统治者，但他致力于发展韩国经济和推动韩国现代化，其统治时期就出现了韩国经济高速增长的“汉江奇迹”。韩国从 1961 年人均 GDP 82 美元起步，发展到 1979 年人均 GDP 1644 美元。要知道，人均 GDP 1000 美元左右是经济增长的重要阶段，这代表该国已经启动了初步的工业化。一旦启动了初步的工业化，如果不是外部力量加以阻止，这个国家不太可能再重新回到农业社会了。在此过程中，这样的国家通常也会获得自我学习的能力。

从 20 世纪 60 年代到 80 年代，韩国政治又经历了复杂的变化。简而言之，1979 年朴正熙被刺后，全斗焕又通过武力手段控制了韩国政权，后来他提拔了一位重要人物卢泰愚。在全斗焕、卢泰愚执政的 80 年代后期，韩国社会的政治冲突越来越厉害，民主抗争和大规模游行示威愈演愈烈。在 1986 年的民主运动中，数量巨大的抗争人群占领了首尔的主要街道。当时，政治强人全斗焕及其主要合作者卢泰愚非常苦恼，他们企图用武力镇压这种大规模的政治抗争，但又慑于国际社会的巨大压力。一个重要的直接原因是1988年首尔（汉城）奥运会即将举行。如果韩国发生严重流血事件，全斗焕政府估计很多国家都会联合抵制即将到来的奥运会。

随着首尔街头政治抗争的规模越来越大，全斗焕、卢泰愚政权已经陷入危机。后来，全斗焕终于决定，命令军队对首尔主要街道的抗争人群进行武力清场。然而，就在这一关键时刻，美国总统里根和美国政府对此进行了干预，他委托驻韩大使向全斗焕提交了一封由自己签名的信件。里根在信中说，美国不希望看到首尔发生流血事件。他还明确表示，如果韩国发生流血事件，美国此后将无法保证韩国的安全。

在当时的东北亚局势中，里根发出的这个政治威胁还是非常有效的，因为韩国尚处在跟朝鲜的南北分裂状态——实际上，这只是一种停战状态。考虑到东北亚的大国博弈，这对韩国来说是一个实质性的威胁。收到里根总统的信件后，全斗焕和卢泰愚在最后时刻决定服软，放弃武力镇压政治抗争的这一选项。实际上，美国国会又在1987年通过一项决议，敦促韩国加速推进民主化与和平转型。所以，在韩国民主转型过程中，美国扮演着重要角色。

正是在这样的政治背景下，1987年6月29日，卢泰愚代表韩国政府发布了政治改革宣言，史称“六二九”宣言。随后，1988年，韩国举行了政治改革后的首次总统选举，政治改革人物卢泰愚顺利当选改革后的第一位民选总统。随后，韩国的民主选举和政党政治逐步迈入正轨。从20世纪80年代后期到今天，尽管韩国不时爆出高层政治中的贪腐或渎职丑闻，但总体而言，韩国民主政治已经实现了巩固。

比如，就2017年朴槿惠弹劾案来说，有人认为，这是韩国民主体制的缺陷，无法选出具有胜任力的政治领导人，或者说民主选举产生的政治领导人仍然会涉嫌腐败与渎职。但面对同样的事件，有人的观察视角恰好相反——这恰恰说明了韩国民主体制的成熟，这种民主体制有能力纠正一个主要政治领导人的错误，并以稳定的制度化方式实现总统人选的更迭。这一事件正好说明了该国民主体制已经走向巩固。

俄罗斯：受挫的民主转型

国内学界关心俄罗斯的政治转型，不仅因为俄罗斯是中国的重要邻国，而且还因为历史上中俄有着复杂而密切的政治关系。总体而言，在第三波民主化过程中，俄罗斯是这样一个案例——从启动民主转型，到转型受挫，再过渡到某种夹杂着民主与威权色彩的两不像政体。

从 20 世纪 80 年代的苏联到今天的俄罗斯，该国政治史上的三个关键人物是米哈伊尔·戈尔巴乔夫、鲍里斯·叶利钦和弗拉基米尔·普京。从 20 世纪 80 年代政治改革到 1991 年苏联解体这段时间，戈尔巴乔夫和叶利钦更多是盟友关系，尽管他们在很多问题上的立场并不一致，但是他们都希望改变苏联的政治体制。然而，到了后来，由于面临苏联解体的可能，戈尔巴乔夫发现自己处在并不是很有利的位置上。叶利钦由于掌控了俄罗斯的政治权力，处境就较为有利。

戈尔巴乔夫始料未及的是，苏联一旦放弃以中央控制为主要特征的威权体制后，竟然要维系国家的统一也不太容易了。实际上，戈尔巴乔夫起初并未严肃地考虑过苏联作为一个完全的政治共同体能否存续的问题。另外，戈尔巴乔夫的另一个战略盲区是他忽视了改革次序的重要性。由于苏联的政治改革和选举实验首先是从加盟共和国层面开始的，而非苏联这一国家或中央政治的层面开始，所以加盟共和国的地方选举一旦完成，地方加盟共和国政治领导人的合法性甚至就超越了当时苏联的政治领导人，因为后者的合法性仍然来源于旧体制，而这种旧体制恰恰是要被戈尔巴乔夫新的改革所抛弃的。

1991 年底苏联解体之后，俄罗斯就成了一个独立国家，并继承了苏联的主要政治遗产。在此之后，俄罗斯的政治变革主要经历了两个时期：一是叶利钦时代（从 1991 年到 1999 年），大约 10 年时间；二是普京时代（从 2000 年至今），已经经历了 17 年左右的时间。

叶利钦被很多人视为一个真诚的改革派政治家，但他在推动政体转型时面临着很多政治约束条件。比如，在 1993 年的关键时刻，叶利钦如何跟以老办法选举产生的俄罗斯国家杜马相处呢？叶利钦希望改革宪法，并重新举行国家杜马选举。然而，以老办法当选的国家杜马议员们并不愿意进行激烈的变革，因为他们并不确定新规则是否对自己有利，他们试图把握机会来制定对自己有利的规则。这就导致了俄罗斯高层政治的冲突。问题还在于，在总统制的框架下，作为议会的国家杜马和作为总统的叶利钦之间如果难以达成政治妥协，无法形成基本的政治合作，俄罗斯高层政治运作就会陷入僵局，甚至是完全瘫痪。

在政治危机无法解决的情况下，1993 年叶利钦命令俄罗斯军队炮轰国会大厦。但这个事件开创了糟糕的先例，因为总统试图用武力来解决政治冲突与政治危机，而以和平方式、借助宪法和民主规则来解决政治冲突的原则已经被放弃。这样，俄罗斯的新兴民主政体早在 1993 年就遭遇某种严重危机。

后来，当叶利钦感觉到自己身体欠佳后，他快速提拔了前克格勃官员普京。1999 年 8 月，普京被叶利钦任命为俄罗斯总理，随后在

1999年12月31日叶利钦突然宣布辞职后出任代总统，又在2000年正式出任俄罗斯联邦总统。按照俄罗斯宪法，总统不得连任两届以上。按理说，普京从2000年到2004年、再到2008年连任两届总统以后，就不能再连任了。但是，俄罗斯宪法没有规定的是，一个人连任两届之后，若隔空一届，还能否继续竞选总统？所以，普京就利用这一政治空间进行了新的政治谋划。2008年，普京一手提拔的梅德韦杰夫当选为俄罗斯总统，普京则出任总理。在2012年新一届总统选举中，梅德韦杰夫放弃竞选总统，普京则再次当选俄罗斯总统。很多国际主流媒体纷纷给予封面报道：普京总统又回来了！实际上，普京从未离开！不仅如此，普京还促使国家杜马通过了宪法修正案，将新的总统任期从4年延长至6年。

俄罗斯民主转型的难题，给大家提供了一个非常有价值的经验案例。这也恰恰说明，我们应该超越民主好还是坏这样的一些观念问题，而更应该深入到民主运作的经验世界里去考察，为什么有的国家政体转型会成功，而俄罗斯政体转型会遭遇挫败？这是一个不容易回答的问题。早在20世纪90年代初，国内知识界对俄罗斯的民主转型往往有一种过度乐观的预期，认为俄罗斯经由戈尔巴乔夫改革、叶利钦改革之后就会走上自由民主政体的康庄大道。但实际上，问题远远没有这样简单。而所有以过分简单的逻辑来理解俄罗斯转型问题的学者，如今都发现他们自己的预测或期待落空了。我们或许更需要基于逻辑和经验来了解俄罗斯这样一个国家为什么会遭遇政治转型的挫败。只有全面、系统、深入的实证研究，才能回答好这个问题。

第三波民主化的基本特征

剖析了几个典型国家的转型案例，这里再简单总结一下第三波民主化的基本特征：（1）这是到目前为止最大规模、最大覆盖范围的全球民主化运动，其地理范围覆盖到了南欧、拉美、亚洲、东欧和原苏联、撒哈拉以南非洲以及中东北非地区。正是因为第三波民主化的推进，人类的20世纪才可以被称为“民主的世纪”。（2）第三波民主化行进到20世纪90年代时，民主国家的数量与比例实现了真正的超越，即大约在1993、1994年前后，达到选举民主标准的国家数量和比例超过了非民主政体的数量和比例，被称为“民主的突破”。这是人类历史上第一次实现这样大的民主成就。（3）第三波民主化在更大程度上受到了国际体系的影响。美苏主导的冷战体系、冷战结束之后美国的霸权地位以及欧盟在国际事务中的重要性等，都影响了其他很多国家的民主化进程。韩国的民主转型可以直接归功于美国的推动，而东德的转型则跟戈尔巴乔夫在政治上的默许有关。所有这些都说明了国际因素的重要性。（4）与第一波民主化和第二波民主化不同的是，第三波民主化处在一个完全工业化和充分全球化的时代。可以说，全球化的影响无处不在，计算机革命、互联网革命、移动通讯革命及其社交媒体的兴起，都在其中扮演着重要角色。随着经济的成长、教育的普及和信息的全球流动，所有这些都改变了很多国家的政治生态。在很多国家，中产阶级在民主化过程中扮演了重要角色，而中产阶级的崛起本身也跟工业化和全球化的进展息息相关。（5）还需要提醒的是，第三波民主化并非全是好消息。实际上，第三波民主化国家的民主转型已经出现了严重的分化，它们的治理绩效也出现了严重的分化。第三波民主化国家的另一个新现象是，不少转型国家迈入了民主与威权之间的“灰色区域”——即某种类型的两不像政体。

如今，有人担心第三波民主化是否会出现回潮或是否已经出现回潮？总体来说，在第三波民主化中，东欧和拉美国家的表现较为出色，民主化挫败率比较低；亚洲、非洲与原苏联国家的民主转型分化更为显著，民主转型的挫败率相对较高。

我最近的一项研究认为，第三波民主化国家可以区分为三种类型：一是民主巩固国家，像西班牙、智利、韩国等；二是转型中国家，比如乌克兰、马来西亚、印尼等；三是民主受挫国家，如委内瑞拉、泰国等。据 1974—2013 年这 40 年的数据来看，在第三波民主化国家过程中，民主巩固国家、转型中国家和民主受挫国家的比重分别大约占到三成、四成和三成。[1]

按照拉里·戴蒙德 2008 年的统计，在第三波民主化中，从 1974 年到 2006 年已经出现 20 次民主崩溃，他的案例包括土耳其、泰国、尼日利亚、巴基斯坦、委内瑞拉、俄罗斯等。最近戴蒙德发表在《外交事务》杂志上的文章《民主处于衰退状态：华盛顿如何逆转民主衰退的潮流》表明，21 世纪以来已经有 27 个国家发生民主挫败。[2]

那么，这是否意味着第三波民主化已经发生回潮呢？实际上，有很多人赞同戴蒙德的观点。在学术界之外，像英国《经济学人》《金融时报》等媒体都刊发了不少探讨民主衰退的评论。这似乎也在某种程度上证实了，自 20 世纪 10 年代以来，民主又在经历某种程度的艰难

[1] 包刚升：《第三波民主化国家的政体转型与治理绩效（1974—2013）》，《开放时代》2017 年第 1 期，第 76–95 页。

[2] 分别参见拉里·戴蒙德的两项研究：Larry Diamond, *The Spirit of Democracy: the Struggle to Build Free Societies throughout the World* (New York: Times Books, 2008), p. 61; Larry Diamond, "Democracy in Decline: How Washington Can Reverse the Tide," in *Foreign Affairs*, Vol. 95, No. 4(2016), pp. 151 –159.

时世。然而，并非所有人都这样看。美国政治学者斯蒂文·莱维斯基及其合作者在 2015 年撰文认为，民主衰退的说法整体上是一个“神话”。他们指出，一些新兴民主国家确实已经面临民主衰退，比如泰国、委内瑞拉，以及最近的匈牙利等，但全球民主普遍下滑的观点缺少证据支持。[1]所以，目前国际学术界对第三波民主化的评估尚无定论。如果说第三波民主化还在行进当中，我们或许需要更多时间才能回答这个问题。

---

[1] Steven Levitsky and Lucan Way, "The Myth of Democratic Recession," in *Journal of Democracy*, Vol. 26, No. 1(2015), pp. 45–58.

3.5 “阿拉伯之春”还是“阿拉伯之冬”？

截至 2010 年，从西南欧国家发轫的第三波民主化几乎已经席卷全球，其影响力似乎已经无处不在。但有一个地区却是例外，那就是中东北非地区。当时的学术界常常把穆斯林人口占绝对多数的中东北非地区视为全球民主革命的特例。始料未及的是，2010 年年底开始，中东北非地区开始出现政治上的剧变，有些国家出现了威权统治的垮塌和民主化的启动，有些国家出现了政治抗争和政治动荡，有些国家甚至陷入了内战。2011 年 1 月 6 日，马克·林奇刊登在美国《外交政策》的文章中，首次把这场运动称为“阿拉伯之春”（the Arab Spring）。[1] 然而，几年下来，大家发现，中东北非地区政治转型的结果并不理想。所以，有人又将这场政治剧变戏称为“阿拉伯之冬”（the Arab Winter）。无论是“阿拉伯之春”，还是“阿拉伯之冬”，有人将其视为第三波民主化的一部分，有人将其视为第四波民主化。总体上，本书更倾向于前一种观点，但中东北非地区的政治变迁与民主化努力确实有其特殊性。

始料未及的“阿拉伯之春”

2010 年之前，学界普遍认为，穆斯林人口占绝对多数的中东北非地区构成了全球民主革命的例外。但出乎意料的是，2010 年 12 月 18

[1] Marc Lynch, "Obama's 'Arab Spring'?" in *Foreign Policy*, Jan. 6, 2011.

日由于突尼斯警察虐待一名小贩，后来以小贩自焚收场，这一事件竟然引发了大规模的政治抗议，最终导致突尼斯本·阿里政权的垮台。不仅是突尼斯，这场政治运动还波及中东北非地区的大量国家。所以，这被视为一个小贩的意外死亡所引发的一场革命。

尽管中东北非地区几乎所有国家都受到了这场政治大变革的冲击，但不同的国家有着完全不同的政治命运。有的国家发生了政权垮台和政体转型，有的国家发生了严重的政治冲突，有的国家则只是发生了较小规模的抗议。尽管同为中东北非地区的国家，但每个国家面对的政治压力和政治冲突的程度是不一样的，政治变革的结果也是不一样的。

到目前为止，突尼斯大概是一个相对比较成功的转型国家。尽管突尼斯的新兴民主政体远非完美，甚至还不时需要依靠实施紧急状态来维系秩序与稳定，但突尼斯基本上已经实现民主转型。当然，突尼斯的民主政体是否已经巩固，仍然需要时间来观察。

利比亚的情形则要复杂得多。尽管前政治领导人穆阿迈尔·卡扎菲已经死于内部革命所引发的内战，但利比亚如今的民主转型还面临着巨大的挑战——原有政权垮台之后，新政府力量微弱，中央政府几乎无力管控内战时期兴起的地方武装力量和民兵组织。目前看来，还很难预测利比亚的政体变迁究竟会出现怎样的前景。从利比亚的经济发展水平和族群结构等条件来看，该国的民主化前景似乎并不乐观。

埃及则是该地区民主转型已经遭受挫败的一个典型案例。埃及是一个古老的文明国家，在穆罕默德·胡尼斯·穆巴拉克数十年的威权统治垮台后，自由与正义党在首次民主选举中获胜上台，该党是穆斯林兄弟会控制的一个政党，总统是该党领袖穆罕默德·穆尔西。自由与正义党上台不久，就通过了一部宗教意味浓厚的新宪法，该宪法要求把伊斯兰教的经典和律法作为埃及国家立法的主要来源。但这样的做法引起了埃及世俗派的极大反弹。后来，埃及的世俗派和伊斯兰派的冲突日益升温，埃及首都开罗街头又开始被大规模抗议群众所占据。在这种情况下，深受穆巴拉克时代世俗传统熏陶的军方突然发动政变，并开始对穆斯林兄弟会和自由与正义党进行镇压。随后，阿卜杜拉·法塔赫·塞西将军取代了过去的穆巴拉克将军，成了埃及新的威权统治者。在最新一场选举中，塞西将军以民主形式确认了自己的统治地位。这样，埃及经过短暂的民主化努力挫败之后，又回到了某种军人统治形式。

借助这些不同国家案例的讨论，从突尼斯基本完成转型，到利比亚的高度不确定状态，再到埃及民主转型的快速挫败，我们看到了三种完全不同的案例，呈现的是中东北非地区不同国家政治转型的三种命运。

在中东北非地区，还有一个较为特别的国家——土耳其。土耳其并不是在这波“阿拉伯之春”启动民主转型的，而是在20世纪80年代就已启动转型，是第三波民主化国家，但如今的土耳其已经发生严重的民主衰退。土耳其是典型的穆斯林社会，99.8%的人口是穆斯林，信仰伊斯兰教。早在20世纪早期，政治家穆斯塔法·凯末尔·阿塔土克就为土耳其确立了世俗国家的原则和现代国家的愿景。从政治上说，这就需要用宪法、法律和制度来约束宗教力量。20世纪下半叶以来，土耳其已经历了多次民主转型和多次军事政变，只是土耳其军人统治的时间通常并不长，而且一般会主动选择还政于民、重启民主选举的进程。

土耳其离现在最近的一次民主转型发生在20世纪80年代。考虑到土耳其最近二三十年的经济成就，在2010年前后“阿拉伯之春”启动之时，土耳其一般被视为一个政治上民主、经济上繁荣并秉承立宪主义和世俗原则的现代国家。然而，最近几年，土耳其政治领导人雷杰普·塔伊普·埃尔多安的政治作为和土耳其政治的新趋势，让人对该国的民主前景忧虑重重。[1]甚至有人担心，埃尔多安已经成为中东北非地区政治新强人，并且土耳其已经开启政治上伊斯兰化和威权化的进程。早在1994年，埃尔多安就当选伊斯坦布尔市市长，当时就被视为土耳其的政治新星。而后，他迅速把握了土耳其政党政治的机会，成为了正义与发展党的领袖，并连续两届当选土耳其总理。

然而，土耳其总理的任期限制束缚了这位政治家的手脚。为了继续执掌大权，埃尔多安发起了修改宪法的政治行动，企图将间接选举总统改为直选总统，并在此过程中将虚位总统改为实权总统。这样，当宪法修正案获得通过后，埃尔多安又于2014年顺利当选土耳其新总统。然而，对埃尔多安来说，这一切似乎还嫌不够。在2016年挫败一次可疑的政变企图之后，他又于2017年发起了极大扩展总统权力的全民公决并获多数支持。

目前看来，土耳其要想在短期内回到2000年前后高度世俗化的、立宪主义的民主道路的可能性并不大。如果埃尔多安得以继续掌权，最大的可能是土耳其威权化和伊斯兰化的加速。当然，不能排除的是，国内世俗派政治精英会再次发起政治反攻，因为毕竟土耳其的精英阶层自凯末尔时代以来就有着比较坚韧的世俗化传统。土耳其政治与民主的未来究竟会怎样，我们只能拭目以待。

---

[1] 关于土耳其政治趋势与民主衰退的研究，参见 Ayla Göl, "The Paradoxes of 'New' Turkey: Islam, Illiberal Democracy and Republicanism," in *International Affairs*, Vol.93, No. 4(Jul. 2017), pp.957–966.

“阿拉伯之春”何以遭遇政治困境?

对于为什么这些国家在政治转型方面会出现如此严重的分化，2013 年《民主》杂志上的一篇论文为此提供了有趣的理论解释。[1]这篇论文认为，主要是两个变量的差异导致了不同国家在这一轮“阿拉伯之春”中的政治分化。第一个变量是威权政体的类型，是君主制还是非君主制。相对而言，君主制有着比较强的法统，权力继承关系也非常明确。此外，君主制条件下王室的力量往往比较强大。比如，沙特阿拉伯就有一个庞大的王室集团，有很多不同序列的王子，这就在政治力量上构成了一个强有力的统治集团。这项研究发现，在这一轮“阿拉伯之春”中，君主制比非君主制更为稳定。在非君主制的个人统治或军人政府之下，政体稳定性往往更依赖于个别政治强人或少数家族成员，继承关系也很不明确，这样统治力量往往要弱于君主制。

第二个变量是该国是否拥有丰裕的石油资源。换言之，一个国家是否石油国家，会导致较大的差异。石油资源是阿拉伯地区威权国家用来维持整个政治、经济、军事系统稳定的重要资源，同时也是用以满足国内各个阶级和阶层利益诉求的重要资源。比如，一个国家看到邻近国家出现政权危机之后，开始给普通民众派发现金，此时普通民众的政治满意度就会提高。但如果一个政府没有控制石油资源，维系政权稳定有时就缺少必要的财务资源。

这项研究的基本结论是，那些既是君主制、又拥有丰裕石油资源的国家，在这一轮“阿拉伯之春”中总体稳定，或者只遇到了小规模抗议；那些既不是君主制、又没有石油资源储备的国家，基本上都遭

[1] Jason Brownlee et al., "Why the Modest Harvest ? " in *Journal of Democracy*, Vol. 24, No. 4(Oct. 2013), pp. 29–44.

遇到了大规模的抗议，甚至是政权垮台；而那些或者是君主制但没有丰裕石油资源，或者不是君主制但拥有丰裕石油资源的国家，其国内政治危机的严重程度介于前面两者之间，可能抗议规模较大，但政府基本能够维持政权稳定。这为我们理解“阿拉伯之春”提供了新的理论视角。

理解中东北非地区未来的政治趋势，我认为尤其需要关注两个议题。第一，石油价格与石油资源。由于美国页岩气革命和全球其他新能源技术的驱动，原油价格从过去2008年全球金融危机之前的最高140美元左右一桶，降至了目前60—70美元左右一桶。国际投资界的分析认为，石油价格有可能长期维持在60—70美元左右一桶，甚至不排除会跌至更低的价格水平。如果这样的话，就可能对整个阿拉伯世界的威权政体构成一个强有力的挑战，甚至会影响该地区石油国家威权政体的稳定性。

第二，伊斯兰世界的极端恐怖主义势力也是该地区的基本政治问题。极端恐怖主义势力一方面构成了对阿拉伯世界国内政治、地区政治的严峻挑战，另一方面也对世界政治和国际体系产生了重大冲击。以美国和欧盟为首的国际社会，一方面认为恐怖主义和恐怖袭击来自于伊斯兰世界的极端势力，另一方面认为中东北非地区一些国家的“合法”政府有意支持极端恐怖主义，以此作为跟西方世界博弈的政治筹码。这样的格局，使得不少阿拉伯国家与欧美国家之间的关系变得非常复杂，也给该地区未来的政治局势增加了新的变数。

总之，从19世纪到21世纪，人类社会的三波民主化已经演进了200年左右的时间，其总体趋势是：（1）从发展阶段角度来讲，整个世界的民主演进大致是从不民主到不完全民主，再到完全民主的这样一个进程。这些国家一开始都是不民主的，后来经历了不完全民主的阶段——精英拥有投票权但普通民众并没有普选权，再到后来的完全民主化——即投票权获得普及，实现一人一票。（2）从空间角度来讲，民主政体是从西欧向全球扩散的过程，这个扩散路径跟工业革命的扩散、现代化的发展和全球化的深入进程基本是一致的。从空间上说，不同国家和地区之间民主化进程呈现出显著的差异和分化，有些国家和地区是民主化的先锋，有些国家和地区在民主发展方面则相对滞后。（3）从时间角度来讲，这一进程呈现出民主化浪潮和退潮的交替。就全球民主指数曲线来说，1800年以来人类民主指数曲线的长期趋势是逐步向上的——尽管不时会发生回调。或者说，民主化并非是一个毫无阻力的进展过程，而是一个“进两步退一步”的政治过程。

第4讲 民主兴衰原因论：理论路径的分野

如今我们已经提出了很多论断并且有着相当的把握，这些论断涉及有利于民主发展的诸种结构、文化和制度因素。然而，具体的结果取决于特定的情境，比如取决于当时的经济状况，当然还取决于主要政治行为者的能力与策略。……因而，显而易见，我们不能提出一个普遍化的公式。我这里提到的各种因素都塑造着民主的可能性，但它们不能决定民主的结果。

——西蒙·马丁·李普塞特

4.1 为什么是这些国家?

很多人不仅关心民主政治的诸现象与民主的历史进程，而且希望理解民主与民主转型背后的成因和逻辑。这是本讲“民主兴衰原因论”要回答的问题。本书至此已经系统介绍了民主从古希腊到21世纪经历了怎样的历史进程。那么，民主与民主化现象背后的原因是什么？特别是，我们应该如何解释从19世纪到21世纪的三波民主化浪潮呢？更具体地说，这里有三个基本理论问题:（1）为什么有些国家启动了民主转型而有些国家没有？（2）在启动民主转型的国家里，为什么有些国家实现了民主巩固而有些国家没有？（3）为什么有些已经建立民主政体的国家遭遇了民主崩溃？[1]

托克维尔论美国民主政体的成因

这里首先考察一些经典著作是如何理解民主兴衰的。法国著名思想家托克维尔早在19世纪三四十年代出版的《论美国的民主》一书中，就剖析了美国能够维系民主政体的原因。[2]托克维尔认为，美国维护其民主共和政体有三个主要的有利条件。第一个有利因素是地理条件，美国没有强邻，所以并不需要有很强的国家力量来发展一支大

[1] 目前为止国内唯一一本专门研究民主崩溃的专著，参见包刚升《民主崩溃的政治学》，北京：商务印书馆，2014年。

[2] 托克维尔:《论美国的民主》(上下卷)，董果良译，北京：商务印书馆，1989年。

规模的常备军，这对社会自由的维系非常重要。

在我看来，跟美国的这种条件相比，欧洲大陆国家就完全不同。比如，德国就是一个强邻环伺的国家，必须要有很大规模的常备军，也需要足够强大的国家力量。美国社会学家查尔斯·蒂利关于欧洲现代国家起源的“战争制造国家、国家制造战争”的观点，也强化了我们对于这一问题的认知。正因为如此，从近现代史上的政治演进过程来看，德国是更容易走向威权化的。

托克维尔认为，美国甚至也没有一个强大的首都，其地理整合是从各独立殖民地再到联邦的自下而上的政治整合，而非很多国家经历由强大的中央权威来完成的自上而下的政治整合。相反，如果有强大的首都，首都就会试图建立其对全国领土强有力的中央控制，政治生态上也就很容易威权化。进一步说，从地理条件来看，早期美国土地相对丰裕，欧洲移民可以不断进入。相对于当时大部分国家来说，普通美国人的生活相对优越，很多家庭在美国向西拓展领土的过程中占有了较大面积的土地。因此，他们能够过上相对自足而又自力更生的生活。这也有利于美国民主共和政体的维系。

第二个有利因素是法制条件，这里的法制是指美国政治生活中的法律制度因素。托克维尔特别强调三种法律制度的重要性。一是联邦制。在中央权力和州权力的平衡结构下，中央并不拥有可以随意支配地方的为所欲为的政治权力，而是在很多事情上都必须要跟各州协商与沟通，因而有利于民主政体的维系。

二是乡镇制度。在当时的美国，一个普通乡镇大约是一两千人的规模，很多公共事务采取的就是适合乡镇人民的自治方式，很多关乎乡镇公共利益的决策则采用直接民主制。比如，一个乡镇要修筑路桥、新设学校以及建设其他公共设施等，都是由乡镇人民以直接民主方式来决定的。

三是司法权的独立性。关于美国的司法独立，一个著名的案例是前文介绍过的“马伯里诉麦迪逊案”，开创了美国联邦法院进行司法审查的先例。这样，美国的司法系统实际上在立国之初就变得独立性很高，而且变得越来越强韧。司法权尽管不是直接的行政权力，但构成了对行政权和立法权的强有力约束。

托克维尔认为，所有这三种主要的法律与制度条件都有利于美国民主政体的维系。

第三个有利因素是民情条件。什么是民情呢？按照今天的理解，民情就是一国人民的习俗、情感与文化，也就是政治文化。托克维尔说，美国由于长期实行民主管理的制度，就拥有这样的经验和习惯。这样，民主的制度和民主的惯例逐渐深入到人们的习俗、思想和生活方式之中，成为美国人生活和心理的一部分。

托克维尔还注意到，主导美国新英格兰地区的新教是所有宗教中最富有自由色彩的。此外，与乡镇制度相配套的是，美国人还逐步形成强调乡镇自治、重视政治参与和捍卫乡镇自由的“乡镇精神”。因此，托克维尔认为，美国人的思想、精神、习俗、宗教与心理特质都是有利于维系民主政体的。

托克维尔这样总结道：

> 美国之能维护民主制度，应归功于地理环境、法制和民情。……毫无疑问，这三大原因都对调整和指导美国的民主制度有所贡献。但是，应当按贡献对它们分级。依我看，自然环境不

如法制，而法制又不如民情。[1]

综合来看，托克维尔试图用他自己特有的理论框架，来分析美国为何能够维系民主的原因。从学理上讲，他强调的是三个理论路径：一是强调自然条件的变量，二是重视政治制度的变量，三是关注政治文化的变量。托克维尔的结论是，自然条件、政治制度和政治文化都很重要，但自然条件的重要性不如政治制度，而政治制度的重要性又不如政治文化。

当然，我们很难说托克维尔是这些理论路径的首创者。比如，他对于地理条件的强调，可以追溯到另一位法国思想家孟德斯鸠，后者在《论法的精神》一书中就强调了地理条件的重要性。孟德斯鸠甚至认为，热带地区的人们身上往往存有诸多缺憾，而只有温带地区的人们具有更强的思考能力、自我管理能力和自我控制能力。当然，以今天的标准来看，孟德斯鸠的观点带有强烈的地域歧视色彩。再比如，托克维尔对政治制度的强调，其实是一个古老理论传统的延续。早在古希腊和古罗马，柏拉图、亚里士多德、波里比阿等古典思想家就对政体、政治制度与政府形式等问题有过富有洞见的政治阐述。

亨廷顿论第三波民主化的成因

关于民主成因的论述，既有托克维尔《论美国的民主》这样的经典，又有很多当代政治学文献的系统讨论。美国著名政治学家塞缪

[1] 托克维尔：《论美国的民主》（上卷），董果良译，北京：商务印书馆，1989 年，第 354–359 页。

尔·亨廷顿在1991年出版的《第三波：20世纪后期的民主化浪潮》一书中说，学术界用于解释民主化的变量有27个。这27个变量几乎覆盖到了我们所能想到的所有因素，甚至包括很多互相冲突的解释变量。

尽管如此，如果具体到如何解释1974年以来的第三波民主化，亨廷顿认为最重要的是五个解释变量。[1]

第一，威权政体合法性的削弱。二战以后，有些威权政体搞得很糟，不仅很腐败，而且经济增长率很低，甚至陷于完全的停滞。在部分威权政体国家，贫富悬殊和社会不公的问题显得特别突出。这样，在全球民主意识形态的影响下，这种威权政体就越来越没有合法性，也就是出现了"威权政体合法性的危机"。

第二，长期经济增长产生的积极效应。从20世纪50年代到70、80年代，全球范围内的经济增长总体尚好。在此期间，不仅发达国家的经济在增长，而且部分发展中国家的经济也在增长；不仅民主国家的经济在增长，而且部分威权国家的经济也在增长。特别是，经济增长对威权国家产生了重要的社会影响。亨廷顿认为，经济发展的直接效应有三个：一是生活水平的提高，二是教育水平的提高，三是中产阶级力量的加强，而这三个因素都有利于民主转型与民主巩固。

第三，宗教——特别是位于梵蒂冈的天主教教廷——政治立场的转变。天主教的主要影响地区是从南欧到拉丁美洲，而这正是引发第三波民主化的两个重要地区。当然，天主教教廷对东欧也有着相当的影响力。比如，在波兰民主转型的关头，教皇的来访就产生了重要的政治影响。亨廷顿认为，梵蒂冈的天主教教廷在20世纪60年代之前更支持威权政体，但在20世纪60年代至70年代之后，由于世界潮流

[1] 塞缪尔·亨廷顿：《第三波：20世纪后期的民主化浪潮》，欧阳景根译，北京：中国人民大学出版社，2013年，第29-105页。

的变化和教廷内部的改革，梵蒂冈开始更支持民主政体，这种转变所产生的影响力亦不容低估。

第四，国际政治体系中的大国力量及其角色。在第三波民主化的早期，国际体系中最重要的参与者是美国和苏联，或许还可以加上欧共体（即后来的欧盟）。除此以外，世界银行、国际货币基金组织以及很多地区性的国家间组织——比如拉丁美洲、非洲的地区组织——都在国际体系或地区政治中扮演着重要角色。美国基本上是全球民主革命的积极推进者，特别是，20 世纪 70 年代以来，它开始推行民主外交策略。本书前面提及的联邦德国、日本等国二战后的民主化都直接受到了美国的影响。像韩国的民主转型也跟美国后来推行的民主外交政策有关。

此外，从 20 世纪 80 年代后期开始，苏联新任领导人戈尔巴乔夫一方面在国内推行政治新思维和政治改革，另一方面放松了苏联对东欧地区的政治控制。这样，后来整个东欧和中亚的政治变迁都跟苏联政治立场与对外政策的改变有关。如果说东欧和中亚地区 20 世纪 80 年代至 90 年代的民主化浪潮有一个最重要的单一原因的话，那就是戈尔巴乔夫领导下的苏联在内外政策上的改变。

第五，邻近国家之间的示范效应，亦即亨廷顿所谓的“滚雪球效应”。比如，在拉丁美洲地区或东欧地区，一个国家启动民主转型之后，与其相邻的国家就会受到政治冲击。在书中，亨廷顿有一个生动的形象描写——“既然他们（邻近国家）可以，为什么我们（自己国家）不可以？”这种邻近国家之间的互相影响，也是第三波民主化的重要驱动力量。

上述五个因素被亨廷顿视为第三波民主化的主要驱动力量。但是，就单个国家而言，到底哪个因素或何种机制最重要呢？亨廷顿非常审慎地回答道:“民主化的原因因时因地而迥异。”听到这个观点，很多试图发现社会科学一般理论的学者可能会备感沮丧，因为这意味着民主化的背后并没有什么一般逻辑或普遍规律。如果每个国家的民主原因都不一样，那么关于民主化的社会科学研究似乎能做的就是案例研究，然后去发现每个转型国家背后个别、具体而特殊的因果关系。

质疑亨廷顿观点的学者们认为，如果民主化研究只是个案研究的话，历史学家和新闻记者其实可以做得更好。比如，历史学家的专长是可以把一个个转型案例的过程与细节说得非常清楚，他们往往更擅长发掘大量的一手资料。再比如，还有很多优秀的新闻记者在民主转型的第一现场。埃及启动转型时，美联社的中东记者就常驻开罗；乌克兰发生2013—2014年政治危机时，英国广播公司（BBC）的记者就常驻基辅。这些国际媒体的记者甚至有机会采访到参与转型或制定方案的重要政治家、反对派领袖、宪法起草者，等等。因此，如果民主化研究主要是个案研究的话，跟历史学者和新闻记者相比，政治学者通常是没有多少优势的。

尽管困难重重，学术界并没有放弃用普遍理论或一般逻辑——而非个案特殊性——来解释民主化原因的努力。从现有研究文献来看，目前主要形成了解释民主化的三种主要理论路径。第一种理论路径是经济社会条件论，即一国的经济社会条件比较有利时，就更容易启动民主转型，或者民主转型更容易成功；反之，就更容易失败。第二种理论路径是政治制度论，即无论一国经济社会条件怎样，成功民主化的关键取决于宪法设计与制度安排。既然民主本身就是一种政体或政治制度安排，那么宪法设计与具体制度安排的有效是否就是决定民主化成败的关键。第三种理论路径是政治精英论。前面两种理论主要关心社会条件与政治制度，但政治行为者——也就是人——在民主化中扮演什么角色呢？这种理论认为，民主化成功与否，取决于一个国家拥有怎样的政治行为者——特别是怎样的政治家与政治精英——以及这些政治行为者的政治信念、行为选择与博弈模式。下文将依次讨论这三种理论路径。[1]

[1] 关于解释民主化的三种理论路径，一个更学术的版本参见包刚升《解释民主转型的三大理论路径》，《新政治经济学评论》2016年第30期，第43-68页。

4.2 条件论：民主可以移植吗？

任何一种政治都嵌入在一个特定的社会中。如果抛开这些社会条件或社会情境（context），我们就很难有效地讨论政治。一个简单的逻辑是，如果一个社会的基础性条件比较有利，民主政体就更容易创建和维系；如果一个社会的基础性条件不够好，民主政体就更不容易建立，或者即便创建也很容易走向不稳定。那么，到目前为止，学术界强调的较为重要的社会条件是哪些呢？

现代化导致民主化吗？

现代化理论关注的是经济发展是否导致民主。这是一个经典的理论争论，最早源于美国政治社会学家西蒙·马丁·李普塞特 1959 年的一篇著名论文，其核心观点是：如果一个国家越富有，就越有可能变得民主。[1]这篇刊发在《美国政治学评论》上的论文是一项跨国的定量研究，但作者并没有借助今天流行的高级统计软件。李普塞特的做法在今天看来非常简单，他把欧洲国家和拉丁美洲国家放在一起做跨国比较研究，结果发现：到 20 世纪 50 年代为止，对欧洲的两类国家来说，最发达的国家组别更可能是稳定的民主政体，较不发达的国家组别更可能是不稳定的民主政体，即在民主政体和威权政体之间来回切

[1] Seymour Martin Lipset, "Some Social Requisites of Democracy: Economic Development and Political Legitimacy," in *American Political Science Review*, Vol. 53, No. 1(1959), pp. 69–105.

换。需要提醒的是，在20世纪50年代，联邦德国当时才刚刚恢复民主政体，西班牙、葡萄牙等国都还是威权政体。对拉丁美洲的两类国家来说，较发达的国家组别更可能是不稳定的威权政体，即经常启动民主转型但民主政体并不稳定，最不发达的国家组别更可能是稳定的威权政体。这样，这两个地区的国家正好分成四组：

（1）欧洲最发达的稳定的民主政体（国家）；

（2）欧洲较不发达的不稳定的民主政体（国家）；

（3）拉丁美洲较发达的不稳定的威权政体（国家）；

（4）拉丁美洲最不发达的稳定的威权政体（国家）。

在李普塞特这篇著名论文发表的年代，GDP概念尚未普遍应用。所以，这篇论文既用了人均收入的衡量指标，又用了很多其他的衡量指标，以此来评估和比较不同国家间的经济发展水平。后者包括千人医生拥有量、人均汽车拥有量、人均电话拥有量、人均报纸拥有量、农业部门男性劳动力比率、识字率、城市化率等。

在这项开创性研究之后，很多后续研究都为李普塞特的观点提供了新的证据。比如，哈佛大学经济学家罗伯特·巴罗的跨国定量研究认为，如果不发达国家变得跟发达国家一样富有，那么它们就有可能成为民主国家。[1]比如，纽约大学政治学教授亚当·普沃斯基2000年牵头完成的一项研究认为，人均收入能够有效预测一个国家是否民主政体的有效性达到77.5%。[2]又比如，拉里·戴蒙德2008年出版的《民主的精神》一书认为：

---

[1] Robert J. Barro, "Determinants of Democracy," in *Journal of Political Economy*, Vol. 107, No. 6(1999), pp.158–183.

[2] Adam Przeworski et al., *Democracy and Development: Political Institutions and Well-Being in the World, 1950–1990* (Cambridge: Cambridge University Press, 2000), pp. 78–88.

> 在25个具有最高人类发展指数的独立国家中，仅有新加坡是非民主国家。在40个最发达国家中，除了新加坡，还有三个石油国——科威特、巴林和文莱——是非民主国家。在50个最发达国家中，除了上述国家，还有卡塔尔跟阿联酋是非民主国家，但是它们都是盛产石油的小国。[1]

假设现代化理论是成立的，有人还会继续问：经济发展为什么有利于民主呢？从经济发展到民主化的机制又是什么呢？目前为止，学术界提供了很多不同的理论猜想。比如，经济发展之后，人们容易从基本的谋生存状态转向权利的觉醒；经济发展意味着社会财富的增加和工商组织的增加，它们不仅要寻求财产权的保护，而且还强化了相对于国家的社会力量；经济发展通常会造就更多的中产阶级，而中产阶级会表达更强烈的政治诉求；经济发展会带动公民受教育程度的提高，随之而来的则是公民意识和自由民主观念的普及；经济发展往往伴随着全球化的深入和开放度的增加，而开放会带动更好的信息流通和更好的国际化——上述这些因素可能都包含了从经济发展到民主或民主化的某种可能机制。

当然，并不是所有学者都同意李普塞特的假说。现代化程度的提高真的更容易导致民主吗？两项著名的研究成果都在某种程度上反对李普塞特假说，一项是塞缪尔·亨廷顿1968年出版的《变化社会中的政治秩序》，另一项是奥唐奈1973年出版的《现代化和官僚威权主义：

---

[1] Larry Diamond, *The Spirit of Democracy: the Struggle to Build Free Societies throughout the World* (New York: Times Books, 2008), p. 96.

南美政治研究》。[1]这两项研究都认为，对于发展中世界来说，一些国家的经济发展不仅不容易导致民主，反而更容易引发这些国家民主政治的不稳定或向威权政体的转型。就具体机制而言，亨廷顿认为，那些现代化程度高的国家更容易加速扩大政治参与，而当政治参与扩大的速度超过政治制度化的发展程度时，就容易导致政治衰朽（political decay）；奥唐奈则更强调，对拉丁美洲地区来说，那些经济更发达国家往往更需要在国际分工中扮演某种恰当的角色，这种角色更需要抑制国内社会的劳工运动与社会福利等，而民主政体往往与这种国际分工中的角色要求互相冲突，所以经济发展程度高的国家反而更容易威权化。

美国政治学者亚当·普沃斯基及其合作者在一项研究中罗列了以新加坡为首的很多中高收入的非民主国家，数量多达 20 多个。基于现代化理论，从概率上讲，这些国家都有较大的概率是民主国家，而不是威权国家。但实际上，尽管这些国家早已进入了中高收入国家的行列，它们在相当长的时间里都是非民主国家。有人喜欢用特例来解释这种现象，然而，如果有那么多特例，李普塞特假说还能成立吗？这也是一个有趣的反驳。

更重要的是，在同一项研究中，普沃斯基及其合作者虽然认同富裕国家更有可能是民主国家，但他们却提供了跟李普塞特完全不同的逻辑：

> 富裕国家更有可能成为民主国家，不是因为民主的出现是威

[1] 塞缪尔·亨廷顿：《变化社会中的政治秩序》，王冠华、刘为译，上海：上海人民出版社，2008 年；吉列尔莫·奥唐奈：《现代化和官僚威权主义：南美政治研究》，王欢、申明民译，北京：北京大学出版社，2008 年。

权统治下经济发展的一个结果，而是因为民主——无论民主是怎样出现的——在一个富有的社会更有可能存活下去。[1]

这个逻辑非常有趣。准确地说，他们不认为经济发展会导致民主化，而是说民主——无论民主是怎样出现的——在富裕国家更能维持下去，而在贫穷国家更可能崩溃。这样久而久之，富裕国家就更有可能是民主国家，而贫穷国家就更有可能是非民主国家。值得注意的是，这一理论需要解释的政治现象，跟李普塞特假说的预设是一样的，但提供的解释逻辑却完全不同。换句话说，不是经济发展本身导致民主，而是经济发展更有可能让那些已经出现的民主维系下去，结果是富裕国家更有可能是民主政体。

现在还流行一个观点，认为从经济发展到民主是一种非线性的关系。罗伯特·达尔和塞缪尔·亨廷顿都在某种程度上赞同这种观点。[2]他们认为，在经济发展水平很低的阶段上，提高人均收入对民主转型的可能性影响并不大；但一旦进入中等收入区间——比如，按照1976年左右的美元购买力，人均GDP1000至3000美元很有可能是这样一个敏感区间（大致相当于2017年4000至12000美元区间），经济的进一步发展会显著提高一个国家民主化的可能性；而一旦跨过个人GDP的某个标准之后，比如像新加坡或少数富裕的石油国家，经济再怎么发展，都不会显著增加该国民主化的可能性了。这大概可以被称为从经济发展到民主转型的“非线性理论”。

[1] Adam Przeworski et al., *Democracy and Development: Political Institutions and Well-Being in the World, 1950-1990* (Cambridge: Cambridge University Press, 2000), p. 103.

[2] 罗伯特·达尔：《多头政体：参与和反对》，刘惠荣、谭君久译，北京：商务印书馆，2003年，第79页；塞缪尔·亨廷顿：《第三波：20世纪后期的民主化浪潮》，欧阳景根译，北京：中国人民大学出版社，2013年，第55-62页。

民主化背后的阶级结构

除了一个国家的经济发展水平，社会结构的不同是否也会影响民主政体出现的可能性呢？目前的理论关注的是两种维度的社会结构：一是社会结构垂直分化的维度，主要就是阶级或阶层的差异，通常用财富水平或职业地位来衡量，这种社会结构的垂直维度可以区分为资产阶级和无产阶级、高收入阶层与低收入阶层、精英与大众等；二是社会结构水平分化的维度，这不是根据财富或职业层级来划分的，而通常是根据不同的族群、宗教与语言集团身份来划分的，比如根据族群身份可以区分为黑人、白人、亚裔、西班牙裔等，根据宗教身份可以区分为基督徒、穆斯林、佛教徒、印度教徒等，或者根据语言差异区分为不同的语言集团。

这里先考察阶级结构的差异对民主的影响。对一个国家来说，何种阶级结构更有利于民主呢？在1966年出版的名著《专制与民主的社会起源》中，美国学者巴林顿·摩尔认为，全球不同国家的现代化有三条道路：第一条是资产阶级民主道路，比如英国、美国；第二条是法西斯主义道路，比如德国、日本；第三条是共产主义道路，比如苏联、中国。那么，是何种原因决定了这三条不同的现代化道路呢？

摩尔认为，主要是阶级力量和阶级结构的不同。摩尔的具体理论阐述相当复杂，其基本结论是：在由传统社会通往现代社会的三条道路中，只有资产阶级强大的社会才有可能建成民主国家；地主阶级强大的社会更可能建成法西斯国家；那些农民进行成功反抗、农民阶级比较强大的社会会走共产主义道路。后来，很多学者愿意引用巴林顿·摩尔最直截了当的一个表述："没有资产阶级，就没有民主。"这个观点非常鲜明，但很难说能够全面准确地反映摩尔的理论。[1]

在国内流行的世界历史教科书中，最早的民主革命通常被等同于资产阶级革命。但问题是，资产阶级真的那么喜欢民主吗？还可以进一步问，从逻辑上说，如果资产阶级从自己的阶级立场出发，他们最想要的是什么样的政体？一个可能的猜想是，资产阶级最想要的制度安排应该是立宪政治、法治国家、有限政府、分权制衡以及自由市场体制。这样一个政治制度和经济制度的组合，应该是资产阶级期待中的理想政治经济模式。

那么，资产阶级对民主或民主化是什么样的态度呢？一种观点认为，资产阶级对民主可能抱有某种程度的顾虑，甚至是恐惧。如果那么多没有多少财产的普通民众拥有普选权、实现一人一票的话，会不会如同德国民主社会主义者爱德华·伯恩斯坦所主张的那样，无产阶级就能通过自己选举的代表进入议会并掌握多数席位，然后就可以顺理成章地改造资本主义的财产制度与市场体制呢？马克思的一个论断是，资产阶级民主一定是虚伪的，主要理由就在于，如果资产阶级民主是真实的，那么无产阶级通过选举进入议会，就有可能颠覆资本主义制度。当然，西方社会后来真实的历史进程并非如此，一方面普通民众获得普选权，另一方面财产制度和市场制度仍然得以维系。尽管如此，马克思这个观点是有一定道理的。以拉丁美洲为例，包括巴西、阿根廷、智利等很多国家都在20世纪的民主化过程中引发了激烈的阶级斗争。无产阶级往往希望借助政治途径进行再分配，而资产阶级对此深感恐惧，他们甚至会联手军人集团发动政变，颠覆那些变得过分激进的民主政体。这里的讨论试图说明，并不像某些世界史教科书叙

[1] 巴林顿·摩尔：《专制与民主的社会起源：现代世界形成过程中的地主与农民》，王茁、顾洁译，上海：上海译文出版社，2012年。

事所主张的那样，资产阶级天然就是民主政体的拥护者。

当然，这里还有更复杂的逻辑问题。假如资产阶级的理想政体是一个立宪的、法治的、支持自由市场的政治秩序，那么一个非民主的、威权的政体是否更有可能提供这样一种政治秩序呢？一个威权主义的政府同时可能是一个立宪的、法治的和支持自由市场的政府吗？从逻辑上说，这里有一个很大的挑战，因为一个威权主义政府很可能表现为政治权力不受制约的状态，进而很难成为一个真正的立宪政府和法治政府。试想一种极端的情形，在世界历史上，威权主义国家完全有可能通过各种方式剥夺有产阶级的财产。如果是这样，资产阶级面对威权政体时是否会产生更大的不安全感呢？

因此，如果足够成熟的话，资产阶级不是要在两个最完美或一个最好、一个最坏的政体选项中做选择，而是要在两个都较不完美的政体选项中做选择。事实上，对于民主政体与威权政体这两个选项，资产阶级更可能面对的是一个“两害相权取其轻”的政治抉择。经过这样的分析，大家可以看到，资产阶级对民主的态度可能是非常复杂的。一方面，他们担心一人一票的普通民众在政治生活中行为逾矩；另一方面，他们也担心非民主的威权政府胡作非为，使他们时时面临一个不受制约的威权政府的威胁。由此可见，资产阶级支持或反对民主的逻辑相当复杂。

巴林顿·摩尔之后，国际学术界的另一个观点是，西方社会完全或充分的民主化实现跟工人阶级关系密切。这一派认为，工人阶级对于民主的重要性过去有可能被低估了。实际上，有组织的工人阶级在争取普选权运动——这是民主化得以充分实现的标志——中发挥了关键作用。比如，在英国民主化的过程中，上文曾经专门讨论过1838—1848年间所发生的宪章运动。在那个时代，部分财产较多的英国男性选民已经拥有投票权，但英国较保守的托利党人和辉格党人一度对普通公民获得投票权充满忧虑。

而宪章运动正是在这个背景下发生的。这场以工人为主的政治社会运动，主要目标就是要争取普通男性公民的投票权（女性公民的投票权对英国来说是20世纪以后的事情）。从当时的实际后果来看，宪章运动并没有获得成功，但在此后半个世纪左右的时间里，宪章运动所提出的几乎全部政治要求都在英国实现了。宪章运动，恰恰证明了工人阶级和工人运动在促使英国成为一个完全民主化国家的过程中所起的作用。

政治学者鲁思·科利尔对欧洲和拉丁美洲的民主进程做了比较研究，试图以此来判断工人阶级的角色和重要程度。把整个西方世界的民主化分成两个阶段：第一个阶段是从不民主到不完全民主，即从君主统治、独裁统治到君主权力受约束、一部分人有投票权的阶段——这一阶段资产阶级和中产阶级的角色更为重要；第二个阶段是从不完全民主到完全民主的阶段，即从受限制的投票权到公民普选权的落实——这一阶段工人阶级的角色更重要，特别是工人阶级在很多国家的普选权运动中都扮演了重要角色。[1]

那么，工人阶级或工人运动对民主化——包括民主的兴起、维系与巩固——是否都扮演着积极角色呢？恐怕未必如此。有一种较保守的观点认为，工人阶级和工人运动也可能对民主化产生负面影响。比如，工人阶级很多时候都主张进行社会财富的再分配，甚至是主张对有产者实施土地和财产征收。如果是这样，富人阶层一定会进行激烈的反抗，他们甚至不惜以放弃民主政体来作为对抗工人激进要求的政

[1] Ruth Berins Collier, *Paths toward Democracy: The Working Class and Elites in Western Europe and South America* (Cambridge: Cambridge University Press, 1999).

治手段。所以，拿20世纪80年代之前的拉丁美洲来说，在工人运动日趋激进化的部分国家，工商阶层与军人集团联合发动的军事政变往往成为一种替代性方案。由此可见，工人阶级和工人运动并非都是促进民主化的角色。

另一个历久弥新的观点是，中产阶级的角色对民主化至关重要。这个观点一直可以追溯到古希腊的亚里士多德，他早在《政治学》一书中就认为：

> 就一个城邦各种成分的自然配合说，惟有以中产阶级为基础才能组成最好的政体。中产阶级（小康之家）比任何其他阶级都较为稳定。他们既不像穷人那样希图他人的财物，他们的资产也不像富人那么多得足以引起穷人的觊觎。……于是，很明显，最好的政治团体必须由中产阶级执掌政权。[1]

拿美国来说，美国建国之后的很长时间里，很多普通的自耕农家庭都能拥有面积较大的土地，都能享受自给自足与自力更生的生活，他们更像一个社会中的"中产阶级"，而这显然也有助于美国民主政体的稳定。亨廷顿在《第三波》中同样认为，在城市中产阶级规模相对较小或较为薄弱的国家，要么民主化不成功，要么民主政体不稳定。这是在强调中产阶级在第三波民主化中扮演的重要角色。

美国经济学家达龙·阿西莫格鲁和詹姆斯·罗宾逊在《专制与民主的经济起源》（*Economic Origins of Dictatorship and Democracy*，中译

[1] 亚里士多德：《政治学》，吴寿彭译，北京：商务印书馆，2007年，第209–210页。

本为《政治发展的经济分析》[1]）中用复杂的博弈论模型发展了一个阶级结构与民主关系的理论。其核心观点是，如果一个国家贫富悬殊特别突出的话，民主化往往会转变为关于财富再分配的激烈的阶级斗争，这样，富人阶层很有可能由于不安全感而选择通过军事政变来颠覆民主政体。实际上，上文业已指出，很多拉丁美洲国家历史上都在重复这样的故事。两位作者还进一步推导出，如果不是两阶级模型，而是三阶级模型——即社会结构中包括资产阶级、中产阶级和无产阶级，那么，民主化就不容易变成关于再分配的激烈的阶级斗争，阶级冲突会趋于温和，从而有利于民主政体的维系和巩固。[2]

综上所述，关于阶级和阶级结构跟民主的关系，学术界目前有三种主要观点：资产阶级有利于民主的观点，无产阶级通过推动普选权落实推动民主的观点，以及中产阶级有利于民主的观点。上文还分析了不同的阶级结构或阶级力量可能有利于或不利于民主与民主化的政治逻辑。有趣的是，很多讨论似乎并没有什么定论。或许，对于不同国家的民主进程，不同阶级扮演的角色是不一样的。与过分标签化的政治认知相比，我们更应该理解从阶级和阶级结构到民主化之间的因果机制与历史经验。

---

[1] 达龙·阿塞莫格鲁、詹姆士·A. 罗宾逊:《政治发展的经济分析》，马春文译，上海：上海财经大学出版社，2008 年。

[2] Daron Acemoglu and James A. Robinson, *Economic Origins of Dictatorshipand Democracy* (Cambridge: Cambridge University Press, 2006), pp. 253–286.

民主化背后的族群宗教结构

社会结构的另一个维度是水平维度的社会分层。相关研究关注的是，一个社会的何种族群、宗教结构更有利于或不利于民主。罗伯特·达尔在其早年的著作中就认为，一个国家如果存在“各种持久的、个人社会化于其中的各种亚文化，这就是宗教、语言、种族或族裔集团以及地区上的差别”，竞争性政体或多头政体就更难维系。他这样说：

> 种族或宗教的亚文化之间的冲突尤其充满着危险，特别是如果它们又同地域相联系的话。……多元亚文化的存在经常对公开争论制度所需要的宽容和公共安全造成紧张的危险，对此似乎是难以怀疑的，特别是人们发现多头政体更多地实行于比较同一化的国家而不是存在于大量亚文化的国家。[1]

尽管如此，并非所有多族群、多宗教社会都会导致严重的政治分歧或政治冲突。那么，什么因素会影响一个多族群、多宗教国家不同社会集团之间的政治关系呢？有研究认为，不同族群或宗教集团在历史上的关系往往是一个重要变量，比如，它们彼此之间是否有着深刻的历史仇怨，或者是否有暴力冲突、乃至内战的记忆，都会影响它们今天的政治关系。举例来说，在某些非洲国家，18 世纪盛行黑奴贸易之时，一些沿海族群到非洲内地去抓捕其他族群的黑人，将其作为黑奴贩卖给欧洲人。这样，这些族群之间就很容易留下彼此憎恨和互不信任的历史记忆。今天的尼日利亚、卢旺达等国的族群关系中仍然有

[1] 罗伯特·达尔：《多头政体：参与和反对》，刘惠荣、谭君久译，北京：商务印书馆，2003 年，第 121 页。

着类似的历史因素。

如果一个国家内有很多不同的族群—宗教群体，它们彼此之间又存在着非常深的仇怨关系，这种情况下就更难产生稳定而有效的民主政体。这样的多族群、多宗教社会一旦启动民主转型，不同族群—宗教集团之间的政治竞争和政治动员很容易转化为严重的族群或宗教冲突，这就会反过来妨碍民主转型的完成。特别是，在那些经济落后、文化程度低的多族群社会中，一旦出现竞争性政体，政治精英们很有可能会以族群、宗教身份作为符号去进行政治动员。无论是南方人还是东部人，无论是伊博族人还是豪萨族人，无论是穆斯林还是印度教徒，无论是白人还是有色人种，都有可能成为最重要的政治动员符号。而如果这些族群—宗教集团彼此间的历史积怨很深，那么这种从政治竞争到政治动员的过程很容易进一步升级为严重的政治冲突，结果就会影响该国的民主转型与民主巩固。

学术界目前大致上认为，族群或宗教的分化结构跟民主转型挫败的可能性之间是一条倒 U 曲线的关系，参见图 4.1。在该图中，纵轴表示的是民主转型挫败的可能性，横轴表示的是族群或宗教分化程度的高低。一般认为，如果其他条件相似，一个族群—宗教分化较低的国家，民主转型挫败的可能性会比较低。因为在这样的国家，通常不存在由于族群分歧或宗教分歧而导致的严重政治冲突，民主转型不会承受来自这方面的额外政治压力。

随着一个社会族群、宗教或语言分化程度的提高，民主转型过程中就更有可能出现由此导致的严重政治冲突，这就会影响民主转型的成功率。其中的逻辑是容易理解的。但是，随着族群、宗教分化程度的继续提高，为什么民主转型挫败的可能性反而会降低呢？这里的原因颇为微妙。简单地说，一个最容易爆发严重政治冲突的社会是两三

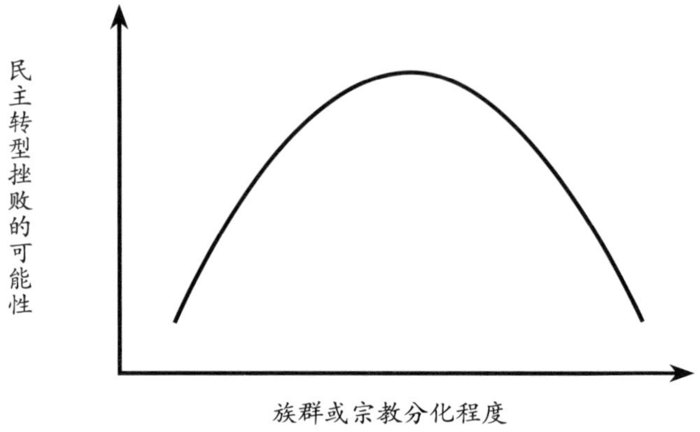

图 4.1 族群或宗教分化程度与民主转型挫败的可能性

个或三五个大型族群—宗教集团共存的结构。在这种结构下，每个大型族群—宗教集团都渴望在国家权力体系中捍卫自身的权力与利益，甚至渴望掌握中央政府的支配权。当少数几个族群—宗教集团都这样想时，它们很容易陷入国内族群关系上的“安全困境”（security delimma）。

比如，在一个非洲国家，最大的族群占有 50% 的人口，第二大族群占有 35% 的人口，剩下的人口则是各种各样的小规模族群集团。此种情形下，两大主要族群很容易滑向对于中央政治支配权的激烈角逐。经常发生的情形是，第二大族群集团往往没有机会赢得大选，无法取得总统职位或控制议会多数。当最大族群支配中央政治权力后，它很有可能在公共政策上向自己的族群集团或所在地区倾斜，利用中央政治权力来进行大规模的利益输送。此时，第二大族群集团很可能会走向政治对抗。如果再加上两大族群的历史恩怨因素，就很容易导致武装冲突，甚或大规模的内战。20 世纪下半叶以来，这样的案例在撒哈拉以南非洲屡见不鲜。

而随着一个国家族群—宗教结构分化程度的继续提高，比如最大单一族群—宗教集团的人口比重都不超过5%或8%时，族群—宗教集团的政治身份和政治认同反而弱化了，此时一个人的族群—宗教身份反而变得不重要了。[1]所以，不能简单认为族群—宗教结构的分化程度越高，民主转型的难度就越大。族群—宗教结构与民主化之间，其实有着更为复杂的逻辑关系。

何种政治文化有利民主化?

中国有句古话："淮南为橘，淮北为枳。"同样的民主制度在西欧、北美运转得很好，但在世界上别的地方也许就运转得不太好，这是为什么呢？一个可能的解释就是政治文化的不同。上文曾经提及，托克维尔在分析美国民主政体得以维系的原因时，特别强调民情的重要性。民情，就是政治文化。20世纪下半叶以来，说起政治文化研究，首先要提到美国政治学家加布里埃尔·阿尔蒙德，他牵头完成的一项研究认为：

> 一个稳定的和有效率的民主政府，不光是依靠政府结构和政治结构；它依靠人民所具有的对政治过程的取向——即政治文化。除非政治文化能够支持民主系统，否则，这种系统获得成功的机

[1] José G. Montalvo and Marta Reynal-Querol, "Ethnic Polarization, Potential Conflict, and Civil Wars," in *The American Economic Review*, Vol. 95, No. 3 (Jun. 2005), pp. 796-816.

会将是渺茫的。[1]

阿尔蒙德的结论很明确，即使政治制度再好，如果政治文化不支持，民主政治的运作就会出问题。这里还可以讲一个笔者亲历的小故事。我曾参加一个宪法学的研讨会，与会者大都是宪法学者。他们的专长是宪法学研究，而宪法是政治生活的基本规则。会议晚宴时刻，我对身边的一位宪法学者提出了一个跟宪法规则有关的问题："假如你是总统，执政即将满四年，接下来还可以连选连任一次，而我是另一重要党派的领导人，想要在下一次选举中跟你竞争总统职位。由于我也是有实力的政治家，因此你的地位并不稳固。这种情形下，你作为在位总统会用什么样的政治手段来对付我呢？你会严格遵守现有的全部宪法条款与民主规则吗？"这位宪法学者犹豫了片刻，竟然有些无言以对。

这里的情形确实相当复杂。要知道，通常总统手里不仅有一般的政治权力，掌握着一整套官僚系统，而且还控制着情报部门和安全系统。如果在野政治家想要跟现任总统在下一次大选中正面竞争，那么现任总统会动用一切可能的政治手腕来对付潜在对手吗？他会不会动用情报系统把竞争对手都查个底朝天呢？如果是这样，怎么能保证民主选举或政治竞争是自由而公正的呢？实际上，一旦在位的执政者不遵守宪法与民主规则，民主选举这套东西就很难运转起来。

当然，我们还可以设计各种制度去制约这位总统，比如设立有权调查总统是否违宪或渎职的独立检察官。这个独立检察官又是怎么产生的呢？按理说，这种职位通常是议会任命的，但这又涉及复杂的政

[1] 加布里埃尔·阿尔蒙德、西德尼·维巴：《公民文化：五个国家的政治态度和民主制》，徐湘林等译，北京：东方出版社，2008年，第443页。

治家个人利益和党派利益。一位重要的政治家一旦当选总统之后，他往往掌握着巨大的权力与资源，甚至有可能去操纵本来要约束他的制度、程序和关键职位。在民主政体下，一旦政治家们普遍地不遵守宪法规则，民主政治这套制度和程序的实际运转往往就会出问题。

实际上，政治家不遵守宪法条款与民主规则的情形，在很多发展中国家是经常发生的。就 20 世纪的中国政治来说，中华民国 1912—1916 年间的政治也是某种类似的情形。比如，从袁世凯到孙中山，他们都倾向于以打破宪法而非遵守宪法的方式来处理政治问题与政治冲突。一句话，宪法和民主规则要被遵守往往相当之难。对一个新兴民主政体而言，不是说有一部民主宪法就可以了，因为如果宪法不被遵守的话，就是几张纸而已。但是，政治家凭什么一定会遵守宪法与民主规则呢？理性选择学派认为，政治家也是理性人，其行为也是受理性人的利益所驱动的。既然如此，那么政治家会不会在规则对自己有利的时候，选择遵守规则；规则对自己不利的时候，选择打破规则呢？这是完全有可能的。如果深入地比较不同新兴民主国家的转型案例，大家就会发现，同样或类似的宪法规则与制度约束之下，政治家遵守规则的情形差异很大。这里除了政治家的理性计算，或多或少还跟政治家对政治底线的认知有关，而这种对于政治底线的认知很大程度上是政治文化决定的。

再拿 2016 年美国总统大选来说，一度有媒体吵吵嚷嚷地要求当时的总统候选人唐纳德·特朗普公布他本人过去若干年的税单。除了特朗普本人，还有谁掌握着他的税单？当然是美国政府。可能部分税单在联邦政府手中，部分税单在地方政府手中。那么，美国政府会主动公布特朗普的税单吗？这里就涉及公布一个普通公民纳税清单的一系列规则，而美国政府也需要严格遵守这一套规则。

要知道在位总统奥巴马是民主党人，他支持的是另一个总统候选人、民主党政治家希拉里·克林顿。尽管奥巴马在希拉里支持者大会上公开呼吁选民为希拉里·克林顿投票，但不会因为政治原因而动用联邦政府调查机构去调查特朗普本人、家族以及企业。然而，如果在某些新兴的发展中民主国家，在任总统下达一条税务稽查令，就足以让很多企业家出身的政治候选人望而却步，甚至干脆退选。在这样的国家，因为这种原因而身陷牢狱之灾的政治家也不算少数。

所以，要做到让民主政体按其本来的规则运转，是非常不容易的。尽管我们在社会科学研究中有大量篇幅讨论经济人假设或理性人假设，但政治实践往往受到身处其中的人们的政治信念、价值观念和政治传统的重大影响。

在研究发展中国家的政治时，拉里·戴蒙德等人认为，民主政体下人们有利于维护或巩固民主制度的政治观念或信念包括：

> 对民主合法性的信仰；对对立党派、对立信仰和对立立场的宽容；跟政治对手妥协的意愿，以及妥协意愿背后的实用主义和灵活性；对政治环境的信任，以及互相合作，尤其是在政治竞争者之间的合作；政治立场和党派立场的温和倾向；政治沟通的礼节……[1]

但是，很多发展中国家的人们并不总是拥有这些政治信念。比如，对对立党派、对立信仰和对立主张的宽容，这一点就非常不容易做到。

---

[1] Larry Diamond et al., "Introduction: What Makes for Democracy?" in Larry Diamond et al., eds., *Politics in Developing Countries: Comparing Experiences with Democracy* (Boulder:Lynne Rienner Publishers, 1995), p.19.

拿这几年国内的微博舆论场作考察对象，这个问题就会一目了然。凡是涉及重大问题的争论，微博上往往容易吵架，吵到最后甚至会演变为互相谩骂。为什么出现互相谩骂呢？除了礼节的缺失，还因为谩骂者相信自己一定是对的，别人一定是错的。在这种情境下，我经常喜欢问一个问题：我们自己有没有可能是错的？别人有没有可能是对的？相信自己有犯错的可能性，这其实非常重要。这种想法的背后，是对他人保持足够的宽容态度和对自己保持相当的怀疑精神。这也可以是一种因为相信知识的不完善性而产生的自我反思。所以，在微博公共空间里，我们更需要倡导一种良好的公共辩论风尚。

除此之外，能够跟政治对手妥协，其实包含了对政治环境的基本信任。这一点也非常重要。这样，一个政治人物就不必担心一旦自身处于不利地位时，有可能会被彻底摧毁。如果没有这样一种对政治环境的基本信任，政治竞争或斗争一定是你死我活的。一旦政治竞争是完全意义上的赢家通吃，政治斗争就容易走向不择手段和丧失底线。如果一个政治家认为，竞争对手一旦上台，他就有政治上被彻底摧毁的风险，而不只是面临一次正常的选举失败，那么当他有机会的时候，他也倾向于彻底摧毁政治对手。这样，民主政体就难以良性运转下去。

成熟的民主政体往往更多地呈现出政治沟通的礼节和政治竞争者之间的合作精神。希拉里·克林顿和唐纳德·特朗普在结束 2016 年总统竞选电视辩论之后，又一起出席了另一个活动，两人谈笑风生。而此前不久，两人在电视辩论现场还是一副势不两立、剑拔弩张的态势。有人据此认定，政治家都是虚伪的，政治就是表演。但是，如果从积极角度来看，这说明他们保持了政治沟通的必要礼节以及政治竞争者私人之间仍然维持着相对轻松的关系。从长远来看，这种既有政治竞争又有政治合作、既有公开的政治论战又有轻松的私人关系的政治生态，对民主政体的维系和巩固是非常有利的。

在民主政体下，如果政治场域中的对手并没有成为仇敌意义上的敌人，这样的政治往往是更为良性的；如果政治场域中的对手是仇敌意义上的敌人，这样的政治往往会走向恶性斗争，定期民主选举和常态政治竞争维系的难度就比较大。因为一旦政治上的对手关系成为实质性的敌我关系，那么拥有政治优势的一方就会不择手段、竭尽全力地去摧毁他的敌人。如果政治场域等同于战场，政治对手等同于敌人，那么能够在战场上摧毁敌人的各种手段都是策略意义上的美德，这里就谈不上什么规则、礼节、公正与包容。而如果没有这样一些规则、礼节、公正与包容，民主政体的运转就陷入紊乱状态。其实，民主正是靠一套自由而包容的规则来维系的。因为民主这个政治游戏的特点就是每一轮结果都是不确定的，等时间一到，新一轮政治游戏又会重新开始。所以，自由而包容的规则以及政治参与者对这种规则的恪守与信仰，是民主政治得以良好运转的条件。

到了 20 世纪 80 年代，政治文化的研究又迎来了新的高峰，其代表人物是美国学者罗纳德·英格尔哈特。英格尔哈特的主要发现是，20 世纪后半叶欧美社会的一个重要变化，是观念上从物质主义转向了后物质主义，比如环保运动、大规模的慈善组织、绿党、动物保护组织等基本上都是这个过程中陆续兴起的。这代表了发达工业民主国家人们的政治诉求和价值观念已经发生实质性的变迁。英格尔哈特还注意到，在越是发达的国家，人们的价值观就越远离谋求生存型价值观，而更倾向于自我表现型价值观。这种价值观念或政治文化的变迁会产生何种后果呢？会对这些国家的民主政体运作产生何种影响呢？简而言之，后物质主义价值观和自我表现型价值观，往往会让民主政治条件下的选民诉求变得更加温和，彼此之间更不容易发生剧烈的冲突，从而有利于民主政体的维系与巩固。[1]

上述讨论说明好的政治文化对于民主的重要性，但学术界并非都赞同这种观点。一个主要的反思是，假设政治文化很重要，那么政治文化又来自哪里呢？有人认为，特定的政治文化不过是特定政治制度的结果。比如，一般认为，人际信任程度高的社会才更容易建立和维系民主政体。问题是，人际信任又是如何形成的呢？相反的逻辑认为，民主政体下人与人之间更容易互相信任，因而人际信任程度更高。按照这种视角，政治文化不是天上掉下来的，而是某种特定政治制度所塑造的结果。如果承认这一点，政治文化与政治制度之间的关系，容易变成“鸡生蛋、蛋生鸡”的问题。

跟政治文化论密切相关的，还包括何种宗教更有利于民主？迄今，学术界较有共识的是，基督教——特别是新教——传统往往更有利于民主政体。20 世纪中叶之前，很多早期的稳定民主国家较高比例都是新教国家。后来，正如亨廷顿指出的那样，20 世纪六七十年代以后，天主教和梵蒂冈教廷在政治倾向上发生了转变，开始倾向于更支持民主政体而非威权政体。所以，在第三波民主化中，很多转型成功的国家都是天主教作为主导宗教的国家，特别是南欧和拉丁美洲地区。塞缪尔·亨廷顿还对儒教（儒家文化）的批评比较多，认为儒家文化不太有利于民主。[2] 但亨廷顿的学生弗朗西斯·福山却反过来驳斥他，认为日本和韩国这两个案例都证明经济发展会推动民主化，而儒家文

---

[1] 参见英格尔哈特的两部代表作：罗纳德·英格尔哈特《发达工业社会的文化转型》，张秀琴译，严挺校，北京：社会科学文献出版社，2013 年；罗纳德·英格尔哈特《现代化与后现代化》，严挺译，祁玲玲校，北京：社会科学文献出版社，2013 年。

[2] 塞缪尔·亨廷顿：《第三波：20 世纪后期的民主化浪潮》，欧阳景根译，北京：中国人民大学出版社，2013 年，第 285-289 页。

化未必是一个障碍因素。[1]

如今全球范围内民主转型阻力最大的主要地区之一恐怕就是穆斯林人口占多数的中东北非地区。正如上文已经分析过的，“阿拉伯之春”的挫败也证实了这种担忧。拉里·戴蒙德2003年的一项研究显示，在当时穆斯林人口占主要比例的43个国家当中，仅有7个是民主国家——但这些国家都达不到自由主义民主政体的标准；16个阿拉伯国家中，竟然没有一个达到民主国家的标准。[2]当然，伊斯兰教不利于民主的观点也充满争议。有学者认为，伊斯兰世界对民主政体的某种敌意，并非来自于伊斯兰教义本身，而是19世纪以来基督教世界与伊斯兰世界的政治冲突和地缘政治结构导致的。还有学者从宗教自我革新的角度认为过去不代表未来，因为随着经济发展和时代变迁，伊斯兰教本身的教义、内部组织、宗教制度也在发生变化。所谓的伊斯兰文化，并非一成不变。既然基督教的一个关键转变是近代的宗教改革，那么伊斯兰教的未来是否同样会发生这种转变呢？

国际因素与民主转型

国际因素如今也备受关注。什么样的国际环境更有利于一个国家的民主或民主化呢？牛津大学政治学者劳伦斯·怀特海德在《民主化的国际维度》一书中认为：

---

[1] Fukuyama, Francis, "Confucianism and Democracy," in *Journal of Democracy* Vol. 6, No. 2(1995), pp. 20–33.

[2] Larry Diamond, "Universal Democracy?" in *Policy Review*, Issue 7(Jun. & Jul. 2003), pp. 3–26.

> 考虑1990年被“自由之家”评级为“自由”的61个独立国家，其中30个国家——以美国为首——的民主制度可以追溯到摆脱大英帝国殖民统治的过程。另外的12个国家现今的民主制度起源于二战中盟军方面的胜利。还有13个国家从保守威权主义向民主的转型发生在1973年之后。（这些国家都是美国的军事同盟国，而美国过去以冷战为理由使它们的非民主统治具有合法性。）这样，在61个国家中只剩下6个国家其民主制度既不是起源于反殖民化，也不是起源于二战，也不是起源于近期冷战的消退。[1]

从怀特海德提供的数据来看，国际因素的影响力似乎压倒了各种其他的影响因素。当然，这个问题上是见仁见智的。与此相关的一个问题是，国际因素是通过何种机制影响一个国家的民主化的呢？正如上文讨论的，亨廷顿在《第三波》中认为，这里有两种主要的机制。一个机制是大国和主要国际组织的政治影响力。美国、俄罗斯（原苏联）、欧盟等国际体系中的主要行为者，对世界格局和各个地区的政治都可能有着相当的影响力。如今，中国也越来越成为具有重要影响力的大国。另一个主要机制是普通国家对邻近国家的影响力。比如，在拉丁美洲，如果巴西、智利发生了民主转型，它们就可能会对阿根廷、委内瑞拉的政治局势产生影响。在第二种机制下，即便是一个小国，它也可能对邻近地区的其他国家产生重要的政治影响力。[2]

---

[1] Laurence Whitehead, "Chapter 1 Three International Dimensions of Democratization," in Laurence Whitehead ed.,*The International Dimensions of Democratization* (Oxford: Oxford University Press, 2001).

[2] 塞缪尔·亨廷顿：《第三波：20世纪后期的民主化浪潮》，欧阳景根译，北京：中国人民大学出版社，2013年，第77–93页。

此外，还有人干脆把民主化在世界上的进展视为民主在全球范围内的国际扩散效应。巴巴拉·魏奈特对影响民主的国内发展因素和国际扩散因素做了系统研究，时间跨越了两个世纪，研究结论是国际扩散因素是民主更有效的预测指标。打开世界地图，大家可以看到，近代立宪民主政体首先起源于英国，然后从英国向东西两边扩散——东边是西欧，西边是北美，然后再逐渐向欧洲的其他部分、向拉丁美洲、向欧亚大陆腹地、向非洲扩散。这种世界版图上民主扩散的历史地理轨迹，跟魏奈特的研究结论也是一致的。魏奈特的研究还认为，经济发展等因素对于民主和民主化的影响也是重要的，但跟国际扩散的影响相比就要弱得多。[1]

民主转型中的国家因素

最近关于民主化的研究还跟 20 世纪 80 年代以来新兴的国家理论有合流的趋势。强调国家理论的不少学者认为，民主政体如果想要变得稳定和有效，首先必须要有一个有效国家（effective state）。或者说，现代国家构建是民主化的某种前提条件。2004 年，弗朗西斯·福山出版的《国家构建：21 世纪的国家治理与世界秩序》一书认为，对很多发展中国家来说，不是国家“做坏事”太多的问题，而是国家没有能力“做好事”的问题。所以，国家构建与国家效能应该成为政治发展和民主研究的重要议题。[2]

[1] Barbara Wejnert, "Diffusion, Development, and Democracy, 1800–1999," in *American Sociological Review*, Vol. 70, No. 1 (Feb., 2005), pp. 53–81.

[2] 弗朗西斯·福山：《国家构建：21 世纪的国家治理与世界秩序》，黄胜强、许铭原译，北京：中国社会科学出版社，2007 年。

福山还在他政治秩序的两卷本作品中也强调了这个观点，认为政治现代化的“菜单”应该包括三个因素，即有效国家、法治与民主问责制。不仅如此，从发展次序上说，有效国家相比于民主问责制还具有优先性。那么，在福山眼中，什么是有效国家呢？借鉴马克斯·韦伯的定义，福山认为，“国家是确定地域范围内一个等级制的、中央化的组织，它垄断了合法的暴力”。此外，现代国家还应该是“非个人化的”（impersonal），超越了统治者的个人、家族与私人关系，或者说超越了世袭制（patrimonial）传统，并能克服很多社会盛行的恩惠—庇护主义做法。有效的现代国家至少应该包含三个要素：一是合法地垄断暴力，这意味着国家具有控制暴力冲突的能力；二是发展一套韦伯意义上的官僚制度或行政系统，这是国家的物理载体；三是实际运行规则实现对世袭制和庇护主义的超越，整个系统能基于非个人化的一般规则来运转。对利比亚、尼日利亚、印度等国来说，福山认为它们政治上的关键问题是缺少一个有效国家。[1]

当然，福山并非第一个强调有效国家与民主化关系的学者。早在1970年，美国学者丹尼沃克·拉斯托就认为，民主能够产生的唯一前提条件是民族统一或国家统一（national unity）——这其实也是一个国家层次的政治条件，即存在着一个较为稳定的统一国家。[2]美国社会学家查尔斯·蒂利也认为，光有民主是不够的，还得有良好的国家能力。在他看来，国家类型不仅有政体类型的区分——民主国家和不民主国家，而且还有国家能力的区分——高能力国家和低能力国家。在

[1] Francis Fukuyama, *Political Order and Political Decay: From the Industrial Revolution to the Globalization of Democracy* (New York: Farrar, Straus and Giroux, 2014), pp. 23–39.

[2] Dankwart A. Rustow, "Transitions to Democracy: Towards a Dynamic Model," in *Comparative Politics*, Vol. 2, No. 3 (April 1970), pp 337–363.

蒂利看来，只有民主与有效的国家能力相结合，才有可能实现真正的善治；高能力的民主国家，才称得上人类优良统治秩序的典范。[1]

美国著名政治学者胡安·林茨也把现代国家构建视为民主转型的条件。按照林茨的说法，民主本身无法设定其自身的领土边界，所以现代国家构建的完成是民主转型的政治条件。[2]一旦一个国家四分五裂，首先要解决的问题往往不是政体类型的问题，即不是民主不民主的问题，而是国家如何重新完成统一的问题。实际上，中国近代政治变迁就受到这个逻辑的左右。站在1912年或1916年的历史关头来看，中国当时更重要的政治任务是要从政治分裂状态重新走向政治统一，而政体转型或寻求有效的政体解决方案，只是第二位的政治任务。这样，《中华民国临时约法》中规定的竞争性政体最终就退出了政治舞台。我过去的一项研究将这一政治过程称为“国家重建压倒民主转型”，背后的理论意涵则是国家构建问题相对于政体转型问题的优先性。[3]

总之，本节的主要观点是，能否培育这些有利的基础性社会条件，是能否实现民主或民主化的关键。基础性社会条件更好的国家，更容易实现成功的民主转型；基础性社会条件欠佳的国家，更不容易实现成功的民主转型。由此，这里还可以得到一个重要的推论：对一个威权国家而言，如果它能够提高经济发展水平、缓和阶级矛盾、培育中

---

[1] 查尔斯·蒂利：《民主》，魏洪钟译，上海：上海人民出版社，2009年，第14–17页。

[2] 胡安·J. 林茨、阿尔弗莱德·斯泰潘：《民主转型与巩固的问题：南欧、南美和后共产主义的欧洲》，孙龙等译，杭州：浙江人民出版社，2008年，第20–39页。

[3] 包刚升：《国家重建、组织化暴力与政治转型——1911–1937年中国民主转型为什么会失败？》，《比较视野中的现代国家建设：复旦政治学评论（第13辑）》，上海：上海人民出版社，2013年，第1–18页。

产阶级、弱化族群或宗教冲突、提升文化教育程度、塑造自由包容的现代政治文化、降低社会不平等程度、与民主大国维系良好关系、推动现代国家构建和培育有效国家能力，那么它未来就更有可能实现成功的民主转型；否则，它未来实现成功民主转型的可能性就要低很多。

4.3 制度论：民主模式的多样性

另一个主要的理论路径是政治制度论。政治制度论认为，对于民主转型来说，宪法设计和政治制度安排是至关重要的。实际上，关于政治制度的研究非常古老，一直可以追溯至古希腊。在当代，罗伯特·达尔则认为：

> 简而言之，如果国家的基础条件同时存在有利与不利的情况，一个好的宪法设计就会有利于民主制度的生存；反之，一个坏的宪法设计可能导致民主制度的崩溃。[1]

这一理论路径主要有两个不同层次的观点，第一个观点认为单个制度很重要，第二个观点认为某种政治制度的组合很重要。学术界对于单个制度有着不同的理解，目前主要集中在对四种政治制度的研究上：一是政府形式，即行政权与立法权的关系，二是选举制度，三是政党体制，四是地方分权模式，或者叫央地关系模式。除了单个制度以外，还有学者更关心政治制度组合的差异，比如，多数民主模式与共识民主模式的差异，盎格鲁-撒克逊模式和欧洲大陆模式的不同。我过去的一部作品区分了向心型民主模式和离心型民主模式的分野，这些都是强调政治制度组合的重要性。无论是单个制度，还是制度组合，都强调宪法设计和政治制度安排是民主化过程中的关键。

---

[1] 罗伯特·A. 达尔：《论民主》，李风华译，北京：中国人民大学出版社，2012 年，第 108 页。

议会制、总统制与半总统制

早在民国初年，中国就发生过总统制和内阁制（议会制）之争。对于当时中华民国这个新生的准民主政体来说，政府形式的选择就已经是一个重要问题。如今，这个问题也引起了国际学术界的广泛关注，议会制与总统制究竟何者更有利于民主呢？或者说，行政权与立法权关系的不同是否会影响一个国家的民主转型？本节将围绕这一问题展开的学术争论，称之为“议会制与总统制大论战”。

要理解这场大论战，首先要懂得议会制、总统制和半总统制的政治特征及其差异。简而言之，议会制是指民选议员组成议会，议会决定内阁或政府的组成。在议会制之下，选民直接选举产生的并非内阁或政府，而是议会。在行政权与立法权关系上，内阁或政府对议会负责。反过来，由于内阁通常来自于议会多数党，因而内阁往往通过政党力量控制着议会的多数议席。由此可见，在议会制下，行政机关与立法机关在政治上是融合关系。

总统制的特点是民选总统加上民选议会。这是一个更讲究分权制衡的权力结构，因为选民选出来的总统跟选民选出来的议会在政治上可能并不一致。在实际运作中，总统制的差异主要在于，有些总统制下或有些选举年份，总统所在政党同时能控制议会多数，比如2016年当选的美国特朗普政府，这是共和党总统加共和党多数控制参、众两院的组合；有些总统制下或有些选举年份，总统所在政党无法控制议会的多数或至少无法控制国会一院的多数，比如2012—2016年的奥巴马政府。前者被称为一致政府（unified government），后者被称为分立政府（divided governement）。

从民主治理的政府效能来说，一致政府的优势是较有效能，总统控制行政权的同时能够有效影响立法权，但这种结构下的分权制衡可能不足；分立政府的特点是通常政府效能会受到影响，因为行政权和立法权的多数分属不同党派，达成政治共识较为困难，但这种结构下分权制衡较为充分。当然，民主政体下的分权制衡存在一个度的问题，适度分权制衡能够保证行政权不被滥用，过度的分权制衡则可能导致行政权与立法权不断冲突，甚至导致行政系统的无能与立法系统的瘫痪。比如，无论总统提出何种政府预算案、人事任命案、改革法案等，反对党控制的国会多数理论上都可以予以否决，由此容易引发高层政治的瘫痪。

半总统制的特点是民选总统加上民选议会，再加上总统任命或提名的总理人选需要得到议会同意。就具体条款而言，议会的这种同意或认可，既可以是一个正式的投票批准程序，又可以是某种消极同意，但议会有权力通过不信任案推翻总理与内阁。所以，半总统制之下的总理与内阁至少要得到议会的消极支持。从形式上看，半总统制是议会制和总统制的融合。这种融合可能带来两种不同的效应，一种是实现了议会制和总统制优点的组合，一种是实现了两者缺陷的组合。

那么，到底半总统制的政治效应怎样呢？爱尔兰政治学者罗伯特·艾尔杰的研究认为，半总统制跟议会制与总统制相比，民主治理绩效的总体表现不佳，但半总统制的两种子类型——总理总统制和总统议会制——的表现存在差异。[1] 但是乔万尼·萨托利认为，跟总统制相比，半总统制在行政权与立法权关系的配置上增加了灵活性，从

[1] Robert Elgie, *Semi-Presidentialism: Sub-Types and Democratic Performance* (Oxford: Oxford University Press, 2011).

而是一种更灵活、更有效的政府形式类型。[1]

在议会制与总统制的早期争论中，英国著名宪法学家瓦尔特·白芝浩认为议会制优于总统制，英国的政治制度模式要优于美国。在白芝浩看来，较高的政府效能是议会制的主要优点。他这样说：

> 它（英国宪法）有两个主要优点：它包含着一个简单有效的部分，这个部分有时候，以及在需要的时候，操作起来能够比迄今为止人们已经尝试过的任何政治工具都更简单、更容易和更有效；它同时包含着历史的、复杂的、庄严的和理论的部分，这部分是它从悠久的历史中继承下来的——这部分征服了普通大众——它通过施加一种缓慢但无处不在的影响的方式引导其辖下臣民的行动。

白芝浩的一个主要逻辑是，在英国议会制条件下，议会需要跟内阁建立一种密切的合作关系，内阁成员同时也是国会议员，这样，提议决策的人、具体批准决策的人和执行决策的人在政治上是一种合作或融合的关系。所以，议会制更有可能实现民主治理的高效能。白芝浩指出：

> 开化时代的实质是，行政部门需要立法部门给予不断的立法协助。……如果那些不得不履行这些职责的人同时不是不得不进行立法的人，那么两班人马之间必定会发生争吵。……行政机

[1] Giovanni Sartori, *Comparative Constitutional Engineering: An Inquiry into Structures, Incentives and Outcomes*, 2nd edition (Basingstoke: Palgrave Macmillan, 1997), pp. 135–137.

构因得不到它所需要的立法而瘫痪，而立法机构则无须对自己的行为担负责任而在道义上被败坏；行政机构由于不能执行它已决定的事项而变得名不副实，立法机构则因自行其是、作出让他人（而不是它自身）承担责任的决定而变得缺乏道义感。[1]

而在美国总统制条件下，议会主要负责讨论法案以及批准法案或否决法案。当总统提出议案时，如果议会总是同意总统提出的法案，那么这个议会在政治上就丧失了自己的意志，容易沦为“橡皮图章”。因此，在总统制之下，议会天然地就要表达不同的主张和意志。但是，一旦议会过多地表达不同意见，总统的议案在立法审议时就会遭遇重重阻力，这样总统的实际施政就有可能陷入比较尴尬的境地。

有人说，既然白芝浩是英国人，所以他理所当然地认为英国的政治制度模式优于美国。但是，也有重要的美国人赞同白芝浩的见解。美国政治学家、前总统伍德罗·威尔逊也认为美国总统制模式不如英国议会制模式来得优越。威尔逊不仅是一个政治学家，而且出任过美国总统，他的言论似乎显得特别有力。[2]差不多一个世纪之后，美国学者弗朗西斯·福山也认为美国的总统制模式存有严重缺憾。他的观点其实跟白芝浩相似，认为总统制的权力结构是否决型的，容易让政治系统陷于瘫痪或无所作为。他甚至主张，美国应该改行某种议会制风格的政府形式。[3]当然，这并不现实。

[1] 白芝浩这里的言论参见沃尔特·白芝浩《英国宪法》，夏彦才译，北京：商务印书馆，2005年，第61、66-67页。

[2] Arend Lijphart, eds., *Parliamentary Versus Presidential Government* (Oxford: Oxford University Press, 1992).

[3] Francis Fukuyama, *Political Order and Political Decay: From the Industrial Revolution to the Globalization of Democracy* (New York: Farrar, Straus and Giroux, 2014), pp. 488-523.

关于议会制与总统制的学术大论战，是20世纪90年代初由耶鲁大学林茨教授挑起的。1990年，他在《民主》杂志首先撰文《总统制的危害》，列举总统制五大弊端。这篇论文刊发后，学术界赞同他和批评他的学者都不少，有人还专门撰文驳斥他。林茨一不做二不休，又撰文《议会制的优点》，力陈议会制的诸种优越性，强调议会制远较总统制更有利于民主的稳定性和有效性。到了1994年，林茨又跟人联合主编了两卷本作品——《总统制民主的失败》。该书的第一卷是理论卷，第二卷是案例卷，案例卷主要是拉丁美洲国家总统制失败的案例。[1]

在论述总统制的缺陷时，林茨的一个主要观点是，总统制条件下容易出现双重合法性（dual legitimacy）的冲突。[2]什么叫双重合法性呢？简而言之，总统系民选，具有最高的合法性，总统认为自己代表国家和人民；议会也是民选，议会也认为自己具有最高的合法性。在这种结构下，如果总统与议会在政治上较为一致，就不容易产生冲突。比如，2017年美国既是共和党总统，又是共和党控制参众两院的多数议席，这样，总统提议的法案、预算案与人事任命相对来说更容易在国会协调并获得通过。当然，美国国会议员投票并不完全考虑党派立场。因此，2017年特朗普新医改法案在美国国会屡次受阻。但是，如果总统来自民主党，而共和党控制参众两院多数，那么会产生什么问题呢？这往往意味着行政权与立法权之间很容易发生冲突，甚至两者

[1] Juan J. Linz,"The Perils of Presidentialism," in *Journal of Democracy*, Vol. 1, No. 1(1990), pp. 51–69; Juan J. Linz, "The Virtues of Parliamentarism," in *Journal of Democracy*, Vol. 1 No. 4(1990), pp. 84–91; Juan J. Linz and Arturo Valenzuela, eds., *The Failure of Presidential Democracy* (Baltimore: The Johns Hopkins University Press, 1994).

[2] 林茨认为总统制有五个主要的弊端。除了双重合法性冲突的问题，其他弊端还包括：总统固定任期所带来的僵化，总统制的赢家通吃与零和博弈效应，总统制更不容易宽容反对派，以及政治新星赢得总统职位的可能性和由此带来的不稳定效应。

的政治对抗成为一种常态。正如上文讨论的，国会在理论上可以合法地否决总统提出的所有议案。这种结构就是双重合法性冲突的典型情形。

再进一步说，如果分立政府不是出现在美国，而是出现在一个发展中国家，那么控制议会多数的政党甚至天然就有把现任总统搞垮的倾向。因为只有通过各种政治手段把现任总统搞垮，反对党在下次选举中才更可能赢得总统职位。如果在位总统的工作做得很好，该国经济发展得很好，财政也非常稳健，社会和谐程度很高，选民们非常满意，这样的总统赢得连选连任的概率就很大。因此，这种情形下，反对总统几乎就成了议会多数党的天然倾向。在一些总统制国家，国会出现了为反对而反对的政治局面。一旦这样，这个总统就无法合理地行使行政权来管理国家了。

尽管分立政府在美国遭遇过财政预算案无法通过而导致政府关门的危机，但总体上，美国两党制之下的分立政府尚能正常运转，这又是为什么呢？这大体上跟美国的政治传统有关，一方面美国是稳定的两党制，另一方面美国两党之间有着长期的既竞争又合作的政治关系。在行政权与立法权关系即将陷入彻底瘫痪的时刻，共和党与民主党或多或少都要考虑到自身作为主要政党，对整个美国政治的健康运转担负的政治责任。正是因为这些原因，美国分立政府的危机往往在最后一刻都得以解决。如果这样的情形出现在拉丁美洲国家，反对党主导的国会很可能会让总统和政府系统彻底瘫痪，这样整个国家就会陷入政治危机。

在林茨的研究之后，又有很多新的研究支持他的观点。乔斯·安东尼·柴巴布的一部作品提到，议会制平均每 58 年崩溃一次，它每年的平均失败率（民主政体崩溃）是 1.7%；总统制平均每 24 年崩溃一次，它每年的平均失败率是 4.16%。同时，在全球范围内，拉丁美洲发生政体变更的比例最高，而拉丁美洲的政府形式恰恰主要是总统制。[1]

但也有不少学者质疑林茨的主要观点。美国政治学者唐纳德·霍洛维茨对林茨的研究提出一个重要的挑战：林茨论文中的议会制案例主要集中在欧洲，而总统制案例主要集中在拉丁美洲，这样的案例选择是否存在明显的样本偏差呢？[2]实际上，我们看到，拉丁美洲不管实行什么样的具体制度安排，都不会比欧洲的民主政体更稳定。按照霍洛维茨的逻辑，这究竟是总统制和议会制的差别所致，还是由于拉丁美洲与欧洲的地区差异所致呢？要知道，无论人均 GDP 水平还是历史传统，拉丁美洲与欧洲相比都有着显著的差异。

霍洛维茨同时还认为，林茨在描述和评估总统制时忽略了总统制的灵活性，而过分强调其僵化的一面。专攻拉丁美洲政治的美国学者斯科特·梅因沃林则认为，其实总统制和议会制的差异不是最重要的，关键在于政党体制的不同。他发现，如果总统制和两党制结合起来，民主政体往往就比较稳定；如果总统制和多党制结合起来，政治体系的碎片化程度就很高，民主政体往往更容易走向不稳定。[3]比如，20 世纪 70 年代初在阿连德总统统治下的智利。当初，阿连德仅靠 36.2% 的得票率当选总统，同时他的政党在议会中只有略超过 10% 的议席比重。实际上，当时的智利就是总统制与极化多党制的结合，结果就是智利民主政体的崩溃。相比而言，美国是总统制与两党制的结合，政

---

[1] Jose Antonio Cheibub, *Presidentialism, Parliamentarism, and Democracy* (Cambridge: Cambridge University Press, 2007), pp. 1–2.

[2] Donald L. Horowitz, "Comparing Democratic Systems," in *Journal of Democracy*, Vol.1, No.4(1990), pp.73–79.

[3] Scott Mainwaring, "Presidentialism, Multiparty Systems, and Democracy: The Difficult Equation," in *Comparative Political Studies*, Vol.26, No.2(1993), pp. 198–228.

治上就更为稳定。尽管美国不时地出现分立政府，但两大政党为主的政党体制使得行政权与立法权更容易协商，民主稳定性就比较高。

最近的新现象是，在第三波民主化中，拉丁美洲又出现了相对稳定的多党制总统制政体。顾名思义，这是总统制与多党制的结合模式。这种组合过去被认为更容易陷入不稳定的制度模式，但如今像巴西、阿根廷这样的总统制国家，最近20年间出现了政党体制碎片化程度逐步提高的现象。如今，它们已经出现了总统制与多党制的结合模式——尽管两国的民主政体还充满瑕疵，但它们基本上已经被视为较为稳定的民主政体。如果这种政治现象能够延续，这意味着总统制加多党制的制度组合也可以是稳定的民主政体。那么，这种政治现象又该如何解释呢？这种新现象已经超越梅因沃林的分析框架。不能确定的是，当遭遇重大外部冲击或政治经济危机时，巴西、阿根廷这种总统制与多党制的结合模式能否保持稳定性与有效性。总之，这种组合模式的前景还需要时间来观察。

选举制度的政治效应

除了政府形式，选举制度也会影响民主转型的成败与民主政体的稳定性。国内学术界这方面最大的缺憾是，学者对选举政治、选举制度的研究非常之少，在选举政治领域有深刻造诣的学者也非常少。从目前国际上的研究来看，选举制度一般被视为民主制度设计中最重要的规则之一。

那么，什么是选举制度呢？这个问题看似简单，但其实非常复杂。最基本的选举制度是指选举公式，即选票怎样转化为席位（from votes to seats）的规则。此外，选举制度还包括选区规模、当选门槛和议会规模等要素。这里的选区规模不是指一个选区的人口规模，而是指一个选区产生几个议席的数量。美国每个选区在每次选举中只产生一个席位，就是单议席选区。但是，很多采用比例代表制的欧洲大陆国家就是多议席选区，即一个选区产生多个议席，甚至是数量很大的议席。

当选门槛是在比例代表制下才有的选举规则，意指政党只有达到一定的选票比例才能赢得获取议席的资格，目前最常见的当选门槛是3%—5%左右。这样，如果一个政党仅获得1%的选票就无法赢得获取议席的资格。由此可见，设置当选门槛的主要目的就是为了排斥小型政党，鼓励大型政党，防止政党体制的过分碎片化。

议会规模也是选举制度的一部分，议会规模的大小往往会对选举政治和政党政治产生重要的影响。通常，全球范围内民主国家的议会规模从数十人到数百人不等。有学者认为，一个国家的议会规模往往跟该国的人口规模有关，人口规模大的国家通常议会规模也比较大，人口规模小的国家通常议会规模也比较小。比如，在拉丁美洲，巴西的国会议员规模就比智利高出很多。但是，这一点也不尽然。比如，东南亚小国尼泊尔的议会规模竟然超过600个议席，比美国众议院的议席数量还要多。总的来说，议会规模大的好处是代表性比较充分，坏处则是议事效率和效能会受到影响；反过来，议会规模小的好处是议事更为简便、决策更为迅速，坏处则是代表性不足，若议会规模过小还容易被少数政治家操纵。

选举制度研究的焦点是，不同的选举制度是否有着不同的政治逻辑，从而会导致不同的政治后果。基于选举公式的不同，国内外学术界目前习惯于把世界范围内的选举制度分为三大类。一种叫多数决定制。简单地说，最流行的多数决定制就是英国和美国实行的选举制度，通常是每个选区仅产生一个议席。在每次投票中，不管你得到多少选票，只要比第二位多一票就成功当选，就是所谓的“领先者胜出制”（first past the post）。当然，实际上还有一些更复杂的多数决定制。比如不是单议席选区，而是每个选区设立数量较少的多个议席，比如3—5个议席，然后根据选票排序让排名靠前的若干位候选人当选。这种每一选区设置多个议席的多数决定制，又被称为“全额连记制”（block vote）。

另一种叫比例代表制。最主流的操作办法是，在选举过程中以政党名单作为竞选单位，每个政党根据大选中得到选票的比例来获取国会相应的议席比例。当然，有的国家实行的是全国选区制，有的国家实行的是地方选区制。不同政党开列候选人名单，在同一个选区参加竞选。比如，如果国会总共有200个议席，某个政党凭借政党名单最后获得20%的选票，那么该党就按照比例根据本党名单次序获得40个议席；如果另一政党获得10%的选票，那么该党就按照比例根据本党名单次序获得20个议席。这就是政党名单比例代表制的主要操作方法。当然，上述例子正好都是取整数比例，而实际上，各党最后获取的选票比例通常都不是整数，再加上政党当选门槛等因素，比例代表制下的实际计算公式更为复杂。限于篇幅，这里不再讨论其中的技术细节问题。

还有一种叫混合制。顾名思义，混合制就是把多数决定制和比例代表制结合起来，是前面两种选举制度的组合。通常的做法是，全国设若干数量的单议席选区，同时设立一个或若干政党名单比例代表制选区，把这两种选举制度结合起来。从政治效应来说，混合制很可能是结合了多数决定制和比例代表制两者的特点，其政治效应很可能介于上述两种选举制度之间。此外，既然混合制是两种选举制度的组合，组合的比例就尤为重要。比如，如果大部分议席是多数决定制议席，那么其政治效应就更接近于多数决定制；如果大部分议席是比例代表制议席，那么其政治效应就更接近比例代表制；当然，还有一种情形是多数决定制与比例代表制的组合比例比较均衡。

以我的研究视角来看，不同选举制度安排的主要差异，是更注重代表性还是更注重政治效能，或者如何寻求两者之间的平衡。如果一个选区只设置一个议席，第一名候选人可能获得35%的选票就当选，而第二名候选人可能获得了30%的选票，第三名候选人可能获得了20%的选票，等等。这种获得35%的选票就当选的制度，后果之一就是产生了很多废票。实际的选举竞争主要集中在最大的两个候选人之间，其他得票较少的候选人基本上没有什么当选机会，这就有可能导致代表性的不足。但是，这种选举制度更有可能塑造大型的主导政党，也更有可能塑造一党多数政府——即一个政党以多数议席控制立法机关多数，同时控制行政机关。因而这种选举制度下的政治效能就可能更高，更容易形成有效的决策力量。

如果一种选举制度更容易塑造多党制，其政治效应就是更注重代表性，因为它给各种各样的社会集团进入议会提供机会。比如，环保主义政党或绿党在很多欧洲大陆国家都可以突破3%—5%的政党当选门槛，进而获得议会的少数议席。这样，议会就有了更充分的政治代表性。随之而来的挑战是，若议会政党过多，就有可能牺牲掉政治效能。根据BBC的报道，比利时在2010—2011年间，最多曾有541天不能组成内阁。主要原因就是该国有9个政党进入议会，而没有政党或政党联盟能够形成多数，各政党之间又很难妥协，这样就无法组阁。尽管比利时的选举制度更有代表性，但它牺牲的是政治效能。有人说，你看比利时在没有中央政府（内阁）的情形下，整个社会照样运转良好，所以一个有效的中央政府并不是必需的。然而，需要提醒的是，尽管比利时长时间没有内阁，该国的行政系统仍然在有效运转，地方政府还在有效运转，而且比利时还是欧洲最发达的国家之一，拥有良好的法治传统——所有这些条件都使得比利时在没有形成内阁的条件下仍然可以有效运转。但如果这一案例放在非洲，不要说 541 天没有形成内阁或中央政府，只要 54 天没有中央政府，军队就会出场。将军们会说，既然你们玩民主玩不好，那不如让我们来接管国家。因此，设计选举制度需要兼顾代表性与政治效能的平衡。

关于不同的选举制度究竟具有何种政治效应，学术界出现了一个重要定律，叫作迪韦尔热定律（Duverger's Law）。迪韦尔热是法国政治学家，是重要的政党政治研究者，他首先注意到选举制度对政党体制会产生重要的影响。他后来总结的迪韦尔热定律的主要观点是：

> （1）比例代表制倾向于导致形成多个独立的政党……；（2）两轮绝对多数决定制倾向于导致形成多个彼此存在政治联盟关系的政党；（3）简单多数决定制倾向于导致两个政党的体制。[1]

这一定律也被更简练地表述为：多数决定制更容易导致两党制，比例代表制更容易导致多党制。那么，迪韦尔热说对了吗？欧美国家政治形态的一个重要分野是，欧洲大陆国家大部分都是比例代表制，总体上也是多党制；英国和美国是多数决定制，总体上都维系了长时间的两党制——当然，如今英国的两党制已经遭到了挑战，主要原因是新的地区议题的引入。

[1] Maurice Duverger, "Duverger's Law: Forty Years Later," in Bernard Grofman and Arend Lijphart, ed., *Electoral Laws and Their Political Consequences* (New York: Agathon Press, 1986), pp. 69–84. 这部汇编作品还包括了对迪韦尔热定律的很多其他讨论。

那么，迪韦尔热定律的作用机制是什么呢？我们这里试举例分析。比如，在多数决定制条件下，如果全国是几百个选区——假定有240个选区，每个选区产生一个议席，这时会出现什么样的选举结果呢？从逻辑上说，如果每个选区只有一个议席，谁会有更大的当选机会呢？实际上，主要就是排名最靠前的两位候选人。排名第三或第四的候选人几乎就没有当选的可能。如果按政党来说，主要就是排名最靠前的两大政党支持的候选人。如果一位精英想要从政，他可能有两种选择：一是加入两大政党中的一个，二是加入小型政党或创设新党，那么在多数决定制下，这位政治精英会作何选择呢？按常理来说，他更有可能选择加入两大政党中的一个，因为这样才有当选机会。

另外，选民的投票心理和投票行为也是一个重要的考察视角。比如，一个选民发现总共有A、B、C、D、E五个政党的候选人正在竞选，但只有一个候选人有当选机会。此时，即便这位选民是一个支持第四大政党D的环保主义者，经过深思熟虑之后，他发现，把选票投给第一、第二大党之后的第三或第四大党基本上是浪费选票。对这位选民来说，更理性的做法是在第一大党A和第二大党B中挑选一个他较不讨厌的政党。所以，无论从政治精英来看，还是从普通选民来看，多数决定制——特别是领先者胜出制——有着塑造两党制的强大动力。

但在比例代表制下，那就是完全不同的情形。假设全国有240个议席，分成东南西北四个选区，每个选区有60个议席，在比例代表制下进行选举，那会出现什么情况呢？选民们发现，如果他自己是一个环保主义者，如果他支持政党D，而政党D看上去很有可能获得10%左右的选票，那么他自己的这一票会直接投给政党D，因为政党D的候选人完全有可能赢得进入议会的议席。同样，一个宗教立场极为保守的选民，有可能根据自己的宗教立场来投票，把选票投给宗教上非常保守的政党。一个人是非洲裔选民，也有可能把选票投给一个声称代表非洲裔选民、主张保护少数族裔利益的小型政党，而只要这个代表非洲裔选民的小型政党能在该选区得到少许比例——比如5%——的选票，该政党就能进入议会。这样一来，比例代表制常常会鼓励小型政党，进而有利于塑造多党制的政党结构。

此外，还有一个重要而微妙的机制是，大型主导政党在比例代表制下更有可能发生内部分裂。这是一条在理论上未被充分阐释的历史经验。一个大型主导政党的内部通常可能存在着不同的派系，同一政党内政治精英与选民的具体立场也可能是分化的。在政党高层，主要政治家之间的政见往往也有差异，彼此之间的关系也不见得很好。比如，在工党或社会民主党党内高层，有的政治家更主张纯正的左派立场，有的政治家更主张在全球化条件下吸纳与借鉴新自由主义政策，同时要兼顾普通民众的利益和福利。但是，该党正统左翼的政治家会认为，后者的政见与政纲是要放弃民主社会主义的基本立场。

此时，如果是比例代表制，这样的大型政党更有可能会发生分裂；但如果是多数决定制，这样的大型政党就更不容易发生分裂。这又是为什么呢？因为在比例代表制下，大型主导政党发生分裂以后，政治家们照样有很大的当选机会。比如，该党过去通常能赢得35%的选票，该党分裂为激进左翼和温和左翼两派以后，那个秉承了原有政党名称的新政党可能会得到20%左右的选票，而另一个采用新名称的新政党可能会得到15%左右的选票。但无论怎样，这并不影响这两个新政党的政治家和高层精英的当选机会。所以，这种情况对维系强有力的主导政党与稳定的政党体制就不那么有利。这又反过来说明，多数决定制较有利于塑造有效而稳定的政党体制。[1]

学术界有人明确反对比例代表制的一个主要依据，就是它更容易导致政党体制的碎片化。既然在比例代表制下很多小型政党都有机会当选，那么政治家和政治精英们就缺少向中间政治立场靠近的政治激励，结果是各种的政治极端力量更有机会进入选举政治的场域。相比而言，在简单多数决定制下，政党只有向中间政治立场靠近才有当选的可能性。但比例代表制——特别是不设政党当选门槛的纯粹比例代表制——给很多小型极端政党崛起提供了机会。

比如，希特勒的纳粹党是如何在魏玛共和国崛起的呢？一个重要机制是，纯粹的比例代表制给纳粹党提供了以略高于 2% 的选票率获得国会少量议席的机会——尽管一开始议席数量很少，但这给纳粹党提供了维系政治活力的激励机制。后来，正是凭借这一政治基础，希特勒利用 1929—1933 年全球大萧条的机会实现了快速崛起。无论怎样，极端立场的政党能够进入魏玛议会，正是纯粹比例代表制所提供的机会。

尽管上述讨论更多地强调了多数决定制的优势与比例代表制的缺陷，但最近三四十年国际学术界似乎更强调比例代表制的优越性，比如美国著名政治学者阿伦·利普哈特就认为比例代表制要优于多数决定制。在利普哈特倡导的共识民主模式中，核心制度就包括比例代表制、多党联合政府和联邦制的组合。他认为，比例代表制更具代表性，更注重权力分享。基于对 36 个民主国家数据的定量分析，利普哈特认

[1] 当然，决定一个民主国家政党体制的不只是选举制度，还有其他因素，特别是社会分歧（social cleavages）因素以及一个国家的历史传统和路径依赖等。这里的理论问题比较复杂，不再赘述。

为，比例代表制在民主品质的多个指标上都要优于多数决定制。[1]20世纪90年代以来，支持比例代表制的论文与专著也非常之多。比如，G. 宾厄姆·鲍威尔爵士（G. Bingham Powell Jr.）所著的《选举作为民主的工具》和皮帕·诺里斯（Pippa Norris）所著的《驱动民主》这两项研究都支持比例代表制优越论。[2]

此外，从全球地理分布来看，比例代表制比较集中地分布在欧洲大陆和拉丁美洲。欧洲大陆在第二波民主化以后，多数国家的民主政体就趋于稳定和巩固了；拉丁美洲国家在第三波民主化中表现不俗，实现民主巩固的国家数量稳步提高，而比例代表制是该地区主要的选举制度。

还需要说明的是，20世纪下半叶——特别是第三波民主化——以来，比例代表制又出现了一种新现象，我将其称之为比例代表制的复合化。[3]这种复合化的主要特点是在一定程度上弱化比例代表制的比例性，使其在更大程度上兼顾政治效能。笼统地看，这是向多数决定制的一种妥协。比如，缩小选区规模就是一个常见做法，实际操作则是在比例代表制下把全国划分为更多的选区，这样每一选区的选区规模就会比较小。比如，如果全国是一个选区，假设有240个议席，那么很多小型政党当选的可能性就比较高。但如果每个州都是一个选区，假设全国有12个州，每个州就是20个议席，那么小型政党当选的可

[1] Arend Lijphart, *Patterns of Democracy: Government Forms and Performance in Thirty-Six Countries*, 2nd edition (New Haven and London: Yale University Press, 2012).

[2] G. Bingham Powell Jr., *Elections as Instruments of Democracy: Majoritarian and Proportional Visions* (New Haven: Yale University Press, 2000); Pippa Norris, *Driving Democracy: Do Power-Sharing Institutions Work?* (Cambridge: Cambridge University Press, 2008).

[3] 这是我尚未出版的一项研究，参见包刚升《宪法工程学：第三波民主化国家的政治制度与治理绩效》，待出版书稿，第5章。

能性就降低很多。同样在比例代表制下，全国大选区和地方小选区的制度安排差异是很大的。在不少第三波民主化国家，地方选区实际上已经缩至每个选区 8—9 个议席的规模，这样小型政党当选的可能性就很低了。

另一个重要趋势是，很多采用比例代表制的国家都设置了政党当选门槛。德国魏玛共和国民主崩溃的一个重要教训是，没有在比例代表制下设置必要的政党当选门槛。这一方面导致了魏玛国会政党体制的碎片化程度很高，民主治理的效能很低；另一方面又为希特勒纳粹党的崛起提供了可能性。自 20 世纪中叶以来，设定政党当选门槛已经成为很多比例代表制国家的标准配置。很多比例代表制国家都设定了 3%—5% 的政党当选门槛，个别国家甚至高达 7% 以上。这样一来，小型政党当选的机会就降低很多，目的是为了塑造有效的政党体制。因此，经过很多具体制度上的再造，比例代表制如今已发展为复合型的比例代表制。

尽管如此，最近的研究文献中同样不乏比例代表制和共识民主理论的严厉批评者。我的一个主要批评意见是，以利普哈特为代表的共识民主理论在研究设计上存在很多缺憾，因而其研究从学术上并不严谨。[1] 再比如，有学者认为，比例代表制多族群、多宗教的社会更容易引发族群或宗教冲突，从而不利于民主政体的稳定或民主转型的成功。[2] 因此，究竟是多数决定制，还是比例代表制，抑或是混合制更有利于民主转型与民主巩固，学术界至今仍然争论不休。

---

[1] 包刚升：《共识民主理论有‘共识’吗？对利普哈特研究方法的学术批评》，《经济社会体制比较》2014 年第 5 期，第 195-205 页。

[2] Selway, Joel and Kharis Templeman, "The Myth of Consociationalism? Conflict Reduction in Divided Societies," in *Comparative Political Studies*, Vol. 45, No. 12(2012). pp. 1542-1571.

不同政党体制类型的差异

讨论了选举制度之后，我们还需要系统评估政党体制的政治效应。学术界关心的主要问题是：何种政党体制更有利于民主与民主化。在历时长久的民主国家中，英美两国历史上都维系了相当长时间的两党制——如今美国仍然是标准的两党制；欧洲大陆的成熟民主国家较多是温和多党制；日本和印度两国历史上维持了长时间的一党独大制，而今都是多党制。与此同时，我们还注意到，少数老牌民主国家——比如比利时，以及少数新兴民主国家——比如巴西和阿根廷，出现了碎片化程度较高的极化多党制，但它们同时还维持了基本稳定的民主政体。

那么，如何区分不同的政党体制呢？乔万尼·萨托利早在 20 世纪 70 年代就提出了政党体制的经典类型学，他将所有政党体制区分为竞争性政党体制与非竞争性政党体制，又把竞争性政党体制区分为五种，分别是一党独大制、两党制、温和多党制、极化多党制和碎片化政党体制。[1] 有人将一党独大制翻译为优势党制，其实是一个意思。

那么，究竟何种政党体制更有利于维系稳定而有效的民主政体呢？这个问题非常重要。众所周知，当代政治学理论把政党视为现代民主体制的关键机构与制度，政党是与现代民主政体互栖共生的。因此，塑造有效的政党和政党体制是民主转型的关键内容。从数量上看，政党体制类型与民主转型成败的关系似乎比较复杂。在全球范围内，可以看到民主政体与政党体制类型有着不同的组合方式。无论是成熟民主国家，还是新兴民主国家，大家都可以看到不同类型的政党体制。

[1] G. 萨托利：《政党与政党体制》，王明进译，北京：商务印书馆，2006 年，第 184-207 页。

所以，也许很难说，有一种适合所有民主国家的理想化的或最优的政党体制。

从现有民主国家的数据来看，政党体制呈现出丰富的多样性。正如上文分析的，一党独大制可以是稳定民主政体下的政党体制类型，比如历史上的日本和印度；两党制也可以是稳定民主政体下政党体制的一种类型，比如美国和历史上的英国；温和多党制还可以是稳定民主政体下的政党体制类型，比如二战以后的德国和法国。当然，极化多党制一般被认为是一种不利于民主政体稳定的政党体制类型，比如历史上的魏玛共和国和20世纪70年代初的智利等。然而，正如上文提及的，第三波民主化的一个新现象是，少数国家——特别是巴西和阿根廷等国——的政党体制出现了极化趋势，比如上述两国最近一次选举的议会有效政党数目已经高达8—10个，在议会至少拥有一个议席的政党数目在10—15个以上，那么这些国家还能够维持民主政体的稳定吗？应该说，这些新兴民主政体都是有瑕疵的，但它们基本上维系着民主政体的稳定性。传统观点认为，这种高度碎片化的政党体制从长期看来一定会削弱新兴民主政体的稳定性；也有新观点认为，政党体制的碎片化未必会影响新兴民主政体的稳定性。对于这两派的学术争论，恐怕只有时间才能给出正确的答案。

我正在从事的一项研究认为，对于新兴民主政体而言，两党制与温和多党制是更优越的政党体制类型。从逻辑上讲，两党制和温和多党制有利于实现分权制衡与政府效能之间的平衡。相比而言，其他政党体制要么过分偏向于分权制衡（极化多党制），要么过分偏向于政府效能（一党主导制）。这一理论观点，跟迄今的很多经验证据是一致的。[1]

---

[1] 这是我尚未出版的一项研究，参见包刚升《宪法工程学：第三波民主化国家的政治制度与治理绩效》，待出版书稿，第6章。

历史上，印度和日本都曾经历过一党独大型的政党体制，而两国的民主政体总体上也相对比较稳定。但如果以今天的政治经验来看，一党独大型政党体制存在一种可能的风险，那就是更容易威权化。特别是，在一党独大体制下，一旦出现政治上很强势的领导人，这种民主政体就会面临更高的威权化风险。在另一个极端上，如果政党数量过多，就会导致另一种风险，即政党体制碎片化的风险。按照美国联邦党人亚历山大·汉密尔顿的观点，这样的政府容易陷于无效治理或政治僵局。就 20 世纪以来的政治经验看，政党体制的碎片化导致政治效能下降，使整套政治体系无效，导致该国民主体制陷入无法治理的危机，从而面临民主衰退的风险，这样的案例并不少见。在政党体制的谱系中，两党制与温和多党制往往是更有效的政党体制，能够兼顾分权制衡与政府效能的平衡。从经验上说，无论是成熟民主国家，还是第三波新兴民主国家，凡较为稳定而有效的民主政体很多都是两党制或温和多党制。这样的国别案例非常之多。

联邦制还是单一制有利于民主?

本节最后讨论的单个制度是央地关系模式，主要是联邦制与单一制之争。那么，究竟何种央地关系模式更有利于民主与民主化呢？这里首先需要考察目前联邦制和单一制国家在全球范围内的地理分布。尽管联邦制国家的数量较少，但联邦制国家占有的面积相对较大。不少大型国家都是联邦制国家，包括俄罗斯、加拿大、美国、巴西、澳大利亚、印度和德国等。当然，就国家数量而言，单一制国家的数量要远远超过联邦制。

经济学家普遍支持联邦制优越论，理由包括联邦具有充分的灵活性，适应本地治理的需要，适应多样性，能够更好地实现自治，有利于地方政府之间的竞争，等等。在经济学家看来，特别是对于一些大国，联邦制的这些优点尤为重要。所以，国家治理或公共政策上维持不同地方的多样性和灵活性，做到因地制宜，是非常重要的。从这个视角看，联邦制的优点是毋庸置疑的。但也有人担心，联邦制是否会妨碍全国性的决策效率和政府效能。在联邦制下，如果全国不同地方的治理结构和公共政策差异很大，能否保证全国政令畅通呢？而跟联邦制相比，单一制的利弊恰好是互相对应的。单一制的优点包括全国施政上具有充分的决策效率和政府效能，但可能的缺陷则是缺少充分的灵活性，缺少多样性，地方自治程度较低，等等。总之，单一制的制度特点与逻辑大体上跟联邦制正好相反。

对于上述分析，可能有一点容易引起质疑，即单一制的决策效率和政府效能比较高，而联邦制的决策效率和政府效能比较低，那么是否真的如此呢？举例来说，一个国家想要修筑一个大坝，就修筑大坝这件事本身来说，要形成有效决策并执行决策，单一制应该更为有利。然而，修筑大坝对该国是否必需，是否确有好处，就是另一回事了。在联邦制下，大家会发现，大坝可能更难修筑，首先是决策更不容易形成，其次是决策更不容易执行。在联邦制条件下，中央政府很难给地方政府直接下命令，而是需要更多的谈判与妥协。假设要把这个大坝修筑在某条大河之上，这个巨型大坝和水库修筑之后固然能带来发电和蓄水等一系列好处，但亦可能会对大坝修筑地及其上游和下游的相当范围内产生一系列的环境、气候及社会影响。那么，这个综合效益究竟应该怎么评估呢？在这种情况下，大坝所在的州、大坝上游的州和大坝下游的州是否都能同意修筑大坝呢？这就很难说。相反的问题是，不修筑大坝对该国是否较为不利呢？这也很难讲。特别需要指出的是，在某些条件下，有时不能形成修筑大坝的决策恰恰是一个最好的决策。在分析联邦制与单一制利弊时，容易犯的错误是将决策速度与执行速度等同于效率和效能，但这个决策是否一定能够产生好的结果呢？这就是另一个问题了。所以，这是评价联邦制与单一制时的一个悖论。

上面关于联邦制和单一制的讨论，针对的还是一般的政治经济情境。国际学术界目前关于联邦制与单一制的讨论还涉及一个更根本的问题。按照托马斯·霍布斯的逻辑，人类社会从自然状态过渡到政治状态，首先要解决国家问题。那么，联邦制或单一制这两种不同的政治权力配置，是否会对解决国家问题产生差异呢？特别是，对于那些族群、宗教或语言结构分化程度很高的社会来说，联邦制或单一制是否同样能解决好国家问题呢？或者说，对于那些现代国家构建尚未充分完成，其社会内部存在着严重的族群、宗教和语言分歧，因而难以形成统一的国家认同或政治认同的情境而言，究竟应该实行联邦制还是单一制呢？比如，对尼日利亚、卢旺达这样的非洲国家来说，联邦制还是单一制的央地关系模式差异，影响的主要不是一般的决策效率和政府效能的问题，而是何种模式能更好地促进现代国家构建或国家认同，何种模式能更好地缓解族群间的政治关系以及何种模式能更好地防止族群—宗教冲突的发生。

关于多族群、多宗教社会的央地关系模式，目前国际学术界主要有两种主张。一个流派更注重权力分享，强调不同族群或宗教集团分享政治权力，主张不同族群或宗教集团的自治权，甚至主张赋予不同族群或宗教集团以否决权。[1]这种做法的优点包括尊重各个社会集团的意志和偏好，兼顾它们各自不同的权力和利益等。但是，这种做法可能带来的负面结果是，一国内部容易形成不是以国家认同为本位，而是以族群、宗教认同为本位的政治气氛。这样的话，现代国家建构的完成和国家认同的塑造将会变得更加艰难。如果该国国内不同的族群与宗教集团之间本来就有着复杂的历史仇怨，不排除这种强调地方自治和族群本位的央地关系模式，更有可能引发严重的政治冲突。联邦制往往会给予不同族群和宗教集团以更多的权力与资源，结果反而更容易引发政治冲突。

另一个流派则首先强调政治整合（political integration）的必要性。其核心关注是，一个多族群、多宗教的社会首先需要在政治上整合成一个国家或一个政治共同体，这是更具优先性的政治任务。一个国家只有在基本完成政治整合的条件下，才能再考虑如何充分兼顾各个族群、宗教集团的权力、利益与自治等问题，但这是第二位的问题。[2]从这个基本思路出发，这样呈现高度分裂的社会，首先要构建现代国家、塑造国家认同以及要拥有一个有基本统治能力的中央政府。这样的话，央地关系模式的优先制度选择往往就是单一制，而不是联邦制。如果基于某种历史传统不得不构建联邦制模式，则特别需要注意强化中央政府维护全国统一的基本治理能力，务须避免高度地方分权的联邦制模式。

当然，有人担心，优先考虑政治整合和国家构建是否会产生某种

[1] Arend Lijphart, *Patterns of Democracy: Government Forms and Performance in Thirty-Six Countries*, 2nd edition (New Haven and London: Yale University Press, 2012).

[2] Horowitz, Donald L., "Constitutional Design: Proposals versus Processes," in Andrew Reynolds, eds., *The Architecture of Democracy: Constitutional Design, Conflict Management, and Democracy* (Oxford: Oxford University Press, 2002), pp. 19–25.

负面效应呢？比如，掌握主要政治权力的政党或社会集团，在致力于政治整合和国家构建的过程中，在致力于塑造国家认同或政治认同的过程中，是否会忽略或无视相对弱势的族群、宗教集团的权力和利益呢？进一步说，如果一种制度模式过分强调政治整合和政府效能，亦有可能面临自治不足和分权制衡不足的困境。因而，过分强调政治整合的重要性与优先性有可能导致政治上的威权化。

总之，联邦制与单一制的争论不像经济学家关注的那样，只有经济问题而没有政治问题。实际上，央地关系模式的设计需要处理大量多族群、多宗教社会非常实际的政治困境，即何种央地关系模式更有利于管控民主政体下的族群与宗教冲突，并在此过程中更好地完成现代国家建构和国家认同塑造。因此，政治学视角的央地关系模式更多涉及的是重要的政治问题，而非单纯的经济问题或行政效率问题。

不同民主模式的大论战

除了关注单个政治制度的影响，还有学者强调政治制度组合对民主转型与民主稳定的影响。我们经常提到的著名学者阿伦·利普哈特就主张，跟多数民主模式相比，共识民主模式更有利于提高民主政体的品质。总体上，利普哈特把比例代表制、多党制、联合内阁、联邦制等以权力分享为特征的一整套制度视为共识民主模式；反之，以多数决定制、两党制、一党多数内阁、单一制等为主要特征的一整套制度视为多数民主模式。两种民主模式的政治制度组合差异，参见表4.1。基于对36个民主国家的定量研究，利普哈特认为共识民主模式在民主品质与治理绩效上要优于多数民主模式。[1] 正如上文提到的，这是一项非常著名但同时充满争议的研究。

我在《民主崩溃的政治学》一书中区分了两种民主模式的类型：向心型民主政体与离心型民主政体，并主张向心型民主体制更有利于民主政体的稳定。表 4.2 是我界定的向心型民主体制与离心型民主体制的理想类型。简而言之，向心型民主政体的理想类型是议会制、简单多数决定制和适度中央集权相结合的一种制度组合模式，而离心型民主政体的理想类型则是总统制或半总统制、纯粹比例代表制和高度分权的地区主义安排相结合的一种制度组合模式。

我还指出了离心型民主政体的政治效应：

> 可以总结出离心型民主政体引发的三种离心效应：（1）国家性问题的维度上：地区（族群）离心效应，这种离心效应通常会弱化国家认同、强化地区认同，弱化中央权力、强化地区权力。如果一国的地区界线与该国族群、宗教、语言和文化分裂界线重合时，离心效应的极端情形是鼓励政治家和政党谋求地区自治，甚至是地区独立。（2）政府—社会关系维度上：政党离心效应，这种离心效应通常会鼓励极化多党制的兴起，对大型主导政党的形成缺少激励，政府或内阁通常较不稳定。（3）政府内部的维度上：行政离心效应，这种离心效应会鼓励行政机关和立法机关的政治对抗与冲突，而非政治妥协与合作，行政机关最后往往无所作为。[2]

---

[1] Arend Lijphart, *Patterns of Democracy: Government Forms and Performance in Thirty-Six Countries*, 2nd edition (New Haven and London: Yale University Press, 2012).

[2] 关于向心型民主政体与离心型民主政体的差异，参见我的另一项研究《民主崩溃的政治学》，特别是第三章。这里的引文参见包刚升《民主崩溃的政治学》，北京：商务印书馆，2014 年，第 145-146 页。

多数民主模式	共识民主模式
一党多数内阁	多党联合内阁
行政机关优势地位	行政机关与立法机关权力平衡
两党制	多党制
多数决定选举制、非比例代表制	比例代表制
利益集团的自由竞争多元主义	利益集团的合作主义
中央集权的单一制政府	地方分权的联邦制政府
一院制立法机关	两院制立法机关
柔性的、不成文的宪法	刚性的、成文的宪法
法院没有违宪司法审查权	法院有违宪司法审查权
依赖行政机关的中央银行	独立的中央银行

表 4.1 多数民主模式与共识民主模式

资料来源：Arend Lijphart, Patterns of Democracy: Government Forms and Performance in Thirty-Six Countries, 2nd edition (New Haven and London: Yale University Press, 2012), pp.9–21.

	向心型民主政体	离心型民主政体
维度一：中央与地方关系	中央集权的制度安排	高度分权的地区主义安排
维度二：选举制度	简单多数决定制	比例代表制
维度三：政府形式	议会制	总统制与半总统制

表 4.2 离心型民主政体与向心型民主政体的理想类型

资料来源：包刚升《民主崩溃的政治学》，北京：商务印书馆，2014 年，第 146 页。

由此可以推论出，离心型民主政体更不利于民主的维系和稳定，向心型民主政体更有利于民主的维系和稳定。《民主崩溃的政治学》还基于比较历史分析的方法系统论证了这一观点。

总之，本节关于政治制度论的讨论至少说明了宪法设计与政治制度安排的重要性。需要指出的是，政治家和政治精英无法根据自己的意图随心所欲地设计宪法与政治制度。实际上，宪法设计与政治制度总是会受到当时政治势力的左右或社会结构的影响。所以，政治制度不是从天而降或凭空发生的，而是有着一套非常复杂的生成逻辑。

同样重要的是，必须承认宪法设计和政治制度安排所具有的独立作用。即便在相同或相似的社会结构条件下，政治家和政治精英们仍然可以设计差异很大的宪法和政治制度。而这种宪法设计与政治制度一旦落地，就会对此后的政治行为产生实质性影响。

一个颇为困扰人的问题是，世界上是否存在着一种唯一最优的民主制度模式呢？恐怕答案是否定的，因为每一种政治制度的利弊不唯独取决于这种制度本身的逻辑，还取决于它与特定社会条件之间的匹配性。尽管如此，我们仍然可以发现某些从制度设计到民主稳定或治理绩效之间的因果机制。比如，有些宪法设计与制度安排更容易促进民主巩固，有些宪法设计与制度安排更容易导致民主的不稳定或低绩效，甚至造成民主政体的垮台。政治学研究或许无法设计出一种适合所有社会的完美民主制度模式，但它可以为那些可能注定要失败的宪法设计和政治制度安排提出必要的警醒。

4.4 精英论：政治精英扮演何种角色？

最后一种理论路径强调的是政治行为者在民主化过程中的角色和作用。这里的政治行为者既包括政治精英，又包括普通民众。当然，政治精英的角色要重要得多。跟前面两种理论路径不同，主张精英论的民主转型研究很多都是在“讲故事”。这也就是说，更多的研究是在描述民主转型的过程以及政治行为者在其中扮演的角色，但往往难以阐明这些故事背后更为一般的因果逻辑是什么。

强调政治行为者角色的理论通常都有一个假设，即政治家和政治精英的角色很重要。这一派甚至认为，政治家和政治精英们怎样做，就决定了怎样的政治结果。当政治家做对的时候，民主转型就更容易成功；当政治家做错的时候，民主转型就更容易失败。那么，在政治转型的关头，政治家和政治精英到底应该怎么做呢？就目前的研究文献而言，这里并没有什么放之四海而皆准的一般规则，因为政治家和政治精英在不同国家面临着很不一样的政治情境。所以，跟条件论和制度论相比，这一研究路径的理论构建往往显得比较薄弱。

1787 年：成功的美国制宪故事

政治家和政治精英对一个国家的政体确立及其有序运转发挥极佳作用的案例，就是建国之初的美国。特别是，1787 年美国制宪会议作为一个极其成功的制宪故事，更是彰显了政治家和政治精英的重要作用。如果不是这样的成功制宪，或许就没有后来的美利坚合众国。按照美国德克萨斯大学奥斯汀分校比较宪法研究中心的一项研究，各国宪法持续时间的中位数仅为 19 年。[1]这就是说，宪法被制定以后，平均来说（中位数意义上的平均）只要 19 年时间，就有半数的宪法已经失败了。全球范围内只有一半数量的宪法，能够维系比 19 年更长的时间。

而美国政治精英们在费城制定的这部宪法已经维持了 200 多年，而且在可预见的将来还会维持下去。那么，为什么 1787 年《美国宪法》能够维系如此之久呢？为什么美国制宪会议能够成为一个政治奇迹呢？我曾在媒体上专门撰文，题为《美国制宪时刻的政治思考》，简要剖析过美国当年的制宪者们是如何思考政治的。而所有关于政治的思考，又存在于当时政治家和政治精英的头脑中。如果单就 1787 年美国制宪时刻而言，当时政治家和政治精英们的头脑是怎么想的，就决定了美国后来相当长时期里能够拥有什么样的政治。[2]

如果从历史经验来看，1787 年美国制宪很有可能是一件风险极高的事情。我有一次在大学课堂上问过听课的同学们，如果参加美国制宪会议的不是大家耳熟能详的乔治·华盛顿、本杰明·富兰克林、托马斯·杰斐逊、亚历山大·汉密尔顿和詹姆斯·麦迪逊等杰出人物，而是另外一批别的政治精英，那么这次制宪会议同样能够成功吗？换其他的 50 多个人来制定一部新宪法，这部新宪法也能维系 200 多年吗？听到这个问题，大部分同学都会摇头。能制定出一部维系 200 多

[1] Zachary Elkin et al., *The Endurance of National Constitutions* (Cambridge: Cambridge University Press, 2009).

[2] 关于美国制宪会议的细节，参见一部原始记录文献：麦迪逊《辩论：美国制宪会议记录》（上下册），尹宣译，沈阳：辽宁教育出版社，2003 年；以及参见一项专门研究：戈登·S. 伍德《美利坚共和国的缔造：1776–1787》，朱妍兰译，南京：译林出版社，2016 年。

年的宪法，背后是这些政治精英们与众不同的政治思考，而美国正是在这样一部宪法之下逐步成长为全球领导者的。可见，一个国家的政治精英阶层如何思考政治是一个关键问题。

政治精英的重要角色

关于政治行为者的重要性，自古希腊以来的经典著作对此的强调就由来已久。古希腊历史学家色诺芬所著《居鲁士的教育》，就强调君主的领导力、个性、策略与判断力等因素对实际政治生活的影响。[1]既然一个好的君主国需要一个好君主，一个好的民主国难道不需要一批好的民主派政治家吗？如果民主政体下的政治家与选民自身的政治思考、政治信念和政治互动模式都很糟糕，那就不会拥有好的民主或好的政治。古希腊哲学家柏拉图也强调政治家的因素，他认为，统治是一项专门的技艺，统治者的智慧、能力和美德在政治过程中扮演着重要角色。而他视为最理想统治类型的“哲学王统治”，本身就依赖于君主超凡脱俗的智慧、美德与领导力。[2]

在近现代思想家中，德国社会学家马克斯·韦伯同样重视政治精英的角色。在《民族国家与经济政策》一书中，韦伯认为，面对1895年德国的内外形势，德意志发展面临的巨大挑战是缺少一个成熟的政治阶层。在韦伯看来，当时的政治阶层不足以应付德国当时快速崛起后面临的复杂的国内外政治环境。就国际因素而言，当时的德国面临一种强邻环伺的国际格局，东有俄罗斯，西有法兰西和大不列颠，南

[1] 色诺芬：《居鲁士的教育》，沈默译，北京：华夏出版社，2007年。
[2] 柏拉图：《理想国》，郭斌和、张竹明译，北京：商务印书馆，2002年。

有奥匈帝国。在这样一种地缘政治结构中，德国能否很好地生存并获得其应有的安全保证和国际地位呢？[1]显然，当时的韦伯深表担忧，而韦伯的担忧也是正确的。从德国大国崛起以后遭遇的政治厄运——这种厄运不唯独有着不利的外部因素，而且还有着德意志本身的原因——来看，韦伯所强调的德国缺少一个成熟的政治阶层恐怕也是重要原因之一。

在《资本主义、社会主义与民主》一书中，著名学者约瑟夫·熊彼特认为，民主政治其实是需要若干社会条件的，其中一个重要条件就是人的政治素质，特别是领导和管理政党机器、国家机器的那些人以及选出来进入议会和担任内阁职务的人的政治素质。[2]这些人是一个国家最高的政治精英，应该具有足够优秀的水平。如果这些人不够优秀，没有好的政治素质，要么民主不稳定，要么民主治理绩效就很低。

在出版此书的1942年，熊彼特认为，全球范围放眼所及，只有一个国家的政治阶层符合这个条件，那就是英国。英国依赖其贵族传统，再加上牛津大学和剑桥大学的精英教育体系，在选拔人方面有一种精巧的社会制度安排，从而使得英国拥有一个与别国不同的政治阶层。这个政治阶层是以政治为业的阶层，具有足够优秀的政治素质，从而保证英国民主政体能够拥有稳定性与有效性。至于西方世界其他国家的政治阶层，熊彼特则抱有比较审慎的看法。实际上，在1942年的欧洲，德国正听命于希特勒，意大利服从于墨索里尼，法国则已经沦为德意志第三帝国的占领区——那正是西方世界民主的艰难时刻。熊彼

[1] 韦伯：《民族国家与经济政策》，甘阳译，北京：生活·读书·新知三联书店，1997年。

[2] 约瑟夫·熊彼特：《资本主义、社会主义与民主》，吴良健译，北京：商务印书馆，2007年，第422-424页。

特强调的，同样是精英的政治素质对于民主政体的重要性。

与韦伯、熊彼特的研究相呼应的是政治思想史中的精英主义传统。这一传统认为，在所有社会行为者中，精英要比普通民众更重要，政治家要比普通选民具有更大的政治影响力。这一派甚至认为，一个社会无论是民主政体还是威权政体，最终来说都是由精英阶层在“统治”。像维尔弗雷多·帕累托的精英理论、罗伯特·米歇尔斯的“寡头统治铁律”等，论述的都是精英在政治社会生活中扮演的关键角色和具有的主导影响。[1]当然，我们不应该轻易说，社会是由精英“统治”的，而应该说社会是由精英“治理”的。但无论怎样，这种理论视角认为，政治主要发生在政治精英之间。正是政治精英们的信念、行为与互动，决定了不同的政治结果。

这里所谓的政治精英，通常包括政治领导人、政治活动家、高级官僚、高级军官、反对派的领导人和社会活动家，甚至还包括卷入政治活动的经济文化精英——比如大企业家和工商界领导人以及一流的学者、知识分子、文体娱乐界人士等。这些人对政治生活的影响力，都是普通人难以比拟的。在精英主义者的眼中，政治精英们持有何种信念，如何进行政治思考，怎样采取行动或做出决策，以何种方式进行政治博弈，就决定了一个国家的实际政治生活是什么样子的。

[1] 精英主义理论的代表作：维尔弗雷多·帕累托《精英的兴衰》，刘北成译，上海：上海人民出版社，2003年；罗伯特·米歇尔斯《寡头统治铁律：现代民主制度中的政党社会学》，任军锋等译，天津：天津人民出版社，2003年。

转型范式的兴起

基于这样的精英论背景，在最近三四十年关于民主化的研究中，国际学术界逐渐兴起了转型范式（transition paradigm）。转型范式首先源自对于民主化过程的关注，大意是说我们先不必讨论一个转型社会的结构性条件，比如经济发展水平、阶级结构、政治文化、国际格局是否有利于民主，而是可以先关注政治转型过程中到底发生了什么。越是深入研究具体的转型过程，越是能认知人的重要性。实际的政治转型过程，往往就是政治家、高级官僚、高级军官和政治社会活动家的行为、选择与互动所塑造的。

在1970年出版的一篇著名论文《向民主转型：一个动态模型》中，丹尼沃克·拉斯托认为，民主政体的出现，并不必然需要以很多经济社会条件为前提，而仅仅需要满足一个政治条件，那就是国家统一（national unity）。用今天的学术话语来说，民主政体的兴起需要以现代国家构架的基本完成或政治上的统一国家为前提。在此基础上，民主政体能否产生，主要取决于政治精英的互动以及这种政治精英互动最后所能达成的政治均衡。当然，精英们的政治互动可能有两种不同的结果：民主的政治均衡或非民主的政治均衡。如果最后达到的是民主的政治均衡，该国就启动了民主转型。但是，没有人保证精英们政治互动的结果会出现一个民主的政治均衡。这也就是民主转型的不确定性。[1]

美国政治学者胡安·林茨强调，结构性的环境条件越不利，民主政体的生存就越需要高超的、创造性的、富有勇气的和忠于民主的政

[1] Dankwart A. Rustow, "Transitions to Democracy: Towards a Dynamic Model," in *Comparative Politics*, Vol. 2, No. 3(1970), pp 337–363.

治领导力。相反，结构性的环境条件较为有利时，民主维系对于政治领导力的要求就没有这么高。[1]比如，新兴民主国家韩国经济发展水平较高，经济不平等程度较低，文化教育水平较高，族群—宗教冲突的压力较轻，在这种相对有利的条件下启动民主转型，对政治家们的挑战或许就没有那么大。在可预见的将来，即便韩国缺少杰出的政治家，或者说韩国政治阶层的领导力有所不足，韩国民主政体得以维系的可能性仍然很大。

但是，如果是非洲一个族群—宗教结构复杂的新兴民主国家，情况就完全不同了。比如，该国存在着三个主导族群，每一族群各占20%—30% 的人口，彼此之间的历史恩怨复杂，这样国家启动民主转型后对政治家的挑战就很大。如何掌控好复杂的政治局面，既能维系民主政体，又能兼顾社会结构的多样性；既能塑造民主政体下的中央权威，避免国家走向分离主义，又能保证各个族群集团的权力与利益，对政治家来说往往有着巨大的挑战。因此，对于结构性条件比较不利的新兴民主政体来说，民主派政治家是否拥有有效的政治领导力也是民主转型能否成功的关键因素。

在关于第三波民主化的主流研究中，无论是 1986 年吉列尔莫·奥唐纳及其合作者编撰的《从威权体制转型》，还是 1991 年塞缪尔·亨廷顿发表的《第三波》，都关注了民主转型过程中的执政派集团和反对派集团的政治互动。[2]在他们的框架中，执政派集团被区分为顽固派

---

[1] Juan J. Linz, "The Breakdown of Democratic Regimes: Crisis, Breakdown, and Reequilibration," in Juan J. Linz and Alfred Stepan, ed., *The Breakdown of Democratic Regimes* (Baltimore: The Johns Hopkins University Press, 1978), Vol. 1.

[2] 参见两部作品：Guillermo O'Donnell and Philippe C. Schmitter, eds., *Transitions from Authoritarian Rule*, Vol. 1–4 (Baltimore: The Johns Hopkins University Press, 1986)；塞缪尔·亨廷顿《第三波：20 世纪后期的民主化浪潮》，欧阳景根译，北京：中国人民大学出版社，2013 年，第 106–156 页。

和改革派，反对派集团被区分为激进派和温和派，而这几种政治力量的互动决定了政治转型的可能性及其结果。比如，亨廷顿认为三项互动最为重要：一是政府内的执政派和政府外的反对派之间的互动，二是执政联盟内部改革派和保守派之间的互动，三是反对阵营内部的温和派和激进派之间的互动，而正是这三项互动的不同样式决定了转型结果的差异，参见图 4.2。

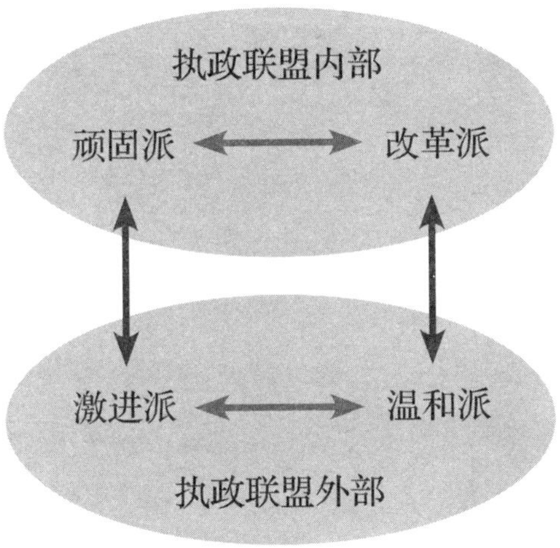

图 4.2　民主转型过程中执政派集团与反对派集团的政治互动

循着亨廷顿的基本思路，这里还可以对图 4.2 中的政治互动做一个简要分析。如果执政联盟内部由改革派主导，往往对执政联盟外部（或者说是反对派阵营）的温和派比较有利。既然政府本身有启动政治改革的意愿，执政联盟外部的温和派就更容易获得话语权。一种可能的结果是，执政联盟内部的改革派跟外部的温和派结盟，双方一起来合力推动政治转型。

但是，如果执政集团中顽固派占有支配位置，改革派遭到打压，那么反对阵营中激进派的力量就会上升。因为在这样的条件下，温和派的主张往往就失去了社会基础。可以说，在民主化过程中，不同政治集团的互动模式非常重要，甚至在很大程度上决定了民主转型能否发生及其可能的结果。

在这样的政治互动模型中，亨廷顿认为存在着三种不同的路径，也对应着三种不同的结果。第一种模式是改革派主导的民主化，被称为改革或转型（transformation），比如西班牙的民主化就是典型的改革模式；第二种模式是置换（replacement），这是威权政体垮台后由反对派主导的政治转型，比如葡萄牙主要是这样一种模式；第三种模式是移转（transplacement），是指执政联盟被迫与反对派谈判启动的政治转型，比如韩国某种程度上就是这样一种模式。当然，这三种转型路径的具体过程都非常复杂，转型结果也会呈现很大的差异，此处不再赘述。

总之，本节强调的是，对一个国家来说，有什么样的政治精英就有什么样的政治；对一个国家的民主转型来说，有什么样的政治精英就有什么样的民主转型。的确，任何政治都是政治行为者塑造的。政治生活中有什么样的人，他们信仰什么、如何选择以及怎样互动，在很大程度上决定了一个共同体的政体选择和政治命运。而在所有的政治行为者中，政治家和政治精英的角色往往更重要。因此，正是政治家与政治精英们的信仰、行为和互动决定了民主转型的前景。

当然，就不同理论路径的比较而言，强调政治家角色的精英论始终面临着一个重大的挑战。任何政治精英都会受到环境因素的约束，政治精英无法凭空创造历史，他们都只能在特定的社会结构情境和政治制度条件下从事政治行为、做出政治决定和进行政治互动。因此，任何对于政治家和政治精英在民主转型过程中的角色分析，都无法脱离特定的社会结构情境和政治制度条件。有学者因此会提出质疑，如果只强调政治精英的作用，那么如何正确认知社会结构条件和政治制度条件扮演的角色呢？其实，主流的精英论研究通常都不会否认其他因素的重要性，无论是社会结构，还是政治制度，都构成了政治精英互动的约束条件。但是，即便在同样或相似的社会结构和政治制度之下，政治精英的行为与选择仍然有着相当的独立性，他们仍然有做出不同选择进而塑造不同转型结果的可能性。

此外，精英论路径的另一个挑战是往往更难进行社会科学化的处理。既然政治行为者的不同选择导致了不同的结果，就更难建立基于严格因果关系的社会科学理论。如果政治家和政治精英的选择不同，民主转型的结果就大不一样，那么如何将这一种政治现象纳入社会科学的分析框架呢？这是一个困扰很多研究者的问题。因此，精英论理论路径的未来恐怕取决于在“讲好故事”的同时能否在“理论构建”上取得实质性的进展。或许这正是未来新的研究议程。

第5讲 民主治理的绩效：民主能带来善治吗？

民主化并不必然会带来经济增长、社会和平、行政效率、政治和谐、自由市场或“意识形态的结束”。民主尤其不会带来“历史的终结”。毫无疑问，这些特质使民主更有可能巩固，然而它们既不是民主的先决条件，也不是民主的直接产物。……（然而）与威权政体不同，民主国家有能力根据不断变化的情境自行修改其规则和制度。他们可能不会立即带来上述所有的美好事物，但民主最终要比威权政体更有可能实现上述目标。

——菲利普·施密特

5.1 民主是目的还是手段?

民主政体能否实现善治，是最近几年国内外舆论场的热门议题。有些学者认为，民主政体更容易带来优良的治理绩效，比如，更高的经济绩效、更好的公共治理、更平等的收入分配、更少的政治冲突、更低的腐败程度以及更优越的生活品质；但另外一些学者未必赞同这种观点。实际上，学术界对此充满了争论。

民主的目的与手段之辩

讨论之前，首先要澄清关于民主的基本认知，即民主究竟是目的还是手段？有人认为，民主本身就是目的，或者说民主本身就是一种优先价值。退一步说，民主至少跟其他优先价值一样重要。比如，民主至少跟自由、平等、经济增长、社会和谐、公共秩序等价值同等重要。有人并不这么看，认为民主不过是手段而已。比如，大家经常听到“自由是目的，民主是手段”，就是把民主视为一种手段。还有人认为，经济增长是目的，民主政体能否促进经济增长才是判断民主优劣的标准。对这样的学者来说，一个落后国家能否实现较高的经济增长、能否实现社会繁荣才是最重要的，民主政体能否实现这些目标才是关键。类似的，还有人认为，民主的价值在于能否改善社会的有效治理程度、能否促进社会的和谐、能否降低犯罪率，以及能否提升普遍的道德水准等。所有这些观点都主张，民主主要是手段，是实现其他某种优先价值的制度方法。当然，还有人认为民主既是目的又是手段，但这多少有点和稀泥的味道，因为这种观点回避了优先性排序的问题。

20 世纪 90 年代初，国际学术界出现了一篇题为《民主是什么、不是什么》的论文，主要作者是美国政治学者菲利普·施密特（Philippe C. Schmitter）。[1]文章的结论是：

> 民主化并不必然会带来经济增长、社会和平、行政效率、政治和谐、自由市场或“意识形态的结束”。民主尤其不会带来“历史的终结”。毫无疑问，这些特质使民主更有可能巩固，然而它们既不是民主的先决条件，也不是民主的直接产物。……（然而）与威权政体不同，民主国家有能力根据不断变化的情境自行修改其规则和制度。他们可能不会立即带来上述所有的美好事物，但民主最终要比威权政体更有可能实现上述目标。

比较民主绩效的正确方法

那么，对一个国家来说，民主到底能否带来更好的治理绩效呢？这是当代民主大论战的重要方面。在国内外学术界，学者们在这一问题上的对立观点更是让很多普通读者无所适从。对民主与治理绩效关系的研究存在着不同的逻辑层次。第一种可能是，有人试回答的是两者关系的一般逻辑，即在跨越时空的经验中考察民主与治理绩效之间的关系。这种视角关心的不是一时一地的民主与治理绩效之间的关系，而是在人类整体经验中民主与治理绩效的一般关系。

[1] Philippe C. Schmitter and Terry Lynn Karl, "What Democracy Is... and Is Not," in *Journal of Democracy*, Vol. 2, No. 3(Summer 1991), pp. 75–88.

第二种可能是，民主能否导致好的治理绩效，往往跟某种特定的社会条件有关。或者说，对某些特定的社会来说，民主更可能导致好的治理绩效，但对另一些特定的社会则未必。换成因果关系的语言，若好的治理绩效是 Y，民主政体是 X_1，只有当民主 X_1 加上另一个社会条件 X_2 才能导致出现 Y 时，X_2 这个社会条件就变得很重要了。这同时也意味着，如果民主 X_1 加上另一个社会条件 X_3，就未必能导致好的治理绩效 Y。

第三种可能则是阶段论。这大体上是说，对一个国家而言，民主更适合某个特定的阶段。在这一阶段上，民主更容易导致好的治理绩效。比如，前面曾提及塞缪尔·亨廷顿在 1968 年出版的名著《变化社会中的政治秩序》，该书认为，有些国家处在经济比较落后、现代化程度非常低的阶段上时，如果启动民主化，快速扩张的政治参与会超过政治制度化的承受能力，结果有可能会导致政治衰朽。[1] 这种视角强调的是特定发展阶段的重要性。

实际上，在三个层次的逻辑争论中，后面两种视角有重合的地方。一个特定的发展阶段，也可以被视为一种特定的社会条件。只不过对于很多国家而言，阶段论是一个常常被讨论的议题，所以被单列出来。

此外，比较民主治理的绩效还会涉及正确比较的方法。在古希腊哲学家中，柏拉图与亚里士多德就代表了很大的方法上的分殊。用今天流行的说法，柏拉图鼓励我们仰望星空，亚里士多德则鼓励我们脚踏实地。就哲学流派而言，柏拉图更多地倾向于理想主义，同时更注重理性思辨；亚里士多德更多地倾向于现实主义，同时更注重对实际经验的考察。讨论民主能否带来好的治理绩效，首先要明确一点，世

[1] 萨缪尔·亨廷顿:《变化社会中的政治秩序》，王冠华、刘为译，上海：上海人民出版社，2008 年。

界上并没有完美的政治或治理。所以，这里更多地要借鉴亚里士多德的方法。如果用完美主义的标准去衡量实际经验世界中民主的治理绩效，就会存在方法论上的问题，因为任何政体都无法实现完美的治理。

还需要提醒的原则是，只有其他条件相当的两个或几个样本才能进行比较。比如，一个新药上市之前需要做临床实验，这个临床实验就要求“随机”抽取患者。在确定实验组和对照组时，不能一组全是男士，另一组全是女士；或者一组全部来自上海，一组全部来自新疆。原因在于，这样的分组会导致两组样本的基础性生理条件差异较大，也就无法证明这种药物的真实疗效。因此，在一个药物临床实验中，患者从年龄、性别、血型、身体状况、地域背景等条件来说，随机程度越高越好。这样，科学家才能比较两种药物或用一种药物与不用一种药物的治疗结果差异。

社会科学研究也应该注重类似的原则。要比较两个或一组国家的民主政体是否更容易导致善治，首先要看其他条件是否相当。有人说，印度的民主政体并没有导致快速的经济增长，而新加坡的威权政体导致了快速的经济增长，所以得出结论，威权政体更能导致较快的经济增长。但问题是，印度和新加坡这两个国家具有可比性吗？应该说，两国的可比性很低，无论国家规模、人种和历史，还是地理位置、宗教传统，都差异很大。那么，印度更适合跟哪些国家做比较研究呢？或许巴基斯坦和孟加拉国才是更适合的比较对象，因为这三国历史上都是英属印度的一部分，1947 年之后才逐渐独立为三个国家。独立之后的印度基本上一直维系着民主政体，而巴基斯坦和孟加拉国则是在民主政体和威权政体之间来回摇摆的国家。如果比较这三个国家，大家就会发现，印度民主政体的治理绩效并不低于其他两个国家——包括巴基斯坦和孟加拉国的威权政体阶段。即便如此，有人还会提出质疑，印度跟巴基斯坦、孟加拉国存在着一种显著的差异，前者是印度教为主的国家，后两者是伊斯兰教为主的国家，如何控制主导宗教的差异对民主政体能否导致善治的影响呢？确实，这个问题需要进一步研究才能回答。但无论怎样，比较研究的前提是寻找具有可比性的国家样本。

基于上述比较研究的原则，这里要对四种主要的政治经济绩效进行比较研究，以此来判断民主或民主化是否更容易导致好的治理绩效。这四个议题分别是：（1）民主能带来经济增长吗？（2）民主能带来更好的公共治理吗？（3）民主能促进平等吗？（4）民主能减少政治冲突吗？下面将依次讨论这四个问题。

5.2 民主能带来经济增长吗?

民主能带来更好的经济增长吗？这里的讨论不同于政治哲学家们的思辨式论战，而是希望把论点更多地建立在实证研究或经验证据的基础上。这里有三种可能的观点，即民主有利于经济增长，民主不利于经济增长，以及民主与经济增长之间的关系并不明确。

西方世界的政体与经济绩效

众所周知，民主起源于西方。需要说明的是，起源于西方的近现代民主政体其实是一种复合型政体。这种复合型民主政体，不只是雅典城邦式的仅包括政治参与、政治竞争、公民投票和多数决定的制度，还包括了立宪主义、法治和代议制等基本要素。这个问题，上文已经有过交代。

关于政体因素与西方世界兴起之间的关系，这里先强调两个基本事实。第一，工业革命起源于英国，这是人类历史上的经济与技术奇迹。对英国工业革命的起源有很多种理论解释。其中，一种重要的解释来自于美国经济学家、诺贝尔经济学奖得主道格拉斯·诺思。他的基本观点是，英国工业革命的发生以英格兰的政治革新和立宪体制的确立为前提。诺斯的逻辑很清楚，唯有政治权力受到制约，产权才能得到确定的保护，而有效率的产权制度是后来英国能发生工业革命与经济能可持续增长的前提。

从政治权力受到制约，到有效率的产权制度，再到工业革命的发生，诺思为我们提供了一个自成一体的逻辑链条。诺思这样说："国家既是经济增长的关键，又是人为的经济衰退的根源。"那么，如何让国家促进经济增长而非导致经济衰退呢？关键是要构建立宪政体的框架，将国家权力置于受约束的框架之中。[1]

第二，美国独立以后也创造了可持续增长的经济奇迹。尽管美国从来没有出现类似于日本、韩国、中国经历过的长期维持 8%—9% 的经济增长，但美国从 1776 年宣布独立、1787 年制定宪法到后来成长为全球第一大经济强国的道路很清晰。一般认为，基于 1787 年《美国宪法》的一整套制度安排，是美国实现经济奇迹和大国崛起的重要条件。如果不是这样一套共和政体的宪法性制度安排，美国后来成为全球第一经济强国的概率可能要低很多。美国的经济活力、公民创造力、对欧洲工业革命的快速模仿以及后来源源不绝的科技进步与工业创新，都是以 1787 年《美国宪法》确立的民主共和政体框架为基础。

当然，本书第 3 讲已经介绍，普选权在美国的落实是一个漫长的过程。即便如此，早在 1828 年，已经有超过 50% 的美国成年男性公民拥有了投票权。这样，1828 年的美国已经被塞缪尔·亨廷顿视为世界上第一个民主政体，而这离 1787 年美国制宪仅仅过去了 40 年时间。美国正是在民主共和政体的背景之下，实现经济奇迹和完成大国崛起的，这也是一个基本事实。

今天的西方世界存在着一套基本的制度组合，即政治上的立宪主义和民主政体，加上经济上的产权制度与自由市场。从近现代西欧兴起的工业革命，到今天以美国为代表的西方国家仍然保持着强劲的创新能力，都是以这种基本的制度组合为前提的。这也是西方世界首先

[1] 道格纳斯·C. 诺思：《经济史上的结构和变革》，厉以平译，北京：商务印书馆，2005 年。

兴起和实现繁荣的一条历史经验。在这样一套制度组合之下，西方世界一方面维系着民主政体——实际上是现代的复合型民主体制；另一方面维系着经济增长和经济繁荣。特别是，美国、德国这样的最发达国家如今仍然维系着强大的创新能力，这是难能可贵的。假如未来10、20年还能发生重要的技术革命或产业革命，那么美国、德国这样的国家仍有可能是创新的领头羊。

要系统理解政体或政治制度与经济增长之间的关系，还可以参考几位杰出政治经济学家的作品。美国经济学家曼瑟·奥尔森在《权力与繁荣》中认为，政治权力的性质和经济繁荣与否之间关系密切。在他看来，关于政治权力的制度安排是否恰当，或者说政治权力是否受到约束，会在很大程度上影响一国能否实现经济繁荣。奥尔森这样说：

> 当存在激励因素促使人们去攫取而不是创造，也就是从掠夺中而不是从生产或者互为有利的行为中获得更多收益的时候，那么社会就会陷入低谷。[1]

奥尔森试图强调激励结构对于经济增长的重要性。一整套制度安排究竟是激励人去从事互为有利的行为，还是鼓励人从事攫取性的行为，这是重要的分野。凡是存在大规模掠夺性行为、攫取性行为的社会，背后往往是政治权力，甚至是暴力的滥用。这种现象的发生，几乎肯定不是一种单纯的经济现象，同时是一种政治现象。类似的，在最近几年流行的《国家为什么会失败》一书中，美国经济学家达龙·阿西莫格鲁和詹姆斯·A. 罗宾逊区分了两种不同的制度类型：一

[1] 曼瑟·奥尔森：《权力与繁荣》，苏长和、嵇飞译，上海：上海人民出版社，2005年，第1页。

种是攫取型制度（extractive institutions），一种是包容型制度（inclusive institutions）。他们认为，唯有后者才可能促成长期的经济繁荣，而前者更容易导致国家的失败。[1]

实际上，这两项研究不约而同地注意到了从政治权力的制度安排到塑造人行为的激励结构、再到经济绩效之间的逻辑链条。对经济增长而言，激励结构的重要性再怎么强调也不为过。因为正是激励结构，构成了个人行为与经济活动的基础设施。而决定一个社会中激励结构特质的主要变量，就是国家政治权力的特性。如果政治权力受到制约，不能胡作非为，财产权利与市场制度受到保护，那么经济繁荣就有了可靠的制度条件；如果政治权力不受制约，政治运作成为权力攫取资源的平台，那么这样的国家更容易陷入经济萧条。

当然，经济增长本身的逻辑更为复杂。为了更好地理解政体与经济增长的关系，这里还需要对经济增长本身的诸种理论做一个简单考察。[2] 早期的一个主流观点认为，资本积累是经济增长的关键，有资本积累才会有经济增长，而储蓄是资本积累的前提条件。所以，储蓄与投资被视为经济增长的关键驱动力量。

有人则强调，丰裕的自然资源是经济增长的关键。从这种视角出发，英国曼彻斯特之所以能够成为工业革命的源头，跟曼彻斯特附近地区的煤、铁资源的集聚和组合有关。当然，与之针锋相对的则是资源诅咒（resource curse）理论。这种理论认为，如果一个地方资源过于

---

[1] Daron Acemoglu and James A. Robinson, *Why Nations Fail, The Origins of Power, Prosperity and Poverty* (London: Profile Books Ltd., 2012).

[2] 关于经济增长或经济发展的文献繁多，不再一一罗列。相关背景知识的介绍，参见两部流行的教科书：菲利普·阿格因、彼得·豪伊特《增长经济学》，杨斌译，北京：中国人民大学出版社，2011 年；罗伯特·J. 巴罗、夏威尔·萨拉-伊-马丁《经济增长》（第 2 版），夏俊译，上海：格致出版社，2010 年。

丰富，拥有权势的社会阶层往往倾向于通过获取资源来牟利，而不会去努力推动工业进步与技术创新，从而容易导致经济增长的乏力。

另一种理论主张，经济增长主要依赖于人力资本的提升。芝加哥大学教授西奥多·W. 舒尔茨在研究发展中国家农业生产进步时发现，有些国家的物质资本投入没有增加，但农业生产率仍然在持续提高，原因就在于这些国家的人力资本得到了改善。正是由于这项研究的发现，很多国家后来将普及教育和改善人力资本作为促进经济增长的国家战略。

上文已经讨论的政体因素与经济增长之间的关系，可以归入 20 世纪后半叶兴起的新制度主义理论。该学派强调制度安排、产权保护与激励结构的重要性。在新制度主义经济学代表人物罗纳德·科斯和道格拉斯·诺斯看来，交易成本的降低、有效产权制度的塑造和正确激励结构的形成，是长期经济增长的关键。自 20 世纪 80 年代以来，全球范围内有不少国家通过市场化改革，释放了巨大的经济活力，进而实现了出色的经济增长绩效。

还有理论强调，经济增长的关键是知识与技术在国际间的扩散以及落后国家的学习模仿。这两项是发展中世界经济增长的关键。这意味着，经济增长较快的发展中国家，主要是那些能从西方世界的知识扩散中受益的国家。相反，那些从国际知识扩散中受益较少的国家，经济增长就比较缓慢。

与此相关的是，还有学者从 20 世纪 60 年代开始提出了一套跟创新和技术进步有关的理论。在这派学者看来，理解技术进步或创新的出现与扩散，是理解一国经济增长的关键。这一派理论可以一直追溯到约瑟夫·熊彼特 20 世纪早期的经济增长和创新理论。熊彼特将创新视为经济增长的关键，而创新是不断进行创造性破坏（creative destruction）的过程。追随熊彼特的路径，企业家精神也被视为经济增长的关键，因为只有出现众多的从事创造性破坏的企业家，才能实现更好的经济增长。但问题是，什么因素有助于塑造企业家精神呢？这个问题很大程度上又跟新制度主义学派的理论解释有关，即塑造有利于培育企业家精神的制度环境。

此外，还有学者强调政府在后发展国家的经济增长中扮演的积极角色，这些理论通常来自于对日本、韩国等东亚国家与地区经济增长的案例研究。比如，查默斯·约翰逊在《通产省与日本奇迹》一书中就强调日本的通商产业省（日本内阁部委之一）所实施的宏观调控和产业政策对战后日本经济发展的关键作用。[1]基于这些研究，有学者还发展出了一套“发展型国家”（developmental state）理论，强调一个拥有发展意愿、具有发展导向、拥有内聚力的国家官僚系统对于经济增长的重要性。[2]这些理论的提出，也被视为对自由市场派经济发展理论的修正，把政府的积极角色植入了经济增长理论之中。

这里用一定篇幅讨论了关于经济增长的诸种理论解释。如果这些经济增长理论有其合理性，那么民主或民主化是否有利于这些促成经济增长的要素呢？民主或民主化是否能促进更好的资本积累、自然资源的更有效利用、人力资本的提升、更有效的产权制度、更有效的激励结构、更好地学习模仿发达国家的经验、更好的创新和技术进步、更好的企业家精神以及更有效的发展型国家呢？这是考察民主或民主化如何影响经济增长的更为全面的视角。

---

[1] 查默斯·约翰逊：《通产省与日本奇迹》，金毅等译，长春：吉林出版集团有限责任公司，2010年。

[2] 关于发展型国家的相关背景知识，参见朱天飚《比较政治经济学》，北京：北京大学出版社，2006年，第210–235页。

民主促进或妨碍经济增长的逻辑

那么，民主到底能否促进更好的经济增长呢？认为民主会促进更好的经济增长的观点大概强调的是这样几种逻辑。第一，在民主条件下，政府权力受到了约束，政府不能胡作非为，民主政体下更可能是一个立宪政府或法治政府，这样的政府往往能够推动更好的经济增长。这里强调的逻辑是民主使政府权力受约束从而有利于经济增长。

第二，在民主条件下，公共政策通常具有更好的回应性，而有利于经济增长的政策通常更能反映社会中大部分人的利益。反之，如果公共政策让经济变得很糟糕，这样的政策在民主条件下更有可能被纠错。既然民主政体下的公共政策有良好的回应性，能反映公共利益，民主就更有可能带来好的经济增长。

第三，在民主条件下，公民教育文化和人力资本的提升速度往往更快。2500 年前，在古希腊的雅典城邦，男孩们作为未来的男性公民从小就开始接受博雅教育。在那样一个年代，普通男性公民从小能够接受教育，这是民主政体实现的非凡成就。如今的实证研究也证明，民主国家的教育通常要比威权国家做得更好，民主国家的公民文化素质和人力资本提升也要更快。[1]这样，从民主政体到更好的教育，再到更优质的人力资本，通常就能导向更好的经济增长。相反，不少威权国家倾向于实行“愚民政策”，因为人接受的知识和信息越少，就越

[1] 不少研究认为民主有助于提升一个国家的教育水平和人力资本，参见关于拉丁美洲和非洲的两项研究：Matthew A. Baum and David A. Lake, "The Political Economy of Growth: Democracy and Human Capital," in *American Journal of Political Science*, Vol. 47, No. 2(Apr. 2003), pp. 333–347; David Stasavage, "Democracy and Education Spending in Africa," in *American Journal of Political Science*, Vol. 49, No. 2(Apr. 2005), pp. 343–358.

容易服从或被统治。按照这种逻辑，威权体制更有可能会弱化人力资本的优化与积累。

第四，民主国家往往具有更好的创新能力。按照弗里德里希·哈耶克的观点，一个社会的进步高度依赖于创新，而创新具有不确定性。普遍的创新没有办法通过一个中央协调机构的统一规划或一种计划经济的方式去实现，而是需要一种更为自由的政治经济体制。由于创新的不确定，所以自由变得格外重要。[1]作为一种复合型政体的现代民主体制，往往对应着比较高的政治、经济与社会自由度。从历史经验来看，自由度较高的社会也拥有更好的创新能力和创新绩效。如今，欧美发达工业民主国家遭遇了很多政治经济难题，但从过去的经验来看，它们很有可能通过新的技术革命、组织变革或其他创新来解决这些问题。

当然，这只是理解问题的一个视角。相反的观点则认为，民主有可能妨碍经济增长，理由也很多。第一，民主不见得能够塑造有效政府、形成有效决策以及提供有效解决问题的能力。这个观点，是雅典城邦时代匿名作家“老寡头”对雅典民主政体的一个主要批评，民主并不是一种能够解决问题的体制。即便到了今天，部分民主国家的政府在解决财政困境上的无能为力、医保政策改革上的无所作为以及包括高铁在内的基础设施投资上的缓慢决策等，都饱受诟病。这些问题都会在相当程度上影响经济增长与经济绩效。

第二，民主政体要基于民意和多数决定进行统治，但民意和多数决定不见得能够形成明智的决策。比如，一些民主国家历史上就实行过完全失败的经济政策，结果是经济问题丛生，甚至直接导向经济衰

[1] 弗里德里希·奥古斯特·冯·哈耶克：《自由宪章》，杨玉生等译，杨玉生等统校，北京：中国社会科学出版社，2012年版，第44-63页。

退或经济危机。历史地看，“多数”和“正确”有可能是两回事。

第三，还有一种逻辑认为，民主更容易导致较低的投资率。与威权政体相比，民主政体往往有着更强的福利导向和更高的消费倾向。比如，高福利常常是民主政体下的政策选择，而这并不利于投资和积累。在民主条件下，对经济活动影响比较大的还有再分配政治。当然，学术界的主流意见认为，再分配政策对维系公平正义至关重要，让低收入阶层过上基本有保障的生活似乎也是现代政治的常态，但这种政策往往会对投资、对资本、对工商业力量起到一定的抑制作用。[1]所以，这里强调的是，较低的投资率和较高的再分配率，结果会不同程度地抑制经济增长。

第四，有人还担心，民主政体下的政策更有可能走向民粹化。比如，今天希腊的很多公共政策恐怕难以为继，一个重要原因就是过去的财政政策和公共政策已严重民粹化。再比如，委内瑞拉一度也是民主政体，20 世纪 90 年代查韦斯通过民主选举上台后，就采取了一系列的民粹化政策。一个典型例子是，委内瑞拉政府建立了一系列廉价食品商店，以低于市场价格的方式向普通人提供食品，广受欢迎。但是，熟悉经济学常识的人都懂得，“羊毛出在羊身上”，廉价食品商店系统的背后是政府补贴，而政府补贴要么来自于更高的税收，要么来自于政府的其他收入，比如石油收入。在此过程中，与 20 世纪 90 年代以来的民粹主义政策相同步的是，委内瑞拉的政治生活越来越威权化，并在查韦斯任内就发生了实质性的民主衰退。一个现代经济学常识是，政府——无论是民主的还是威权的——本身无法创造财富，它能做的就是转移财富。结果是，委内瑞拉这个石油资源极其丰裕的国家今天

[1] 关于民主与再分配的专门研究，参见卡莱斯·鲍什《民主与再分配》，熊洁译，王正毅校，上海：上海人民出版社，2011 年。

在经济上已经陷入困境。这些例子都说明，民主政体下的民粹化政策往往会成为经济增长和经济绩效的杀手。

民主与经济增长的全球经验

上文讨论了民主促进或妨碍经济增长的不同逻辑，那么有没有与之呼应的经验证据呢？已有的实证研究更支持前者还是后者呢？过去一个有趣的发现是，20 世纪 80 年代末之前的多数研究认为，民主政体与威权体制相比更不利于经济增长；但 80 年代末以后的多数研究认为，民主与威权体制相比更有利于经济增长。这一发现可能跟不同定量研究数据库覆盖的时间区间有关，而民主政体与威权政体在 20 世纪以来的不同时间区间里也可能有不同的表现。

从已有的经验研究来看，民主有利于经济增长的正面证据有很多。上文业已讨论，英国、美国和西欧现代早期的经济增长，很多都是在不同程度的立宪民主政体下取得的。那个时代，全球范围内普遍还没有什么经济增长的概念，多数国家和地区的经济长期陷于停滞状态。除了现代早期的经济成就，欧美发达工业民主国家即便在二战以后，仍然维持着相对高的经济增长率。如果把二战以后至今全球不同地区的经济增长率进行排序，东亚地区大概是全球经济增长率最高的地区，而排第二的就是欧美发达工业民主国家阵营，它们要比远比它们落后的拉美、非洲、东欧、原苏联地区的经济增长率更高。特别需要指出的是，这些发达工业民主国家当时已经是高收入国家了，而要在这样高收入起点上保持较高的经济增长实属不易。因为对最发达国家而言，它们整体上的经济增长都必须要靠创新来实现，而无法靠知识扩散和学习模仿来实现。

西方体系之外的首个近代化国家日本，从1868—1869年明治维新到20世纪30年代二战之前的时期，也经历了高速的经济增长。明治维新、开设国会、宪法改革、大正民主运动等政治事件，跟日本在经济上的近代化过程是同步发生的。这一时期的日本既从一个传统的封建主义国家过渡到了近现代的立宪民主国家（比如，日本在1925年已经普及了成年男性的投票权），又在经济上实现在整个东亚、乃至全球范围内傲人的经济增长记录。日本在1904—1905年日俄战争中击败当时被称为欧洲强国（至少是欧洲大国）的俄国，也证明日本在经济和技术力量发展上的一种奇迹。当然，20世纪30年代的日本先是经历了军事政变，而后又发动了太平洋战争，给包括中国人民在内的世界人民带来了巨大的灾难。二战结束后，日本的民主化改造得以完成，该国又经历了快速增长的经济奇迹。20世纪下半叶日本经济的重新崛起与复兴，也是在二战后重新确立的民主政体下取得的。日本以国家个案的方式呈现了欧美国家之外的经济发展奇迹，背后也存在立宪民主政体与经济增长之间的正面关系。

就新兴民主国家的增长数据而言，自20世纪90年代以来，巴西、印度等发展中民主大国都经历过长短不一的高增长时期。当然，这些国家现在不一定还维系着高增长。像巴西，过去一度有十来年时间差不多维系了年均5%以上的经济增长率；印度最近一二十年总体上维系了比较高的经济增长率，目前经济增长率甚至已经超越中国。这些案例说明，并不是所有的新兴民主政体都无法实现高增长，而是完全有可能实现高增长。

与之相比，全球范围内还有不少威权国家成为从掠夺型统治走向经济低增长甚至是经济灾难的反面典型。比如，撒哈拉以南非洲的扎伊尔（今刚果）、津巴布韦等国历史上或至今尚有这样的掠夺型威权政体。这些国家政治上是威权统治的，经济上是停滞落后的，可以想见生活其中的人民是何等的悲苦。

与此同时，民主政体不利于经济增长或威权政体有利于经济增长的反面证据也很多。这里要特别把一组国家拿出来讨论，本书将其称为发展型威权主义的经济奇迹。这是二战以后在威权政体之下实现经济高增长的一组国家案例。比如，韩国的朴正熙时代创造了“汉江奇迹”，朴正熙把一个人均 GDP100—200 美金的国家——1960 年左右的韩国大体跟当时的中国或印度差距不大——逐步发展成为一个人均 GDP1000 美金以上的国家。这种发展是经济现代化最重要的阶段，因为达到人均 GDP1000 美金意味着该国已经实现了部分的工业化。工业化一旦启动，如果不是人为抑制或战争破坏，经济增长的引擎就已经转动起来了，后续就有很大机会能实现进一步的经济增长。

拉美国家智利在 1973 年发生政变以后，新的统治者奥古斯托·皮诺切特将军邀请毕业于美国芝加哥大学的一批年轻经济学家协助其管理经济。总体上，皮诺切特时代是政治上高度威权、经济上高度自由化的时代，随后智利经历了十几年的高速经济增长，从一个不那么发达的经济体，发展到 20 世纪 90 年代初已经达到人均 GDP9000 美元左右。相关数据显示，在整个皮诺切特时代，智利除了遭遇过一次全球性经济危机，其他时间里经济增长率相对较高。

在所有发展型威权主义政体中，还有一个经济增长的突出例子是新加坡。新加坡是一个城市国家，目前人均 GDP 已经突破 50000 美金，成功迈入了世界一流发达经济体的行列。众所周知，已经辞世的李光耀先生是新加坡威权主义发展奇迹的主要缔造者。如今，新加坡已经引入了某种受控的竞争性选举，但总体上仍然被视为威权政体或是一个拥有定期选举的半威权主义政体。总之，这些故事都意味着，非民主政体也完全可能创造经济高增长的奇迹。

从民主到经济绩效的理论反思

那么，民主政体与经济增长究竟是何种关系呢？实际上，现有研究提供的是互相冲突的逻辑和证据。上文已经显示，既有导致高增长的民主政体，亦有导致低增长或经济衰退的民主政体；既有导致高增长的威权政体，亦有导致低增长或经济灾难的威权政体。因此，当我们问民主政体是否导致经济增长时，另一个问题或许更重要，即什么样的民主政体导致经济增长或妨碍经济增长。同样的，当我们问威权政体是否导致经济增长时，还应该问什么样的威权政体导致经济增长或妨碍经济增长。由此看来，跟民主政体与威权政体的两分法相比，具体到何种类型的民主政体或何种类型的威权政体才是更重要的，因为后者往往在更大程度上影响着一个国家能否实现好的经济增长或经济绩效。

民主政体或威权政体的具体类型，往往还跟这种政体下的特定政治过程与政策产出有关。无论一种政体是民主的还是威权的，其政治过程到底是怎样的呢？这种政治过程又会导致何种政策产出呢？比如，在一个威权国家，政治精英既可能是服务于国家和公众利益的，又可能是服务于小集团利益和统治租金攫取的。这样，前者就是发展型政治精英集团，后者就是掠夺型政治精英集团。

再比如，在一个民主国家，既可能发展出一种限制政府权力、保障产权、塑造正确激励结构的有效制度，政府致力于提供必要的公共产品与改善公共服务，又有可能出现高度冲突的斗争政治和高度民粹化的公共政策，政府常常无所作为。进一步说，无论是民主政体还是威权政体，如何塑造更为有效的政治过程和正确的政策产出呢？这是一个更复杂的问题。但无论怎样，上述讨论揭示了政治过程和政策产出的重要性。

另一个影响政体类型与经济绩效之间关系的重要因素，是某种政体所处的国际体系与时空条件。从经验上看，民主政体导致高增长或低增长，还跟特定时期民主政体所处的国际体系有关。如果国际体系相对和平，全球技术快速进步，新产业革命生机勃发，西方发达国家整体上处于高增长的周期，那么与西方世界关系密切的发展中民主国家往往更容易在经济上取得高绩效。但是，如果国际体系是冲突主导的，全球技术进步缓慢，产业革命动力匮乏，西方发达国家整体上陷于低增长或衰退周期，那么发展中国家往往更难在经济上实现高绩效。更复杂的是，民主国家与威权国家在国际体系中的互相关系，也会影响它们各自的经济增长与经济绩效。对于这个问题，这里不再做深入分析。但无论怎样，国际体系的基本特征与全球性的时空条件会影响一组新兴民主政体或一组威权国家的经济绩效。

5.3 民主与公共治理

本讲的第二个问题是民主与有效公共治理之间的关系。美国学者弗朗西斯·福山在《政治秩序的起源》和《政治秩序与政治衰败》两部作品中认为，如果人类社会的公共治理有一个理想目标的话，那应该是什么呢？他的答案是要“抵达丹麦”。众所周知，丹麦是一个高度发达的北欧民主国家。福山这里用“丹麦”来指代目前人类社会能够企及的那种理想的公共治理状态。简而言之，丹麦的公共治理，既是民主的，又是法治的；既实现了经济繁荣，又实现了社会平等；既拥有高度发达的经济活动，又拥有优美宜居的自然环境。所有这些，在福山看来，构成人类政治秩序和公共治理的理想状态。

然而，有人认为，丹麦这样的理想治理样本其实有着很大的特殊性，它不仅人口规模较小，属于数百万人口的小国，而且其面积、资源条件与人口规模相比非常丰裕。北欧诸国高质量的生活水准和理想的公共治理状态，或许跟他们较小的人口规模以及较好的资源与人口比例关系密切。所以，尽管福山说要“抵达丹麦”，但考虑到这些因素，一个普通的大型国家要想在公共治理上“抵达丹麦”并不容易。

从民主到公共治理：不同的逻辑

讨论公共治理问题，首先要确定衡量公共治理的标准。第一讲曾经介绍，世界银行开发了一整套衡量各国公共治理状况的评估体系，称之为“全球治理指数”，具体包括六个指标，分别是：公民表达和问责制、政治稳定和控制暴力、政府效能、管制质量、法治以及控制腐败。如果一个国家拥有优良的公民表达与问责制、极佳的政治稳定性以及政治暴力程度极低、很高的政府效能、优越的管制质量、一流的法治水平、极低的腐败程度，那么该国就实现高度的善治。如果一个国家在上述几个方面表现逊色，那么该国就是一个治理糟糕的国家。当然，或许还有国家在部分指标上表现出色，但又在其他指标上表现堪忧。从 1996 年开始，世界银行就用这套全球治理指标来评估每个主要国家的公共治理程度，并形成了一整套数据库。这一全球治理指数的评价体系，就构成了我们考察一个或一组国家公共治理的参考。

有了衡量公共治理的标准后，我们可以继续追问：民主或民主化究竟是促进公共治理还是妨碍公共治理呢？无论是促进或是妨碍，其中的主要机制又是什么呢？实际上，民主促进公共治理的机制，跟民主促进经济增长的机制是类似的。第一，民主政体下的政府权力受到有效约束，就更有可能实现有效公共治理。一旦政府权力不受约束，就很难实现好的公共治理。第二，民主政体下的公共政策更有回应性，这通常也更容易导向有效公共治理。第三，民主就其定义和制度而言，整个治理应该是基于公共利益而不是少数人的私利，这种公共利益导向的民主治理也更有可能导向好的公共治理。

相反，民主妨碍公共治理的机制又有什么呢？这里的逻辑也跟民主妨碍经济增长的逻辑类似。第一，有些民主国家几乎陷于无法治理的状态，那就谈不上能否实现好的公共治理了。比如，某些非洲国家在民主化的过程中，陷入了不同族群、宗教群体之间的严重冲突，有的甚至还演变为武装冲突。这样的冲突会让民主政体失去基本的治理能力。第二，民主条件下政治家未必具有理想政治家的品质，包括远见、领导力与奉献精神。古希腊哲人们总是担心蛊惑人心的野心家会当选城邦的政治领袖，如果这样，就会导致城邦治理的每况愈下。当然，我们同样可以问，威权政体是否会产生理想的或至少胜任的政治领导人？这种不确定性同样很高，甚至要比民主政体的风险更大。但无论怎样，确实有些民主政体会选择比较糟糕的政治家或领导人，结果就是难以实现有效治理。第三，一个老生常谈的问题是，民主政体不一定能够形成好的政治决策与公共政策，这样的情形比比皆是。如果民主政体不能形成正确的公共政策，那就无法实现好的公共治理。

全球经验视野中的民主与善治

从民主到有效公共治理的关系，不仅要讨论逻辑，更要看经验证据。难题在于，现有实证研究的分歧也很大，一部分研究认为民主更有可能导致善治，相反的研究则认为民主难以导致善治。

经合组织（OECD）国家基本上是从民主到善治的典范。OECD 国家绝大多数国家都是民主国家。[1]如果用全球治理指数去衡量，OECD 国家总体表现优良。比如，以 2006、2011、2016 年这三年 OECD 国家全球治理指数的平均值为例，这 30 多国的平均值绝大多数都在 80 分以上，其中仅有政治稳定与控制暴力指标处在 70—80 分之间，很多其他指标都接近 90 分，参见图 5.1。就全球治理指数平均值而言，OECD 国家属于全世界公共治理最好的国家。特别是，世界银行全球治理指

[1] 经合组织全称是“经济发展与合作组织”（Organization for Economic Co-operation and Development），是全球最发达的 30 多个国家组成的国际组织，旨在共同应对全球化带来的经济、社会和政府治理等方面的挑战，并把握全球化带来的机遇。按照目前国际评级机构的标准，土耳其是 OECD 国家中唯一一个发生民主衰退的国家，但该国 2015 年之前通常被视为至少已经达到选举民主标准的国家。

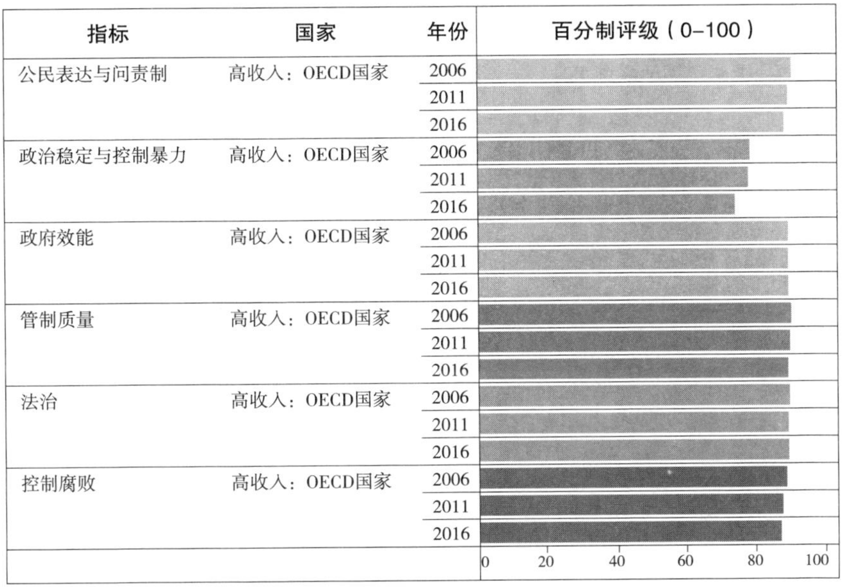

图 5.1 OECD 国家的全球治理指数（2006—2016 年）

资料来源：世界银行网站全球治理指数数据，参考网址 http://info.worldbank.org/governance/wgi/#reports

数网站的数据显示，几个北欧国家和澳洲国家——比如丹麦、瑞典、澳大利亚、新西兰等——全球治理指数的评分基本都在 95 分以上，表现出色，几近完美。

当然，全球范围内也存在着很多从民主到无效公共治理的案例。拉丁美洲国家智利在历史上就发生过这样的情形。智利在 1970—1973 年阿连德政府时期，开始搞“社会主义革命”，包括土地改革、银行厂矿国有化和财产再分配等。在这样的背景下，智利社会就陷入了高度的阶级撕裂，工商阶层、中产阶级和普通群众之间爆发了严重的阶级冲突。结果是，智利的经济增长受阻，通货膨胀居高不下，暴力冲突持续不断，最后以军事政变收场，民主政体黯然退场。这一案例展示了从民主到激烈的阶级冲突、再到国家无法治理的政治过程。

尼日利亚是非洲人口最多的国家，1959 年进行首次大选，1960 年正式赢得独立，1963—1964 年又进行了第二次大选。由于尼日利亚是多族群、多宗教国家，几个主要族群集团控制着不同的地区，民主政治逐渐演变为不同族群和族群政党对中央政治权力与经济资源的争夺，政治冲突与日俱增，最终走向了军事政变和全面内战。从尼日利亚的例子来看，民主政治一度不仅不能缓解国内族群冲突，反而还会激化这种族群冲突，最后不得不依靠武力来解决问题。后来，经过长时间的军人统治和民主化尝试，1999 年尼日利亚再次启动民主转型。今天的尼日利亚，尽管已经不再有国家分裂的重大压力，但还是经常可以看到国内的族群暴力和宗教暴力事件，导致死伤上百人的悲剧还时有发生。如果以撒哈拉以南非洲国家作为参照系，很难说尼日利亚今日的民主治理绩效是低下的，但该国的民主治理绩效离 OECD 国家、离有效治理程度较高的国家无疑有着相当的距离。民主治理如何实现更好的绩效，对尼日利亚来说仍然是一个挑战。

泰国是另一个民主无法导致有效公共治理的案例。20 世纪 90 年代以来，泰国一直在民主选举、街头运动、政治冲突和军事政变这些关键词之间来回摇摆。泰国民主的基本问题是，民主很难解决国内的严重政治分歧，特别是首都和外省、富有的社会阶层和贫穷的社会阶层之间的分歧。最常见的情形是，一派当选，另一派就试图通过街头政治让政治秩序和公共生活陷于瘫痪。这种模式往往为泰国军方出场提供了绝佳的机会。这样，泰国就成了一个难以实现有效民主治理的典型国家。当然，泰国的政治问题也不宜过分夸大。尽管选民政治分歧严重，街头政治运动频繁发生，甚至连军事政变都不罕见，但泰国的政治生活很少发生流血事件。如果没有频繁街头政治的困扰，泰国基本上被视为一个稳步发展的新兴工业化国家。无论怎样，民主政体在解决泰国国内政治分歧方面的治理能力并不高。

如果这里把印度视为一个民主治理绩效不佳的案例，可能会充满争议。考虑到印度独立之初极端落后，再加上该国复杂的族群、宗教和语言的多样性，民主在印度实现这样的治理成就已经殊为不易。但是，如果以更高的标准来要求的话，印度民主政体在解决经济增长、社会暴力和政治腐败方面的绩效仍然充满了瑕疵。以腐败为例，过去20年多年，印度清廉指数（CPI）的总体趋势是在改善，问题是印度今天仍然算不上一个腐败程度较轻的国家。总之，印度民主政体已经维系了70年，但民主治理依然没有充分治愈政治腐败问题。

此外，这里再来考察一下拉丁美洲和加勒比海地区的全球治理指数，见图5.2。从2006到2016年这10年间，拉丁美洲和加勒比海地区的民主指数相对是较高的。整个地区严格意义上的封闭型威权主义国家已经较少，大部分国家都实现了不同程度的定期选举。然而，跟OECD国家相比，这一地区的全球治理指数平均值就明显低了很多，其均值大概位于40—60分的区间。这大概能够反映拉丁美洲新兴民主政体的总体公共治理状况。如果以高标准来看，拉美的民主治理状况并不理想，但与其他发展中地区相比并不算逊色。拉丁美洲地区的公共治理状况，更能反映全球发展中地区多数新兴民主政体的治理绩效。

由此看来，民主既有可能导致公共治理的高绩效，又有可能导致公共治理的低绩效。特别是，对单个国家而言，民主能否导致有效公共治理存在着相当的不确定性。现有研究实际上还揭示了两个重要因素对民主政体治理绩效的显著影响。一个重要因素是经济发展水平。如果一个国家既是发达国家又是民主国家，大体都能实现公共治理的高绩效，在全球治理指数的评价体系中也能得到高分。相反，如果一

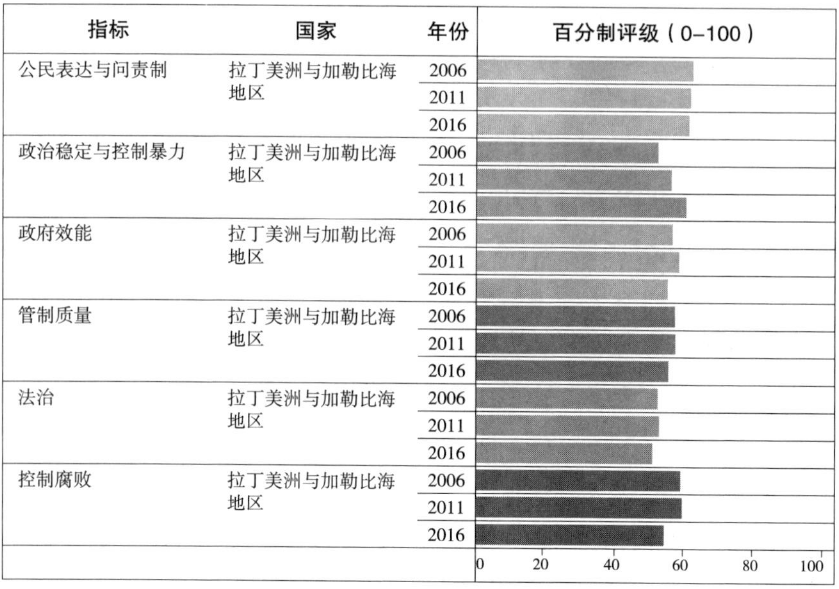

图 5.2 拉丁美洲和加勒比海地区的全球治理指数（2006—2016 年）

资料来源：世界银行网站全球治理指数数据，参考网址 http://info.worldbank.org/governance/wgi/#reports

个新兴民主国家的经济发展水平很低，属于落后国家，那么它更容易导致低绩效的公共治理。

另一个重要因素是一个国家的政治分歧结构的维度与程度。对韩国来说，民主转型过程的压力总体比较小，原因在于韩国国内社会的政治分歧程度比较低。一方面，韩国国内不太会出现族群冲突的重大压力，而这是困扰很多新兴发展中民主国家——特别是东南亚、南亚和非洲地区新兴民主国家——的重要问题；另一方面，韩国在威权时代不仅实现了经济增长，达到了较高的经济发展水平，而且还实现了社会财富相对平均的分配，阶级冲突激化的可能性比较低。无疑，一个政治分歧程度比较低的新兴民主国家更有可能实现较高的公共治理绩效。

然而，韩国只是新兴民主国家中一个较为特殊的成功案例。在全球范围内，大量新兴民主国家在两个维度上都面临着重大的挑战。一是政治分歧的阶级维度。在很多国家，少部分人富有，大部分人贫穷，这是很普遍的现实问题。但是，如果贫富分化严重，每个人都拥有投票权后，就可能会引发激烈的冲突。不同阶级之间会就财产制度、福利政策与再分配等问题展开激烈斗争。二是政治分歧的族群与宗教维度。如果一国内部存在着两个或数个较大规模的族群—宗教集团，那就有可能在该国引发严重的族群—宗教冲突。当然，一个政治冲突频仍的民主国家无法实现好的公共治理。

5.4 更民主，更平等？

第三个问题是民主能否促进平等呢？一般认为，民主以政治平等为前提，所以民主应该更能促进平等。但也有人质疑，既然民主以政治平等为前提，为什么不少西方民主国家的贫富分化还在加剧呢？特别是，随着全球化的深入，最近三四十年间很多欧美国家的经济不平等程度都有所提高。这似乎是一个悖论。

我们期待的究竟是何种平等？

讨论民主与平等之间的关系，首先要问的是我们究竟期待的是何种平等？是形式平等与程序平等，还是实质平等与结果平等？要知道，这是两类差异很大的平等。比如，以经济领域为例，一种平等是指每个人都有同等的权利与机会去经商或投资，这是形式平等。但是，你有没有钱去经商或投资，以及这种经商或投资是不是能产生合理的回报，就是另外的问题。所以，形式平等和实质平等很不一样——正如一个人获得高收入的机会，与实际上能否获得高收入是两回事。

有人还关心，我们需要的究竟是哪个领域的平等？这里主要涉及的是政治领域与经济领域。当然，有人还关心其他领域的平等。比如，文化教育领域的平等也是一个重要问题。如果稍微深入分析一下，大家就会发现，一个社会最主要的不平等还是政治不平等与经济不平等，很多其他领域的不平等往往源自这两种基础性的不平等。

那么，什么是政治平等呢？形式上的政治平等，是指一个社会的每个公民具有同等的基本政治权利。比如，所有成年公民在政治参与上实现了一人一票，每个人都有参与选举之外的其他政治活动的资格与自由，所有公民实现了法律面前的人人平等——因为只有法律上的人人平等，才能保证政治上的人人平等。

但实质上的政治平等，含义却与此不同。上文曾提及，美国政治学者罗伯特·达尔认为，权力等同于影响力。按照他的观点，政治上的实质平等是指政治影响力的均等化，即每个社会成员要拥有相当的或均等的政治影响力。达尔认为，这种实质性的政治平等在长期当中不仅是可欲的，而且是可得的。[1]当然，很多质疑达尔观点的学者认为，要实现每个成年公民在实际政治影响力上的均等化几乎是不可能的。在我看来，这种更保守而审慎的观点更符合人类社会迄今的真实经验。

但是即便完全意义上的政治影响力均等化无法实现，这里是否仍然有一个“度”的问题，即有些社会不同成员之间实际政治影响力的差距更大，而另一些社会不同成员之间实际政治影响力更为均等化。这是完全有可能的。若参照衡量经济不平等程度的基尼系数，政治学界未来或许可以根据不同公民实际政治影响力的大小，设计一个政治影响力的基尼系数出来，并以这个系数的高低来衡量一个社会实质性政治不平等的程度。这在理论上应该是可行的，但如何操作则是一个更复杂的问题。

与政治平等同样重要的是经济平等问题。形式上的经济平等，是指每个人具有同等的基本经济权利。比如，每个人的产权都受到同等的可靠保护，每个人享有同等的经济自由，每个人拥有同等的自由择

[1] 罗伯特·达尔：《论政治平等》，谢岳译，上海：上海人民出版社，2010年。

业或自由投资的机会等，这些就是经济领域的形式平等。当然，这种平等主要是指权利或机会意义上的。

实质上的经济平等，是指一个社会中不同成员的收入和财富较为均等化。当然，就人类的历史经验而言，从来没有哪个社会能够实现不同个体收入和财富的完全均等化。但确实，一些社会比另外一些社会在收入和财富上更平等或更不平等。今天，经济学家们一般都用基尼系数来衡量经济不平等程度。从已有统计数据来看，不同国家之间的基尼系数差别很大。需要指出的是，目前的基尼系数在设计上主要考虑的是收入——这是一个流量概念，但不少国家分化更严重的其实是财富——这是一个存量概念。举例来说，很多国家的房地产基尼系数就远远超过收入基尼系数，而房地产如今又构成了很多国家家庭财富的主要部分。这样，各国际机构和各国常用的基尼系数就有可能低估了一个社会实际的经济不平等程度。关于平等的主要类型，参见表5.1。

	政治	经济
形式	同等基本政治权利	同等基本经济权利
实质	政治影响力均等化	财富与收入均等化

表 5.1 平等的主要类型

民主能够实现实质性平等吗?

需要说明的是，我们不应该以一种完全理想化的平等状态来衡量现实的平等与否，只有人类社会中曾经或可以企及的某种平等状态才是合理的参照系。基于这样的参照系，首先可以得到的结论是：民主和非民主政体相比，往往实现了更大程度的形式或程序平等，这一点是毋庸置疑的。在政治上，民主意味着每个公民都有政治参与资格的平等，也意味着用统一的宪法与规则去平等地规制所有政治参与者的行为。但即便是这种形式上的政治平等，在人类历史上也是最近200年左右的事情——而且在前100年里，只是极少数国家实现了这种形式上的政治平等。因此，实现形式上的政治平等本身，就是近现代民主政体的一项重大成就，构成了人类政治文明进化的关键一步。在经济上，民主政体往往跟公民权利与市场经济相携手。从历史经验来看，民主政体下的不同人群往往拥有更大程度的同等权利意义上的经济自由、择业自由和投资自由。这也意味着民主政体下人们实现了更大程度的经济上的形式平等。

较有困难的是第二个方面，即民主能否实现实质平等或结果平等。更具体地说，从经济上讲，民主政体能否更好地实现社会成员之间收入和财富的平等呢？从政治上讲，民主政体能否更好地实现社会成员之间政治影响力的平等呢？对于这两个问题，很多人首先会产生一个质疑：经济上真的能实现人与人之间收入和财富的均等化吗？政治上真的能实现人与人之间政治影响力的均等化吗？很多保守主义思想家认为，这种想法本身或许就是大错特错了。

奥地利学派的重要经济学家路德维希·冯·米瑟斯在《自由与繁荣的国度》中明确主张形式的平等，而反对实质的平等。在他看来，实质性的平等既不能实现，也不值得期待。如果要想实现完全意义上的实质性平等，其实际的政治社会结果可能反而更糟糕。他这样说：

他们认为法律面前的人人平等并不是真正的平等，这种指责毫无道理，想把人变得真正平等起来，这是依靠人的一切力量都办不到的事情，人与人之间本来就是不平等的，而且将继续不平等下去。……真正理智、清醒、并且合乎目的的处理办法就是争取在法律上平等待人。[1]

米瑟斯表述的原则很清晰，一个理想的社会所能做到的就是争取法律上的人人平等。每个人拥有同等的基本权利、同等的政治参与资格、同等的经济自由程度以及在法律上获得同等的保护。但是，如果试图在这种平等之上追求更多的实质性平等，不仅是做不到的，而且这样做未必会带来什么好的社会后果。

在米瑟斯所处的年代，欧洲有一大批计划经济论者，试图要推翻产权制度与市场制度，据称其最终目标是为了让每个人获得同等的实质性平等。但是，包括米瑟斯和哈耶克在内的很多学者都认为，如果真的实行一场颠覆产权制度与市场制度的社会革命，那么一种新的不平等就会取代原先财产上的不平等，那就是政治权力的不平等。最终来说，如果政治权力的不平等取代了财产的不平等，其实也实现不了什么实质性的平等。在这一派学者看来，所谓财产的国有化或社会控制，最终是把控制财产的权力让渡给少部分掌握政治权力的人。

然而，罗伯特·达尔的观点则完全不同，其晚年代表作《论政治平等》在很大程度上确立了达尔作为正统左派政治学者的地位。在该书中，晚年达尔明确主张实质性平等的观点。在他看来，政治平等的实质就是政治影响力的均等化。晚年达尔较为理想化地认为，社会成员间政治影响力的均等化既是可欲的，又是可能的——这是他的基本

[1] 路德维希·冯·米瑟斯：《自由与繁荣的国度》，韩光明等译，北京：中国社会科学出版社，1995年，第69–70页。

倾向，但对于能否完全实现他也抱有比较审慎的看法。在达尔的分析框架中，影响人和人之间政治影响力差异的因素有很多，包括资源条件、时间的约束性、规模原因、市场因素、国际格局以及可能的危机等等。这些因素都使得实现人与人之间政治影响力的均等化变得困难。[1]

比如，人和人掌握的资源是不一样的。大型房地产开发商如果要竞选总统，他的资金条件就较为有利，他要比普通的政党活动家、知识分子、律师记者、中产阶级掌握的经济资源丰裕很多。当然，这里的资源条件不仅包括经济资源，而且还包括政治资源和知识资源等。《第三次浪潮》的作者阿尔文·托夫勒曾经说，权力有三个来源：财富、暴力与知识。[2]如果说这三种东西是权力资源的核心，那么一个社会中拥有更多财富、更多暴力资源或更多知识的人，往往就拥有更大的政治影响力，但这些资源在每一个社会中都不是均匀分布的。

另一个问题是时间的约束性。比如，大型会议通常无法安排每个人都发言，因为这样做在时间上并不允许。即便按照古希腊雅典城邦的公民大会模型，理论上每个成员都应该获得同等的发言机会，但这在时间约束条件之下实际上是无法做到的。正因为此，即便在一国议会中往往都需要党团组织来代表具有不同主张、来自不同党派的数百位议员们，这样的安排往往意味着，议会内部的不同成员之间存在着政治影响力的差异。那些在党团组织中具有重要地位的议员，往往显得更为举足轻重。跟时间因素有关的，还包括规模因素。现代国家的规模通常都比较大。如果要实现每个人政治影响力的均等化，那么应该如何克服国家与人口规模所导致的问题呢？从组织管理上说，大规

[1] 罗伯特·达尔：《论政治平等》，谢岳译，上海：上海人民出版社，2010年。
[2] 参见阿尔文·托夫勒《第三次浪潮》，朱志焱等译，北京：新华出版社，1996年。

模的政治共同体一定要给予少数人更大的政治支配权，以便他们可以代表共同体管理公共事务和制定公共政策。

另一个条件是市场因素。众所周知，只要存在市场的地方，就会存在贫富分化。个人财富的多寡也容易影响政治影响力的高低，这又跟上面分析的原因有关，即资源条件的差异。从经济资源的不平等到政治资源和影响力的不平等，这里有市场因素的影响。晚年达尔还注意到，国际体系中也存在着严重的不平等。有的国家在国际体系中的政治权力较大，有的国家则政治权力较小。这样的国际因素也会影响国内社会成员之间的政治影响力大小。此外，最后一个因素是，很多社会都会遭遇各种各样的危机。当一个社会遭遇重大危机时，人们往往宁可放弃基于公众讨论的决策方式，而选择将其让渡于更为集权的决策方式。从历史经验来看，很多国家在重大危机的关头往往会由一个人或一个小规模的委员会来代表整个国家快速地处置危机。这种情形也使得少数关键人物的政治影响力要远远超过大多数人。

正是由于上述因素，人与人之间在政治影响力上往往难以均等化。晚年达尔尽管对此心知肚明，甚至对他所在时代美国政治不平等程度的提高感到失望，但他仍然笃定认为，影响实质性政治不平等的诸种因素是有机会被改善的。如果这些因素得以改善，人类社会未来实现更大程度的实质性政治平等的前景仍然是可期的。由此可见，晚年达尔的实质性平等观，有着相当强烈的平等原教旨主义的意味。

当然，晚年达尔的观点在很多人看来是过分乐观了。保守主义者会认为，这是左派对于实质性政治平等的不切实际的过度想象。除了上文已经讨论的米瑟斯对于过度追求实质性平等的担忧，还有一个重要观点认为，完全的实质性平等——如果能实现的话——会消灭一个社会的激励因素。如果每个人出生时的条件是一样的，去世时也没有什么差别，亦即每一社会成员从生到死都享受着整齐划一的实质性平等，那么这样的社会还能进步吗？这也是一个现实的问题。

尽管如此，即便一个人完全不同意晚年达尔而赞同米瑟斯，这并不意味着，巨大的贫富差距对一个民主社会来说是无关紧要的。如果一个民主社会呈现严重的贫富分化，可能会带来两个直接的后果。第一，这样的民主政体更有可能陷入政治不稳定。在贫富悬殊的条件下，如果富人和穷人都是一人一票，他们很可能会就财产制度和公共政策展开激烈斗争。这往往是一种关于再分配的斗争，斗争议题包括土地所有权、公司所有权、税收政策和福利政策等。从经验上看，如果一个民主社会的贫富差距比较小，特别是如果这个社会较低收入的后 20%—30% 的人也能过上基本尚可的生活，没有很大的生存压力，这样的民主社会就更容易趋于稳定，民主政治就更能良好运转。但是，一旦富者愈富、贫者无立锥之地，掌握了普选权的低收入群体往往希望通过财产再分配来获得公平感，这往往会引发激烈的阶级斗争。而一旦出现激烈的阶级斗争，民主政体就更难实现稳定了。

第二，在一个贫富悬殊的社会，普通公众的幸福感往往比较低。在威权政体下，如果普通公民的幸福感比较低，并不会构成直接的政治压力，因为威权政体下往往缺少自由通畅的政治表达渠道。但如果在民主政体下，公众幸福感比较低时，这种情绪很容易通过政治表达和政治参与宣泄到政治领域。在野的政治活动家甚至会鼓吹，普通人生活艰难都是当政者造成的，或者将这些问题都归咎于当政者。这就更有可能引发政治系统的不稳定。本书最后还会讨论，民主政治发展到今天，普通公民自觉不自觉地把太多的希望和期待放在国家或政府身上了。

总之，这里的基调是，民主社会要想实现完全的贫富均等几乎是不可能的，但过分悬殊的贫富差距对民主政体不是一件好事情，甚至有可能导致民主政体的不稳定。

民主与平等：来自全球的经验

那么，从全球经验来看，民主与平等究竟是何种关系呢？从民主有利于平等的视角来看，一个最为直接的证据是，在全球所有国家中，发达工业民主国家的经济不平等程度通常是比较低的，往往远低于发展中地区的威权国家。比如，OECD 国家的主体是发达工业民主国家，而多数 OECD 国家基尼系数仅位于 0.25—0.35 的区间，只有少数 OECD 国家会达到 0.35—0.40 的区间，参见图 5.3。此外，很多新兴民主国家的不平等程度也是比较低的。比如，韩国既是一个 OECD 国家，又是一个新兴民主国家，目前的基尼系数仅为 0.31 左右。这至少说明，在韩国这一转型案例中，民主是与较高程度的经济平等联系在一起的。从公共政策看，几乎所有民主国家都会实行不同程度的再分配政策，包括对高收入阶层的累进所得税以及对低收入阶层的福利补贴政策。这些做法通常都会降低一个民主社会的不平等程度。

相反证据则是，民主并没有带来更大的经济平等程度，或者说民主未必能缓解一个社会的不平等状况。（当然，几乎没有人会认为，民主会比威权政体更容易导致经济上的不平等。）一个显著的证据是，仍有相当比例的民主国家维系着较高的经济不平等程度，比如，智利、墨西哥等。世界银行的数据显示，智利 1987—2013 年间的经济不平等程度总体上在下降，但即便如此，该国目前的基尼系数仍然高达 0.50 以上。当然，更全面地说，智利作为一个案例呈现的是两种相反的证

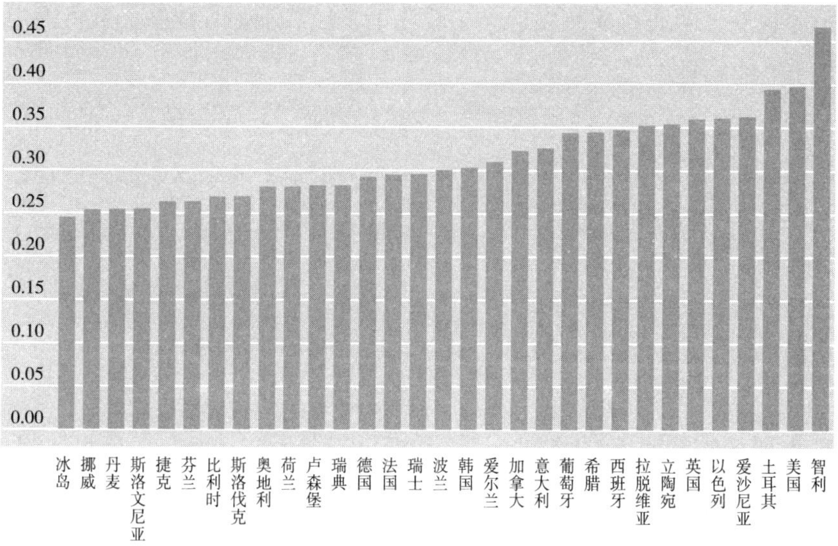

图 5.3 OECD 国家的基尼系数：2015 年

资料来源：OECD 网站数据频道，参考网址 https://data.oecd.org/inequality/income-inequality.html

据：一方面，长期看来民主可能会缓解不平等程度；另一方面，民主政体仍然会在相当长时期内跟高度的经济不平等共存。实际上，墨西哥基尼系数的趋势跟智利几乎是一模一样的，只是总体上略低一些。这些新兴民主国家的基尼系数跟欧洲发达工业民主国家比已经相当高了，可见，新兴民主政体完全可能跟较高的经济不平等程度共存。

另一个证据是，从 20 世纪七八十年代至今，部分民主国家的经济不平等程度还显著提高了。世界银行的数据显示，从 1986—2013 年，美国的收入基尼系数逐步攀升，目前已发展到高达 0.41 的程度。此外，英国和澳大利亚等国过去三四十年也有类似的基尼系数持续提高的趋势。这似乎证明，老牌发达工业民主国家也未必能有效地缓解经济不平等程度。即使在成熟发达民主政体下，经济不平等程度仍然可能出现上升的趋势。

由此可见，从民主到平等的逻辑并不那么简单。较有把握的是，民主通常更能实现形式平等或程序平等，但民主并不必然能够实现更多的实质平等或结果平等。从历史经验来看，民主在大量国家实现了更大程度的实质平等或结果平等。当然，还有相反证据表明，民主在某些国家或某些条件下未必能增进实质平等或结果平等。

这里或许可以推导出一个较为保守的结论：一定程度的不平等是民主社会的某种正常状态，几乎是难以避免的。只要存在自由体制、市场经济和竞争因素，只要人与人之间存在能力、努力和运气的差异，只要人们继承自祖辈的财富和资源有别，这些原因都会导致民主社会中呈现相当程度的不平等。但即便如此，需要提醒的是，如果一个社会的不平等过大，很可能会影响民主政体的品质与稳定。在那些贫富悬殊的社会，民主政体更容易遭遇运转方面的困难，这种挑战无论在过去还是在今天都是非常现实的。

5.5 民主引发更多政治冲突吗？

第四个问题是民主是否会导致更多的政治冲突？加利福尼亚大学社会学教授迈克尔·曼所著的《民主的阴暗面》一书在国内出版后，引起热议。此书核心观点是：民主政体更容易导致种族清洗。曼是一位声誉很高的学者，但他这部书的观点和逻辑是充满争议的。比如，他所罗列的几乎所有种族清洗案例，都是在非民主政体下发生的。[1] 2004年，耶鲁大学法学院教授蔡美儿写了一部名为《起火的世界》的作品，该书主题是西方输出自由民主与市场经济引发族群和宗教冲突。显然，该书作者认为民主没有给发展中世界带来福祉。[2] 比较认真的读者会发现，《起火的世界》或许不是那么严谨，不是按照社会科学研究的严谨结构来构思与写作的，但书中的现象与观点值得引起我们的重视。

尽管主题和研究路径各异，这两部作品都提出同一种担忧：民主的扩展是否会引发更多的政治冲突？如今，类似的学术著作还相当之多。最近几年，国内外媒体关于民主选举在这个国家导致政治暴力、在那个国家引发冲突或内乱的报道更是层出不穷。

---

［1］迈克尔·曼：《民主的阴暗面：解释种族清洗》，严春松译，北京：中央编译出版社，2015年。同时可以参见我对《民主的阴暗面》的批评：包刚升《民主的阴暗面？》，《读书》2015年第8期，第52—61页。

［2］蔡美儿：《起火的世界：为何输出自由市场民主，却收获种族仇恨与全球动荡？》，刘怀昭译，北京：中国政法大学出版社，2014年。

民主与政治冲突：何种逻辑？

讨论民主与政治冲突之间的关系，首先需要了解一个事实，社会冲突或政治冲突几乎是无处不在的。没有哪一个社会能够消灭政治冲突，其差别主要在于程度的不同。只要有人类社会，就会有政治冲突。有意义的目标是能否把这种政治冲突控制在较低的水平上。

有人担心，民主与民主化有可能会加剧一个国家的政治冲突。比如，对今天的尼日利亚来说，大选时刻往往也是暴力冲突的高发期。通常在这个时候，尼日利亚的选举委员会会安排很多宣传车辆，主题就是要对选举暴力说“不”，这也反过来证明尼日利亚至今仍然存在着相当程度的选举暴力。在政治生活中，本来你有你的主张，我有我的主张；你有你支持的候选人，我有我支持的候选人，都是正常现象。但当这种情绪积累到一定程度，发展成为不同群体之间的怨恨乃至仇恨时，政治竞争的过程就随时可能暴力化，甚至引发武装冲突。

实际上，这种情况不仅在尼日利亚这个符合“选举民主”标准的国家存在，而且在亚洲、非洲和拉丁美洲的很多新兴民主国家同样存在。历史经验显示，一些新兴民主国家很容易从民主选举、政治竞争，走向严重的政治冲突和暴力事件。在2000年出版的《从投票到暴力》一书中，美国政治学者杰克·斯奈德认为，民主选举往往是政治动员的重要驱动力，而在那些族群、宗教多样化程度很高的国家，精英们容易选择将这种族群、宗教分歧政治化，并以此为基础进行政治动员，结果就容易导致政治暴力。[1]

尽管如此，学术界并非一边倒地认为民主会加剧政治冲突。相

[1] 杰克·斯奈德：《从投票到暴力：民主化和民族主义冲突》，吴强译，北京：中央编译出版社，2017年。

反，不少学者认为，民主制度可以缓解政治冲突。历史地看，很多社会的暴力冲突、底层起义、农民战争以及内战，都是源于某种威权政体。或者说，这些政治现象本身就是对威权政体的一种社会回应机制。因此，人类历史上很多最惨烈的冲突，并不是民主的结果，而是威权统治下政治反叛的结果。而民主政体恰恰消除了这种威权统治的压迫，对减少人类大规模的政治冲突和政治暴力产生了非常积极的作用。

与威权政体相反，民主政体解决问题主要依赖于自由协商与多数决定的方法。你有你的立场，我有我的立场，每个人和每个党派都可以进行公开的政治表达。而民主体制的特点是用和平机制来解决社会内部的政治分歧。既然能够用自由协商和多数决定的方式来解决政治分歧，有什么必要诉之于暴力呢？换句话说，民主本身是一种制度化的冲突解决机制，一个社会中的大量分歧和潜在冲突都可以纳入这种制度化的解决机制。既然不同的政治力量可以用和平的制度化方式来解决彼此之间的分歧，那么民主自然是有利于减少政治冲突的。

但是，正如上文提到的，也有学者认为民主更容易导致政治冲突，诱因往往跟民主政体下的政治竞争和政治动员有关。为什么人与人之间会发生冲突呢？直接原因是人与人之间存在竞争关系，竞争常常是冲突的源头。民主本身就是公开的政治参与和政治竞争，就容易导致公开的冲突。尽管很多社会都存在严重的分歧，在威权政体下，这种分歧往往被压制住了，社会成员的政治诉求无法公开表达，也没有公开的政治竞争机制，政治精英们也很难借此进行政治动员。所以，在一个稳定的威权政体之下，政治冲突往往不会表面化。但是，如果这样的社会启动民主化，原先的社会分歧就会表面化和政治化，结果就会引发政治冲突。在此过程中，政治动员往往是从政治竞争到政治冲突的中介机制。较为明显的例子是，今天亚非拉不少新兴民主国家在大选之前的两三个月更容易出现严重的政治暴力事件，原因就是选举政治加剧了社会分歧的政治化程度，成了不同群体之间政治冲突的导火索。

既然民主既有可能缓解政治冲突，又可能加剧政治冲突，这其中究竟是由什么条件决定的呢？已有的研究经验认为，有两种社会条件更容易在民主政体下引发政治冲突。第一，在那些贫富悬殊的社会，民主往往更容易引发阶级冲突。原因在于，当贫富分化较为严重时，阶级因素就容易成为政治动员的基础。比如，拉丁美洲国家的民主化历史一度就跟剧烈的阶级冲突联系在一起，而该地区同时也属于贫富悬殊的地区。

那么，民主政体能否有效地应对贫富悬殊问题呢？一种做法是设法控制贫富差距，实施社会福利政策，以此来弱化贫富阶级之间的分歧。另一种常见的机制是，用常规的政党政治将阶级斗争制度化。这样，贫富阶级之间本来可能会激化的政治斗争能够演变为较为温和的左右政党之间的博弈。当然，在实际政治生活中，民主能否克服贫富悬殊带给民主政体的不稳定效应，还取决于很多其他条件。

第二，在那些呈现高度的族群与宗教分歧的社会中，民主更有可能引发严重的族群冲突与宗教冲突。在这样的亚文化多元主义社会，当民主政体的政治参与和政治竞争主导政治生活时，人们的族群和宗教身份很可能会成为政治动员的机制。这个逻辑上文已有较为充分的讨论。

那么，民主政体如何缓解多族群、多宗教社会的政治冲突呢？这个问题看起来并不容易回答。从历史上看，政治学者米歇尔·韦耶维欧卡认为，欧洲曾经也出现过比较严重的族群—宗教问题，但欧洲国家的政治经验是，它们借助三个途径进行了成功的民族整合：一是充分发展工业化和工业社会，因为现代化程度越高，原先基于族群身份的政治认同就越低；二是建立一个平等主义的国家，因为族群—宗教集团之间的不平等政策最容易引发政治冲突；三是塑造民主认同和国家认同，以此来取代普通公民原先基于族群—宗教身份的认同。[1]跟欧洲相比，美国的政治经验也是类似的。美国本来就是一个多族群的移民国家，但美国主要依靠1776年《独立宣言》和1787年宪法所确定的政治原则，成功地塑造了统一的公民身份和国家认同，从而弱化每个公民的族群—宗教角色。应该说，西方世界的民主政体曾经成功地处理了多族群、多宗教社会的政治问题。然而，到了21世纪，随着欧洲之外新移民的增加和西方国家内部族群—宗教多样性的提高，“欧洲是谁的欧洲”“美国是谁的美国”的问题重新浮出水面。[2]对于那些族群—宗教分歧程度很高的社会来说，民主作为一种和平解决政治分歧和政治冲突的机制能否奏效，似乎并不确定。本书的后续内容，还会专门分析这一问题。

民主与政治冲突：何种经验？

进入21世纪以后，有几项研究借助跨国数据的定量分析，阐明了民主与政治冲突之间更为精致的相关性与复杂机制，反映了目前学术界对这个问题的认知。在图5.4中，横轴是民主程度，从左到右是从最

[1] Michel Wieviorka, "Racism in Europe: Unity and Diversity," in Montserrat Guibernau and John Rex, *The ethnicity Reader: Nationalism, Multiculturalism and Migration* (Cambridge: Polity, 1997), pp. 291–302.

[2] 塞缪尔·亨廷顿:《我们是谁？美国国家特性面临的挑战》，程克雄译，北京：新华出版社，2005年。

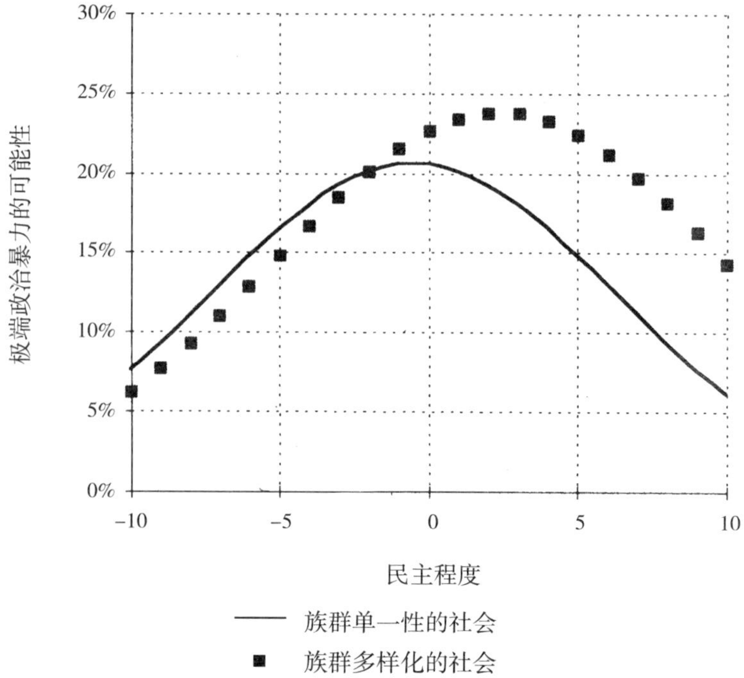

图 5.4 民主程度与极端政治暴力出现的可能性

资料来源：Demet Yalcin Mousseau, "Democratizing with Ethnic Divisions: A Source of Conflict?" in *Journal of Peace Research*, Vol. 38, No. 5 (Sep. 2001), pp. 547–567.

不民主到最民主；纵轴是极端暴力发生的概率，即发生严重政治暴力的可能性。这项研究的发现是：（1）当民主程度比较低的时候，政治暴力程度反而是较低的；（2）随着民主化的启动、民主程度的提高，政治暴力发生的概率显著地提高了——可能的机制是：在此过程中，政治竞争和政治动员被强化了，从民主到激发暴力冲突的机制启动了；（3）随着民主化的基本完成和民主程度的继续提高，极端政治暴力发生的概率又呈现下降趋势。总体上，两者之间接近于一条倒 U 曲线的关系。进一步说，一个社会的族群分化结构会影响到这条曲线的具体形态。

在图 5.4 中，实线是指那些族群一致性程度较高的国家，而虚线则是指那些族群异质性程度较高的国家。这两条曲线大致相似，但细节方面差异又比较明显。总体上，那些族群分化程度更高的社会，极端政治暴力爆发的可能性较高，抑制极端政治暴力所需的民主政体指数也较高。[1]

需要提醒的是，在民主程度较低的区间中，并非没有引发政治冲突和暴力的诱因，只是这种诱因被威权政体有效控制住了。随着威权政治的垮塌和民主化的启动，政治竞争和政治动员就开始了，政治冲突和极端的政治暴力也随之而来。然而，一旦迈入成熟民主的阶段，民主程度又能将解决政治分歧的机制制度化，因而政治冲突与政治暴力能够被有效地抑制。这就是这条倒 U 曲线的基本逻辑。

图 5.5 讨论的是类似问题，但主要聚焦于民主程度、民主维系时间对内战爆发可能性的影响。在这个三维示意图中，纵轴是指内战爆发的风险，越低代表越不容易发生内战，越高代表越容易发生内战。斜线轴代表的是最近一次政体变迁的年份，如果最近的一次民主转型年份离现在越近，说明该国刚刚启动转型；越远，则说明转型时间已经较久。横轴代表的是民主程度，左侧表示民主程度较高，右侧表示民主程度较低。这项研究关心的是民主政体条件下内战发生的可能性，主要解释变量则是转型时间的长短和民主程度的高低。

这项研究的主要发现是：（1）刚刚启动民主转型的国家更容易发生内战，随着转型时间的延长，内战的可能性越来越低。换句话说，一个转型很多年的民主政体爆发内战的可能性很低，但是一个刚刚启动民主转型的国家就更容易发生内战。（2）威权程度高的国家不太容易发生内战，理由主要在于统治者能够有效控制国家力量；随着民主程

[1] Demet Yalcin Mousseau, "Democratizing with Ethnic Divisions: A Source of Conflict?" *Journal of Peace Research*, Vol. 38, No. 5 (Sep. 2001), pp. 547–567.

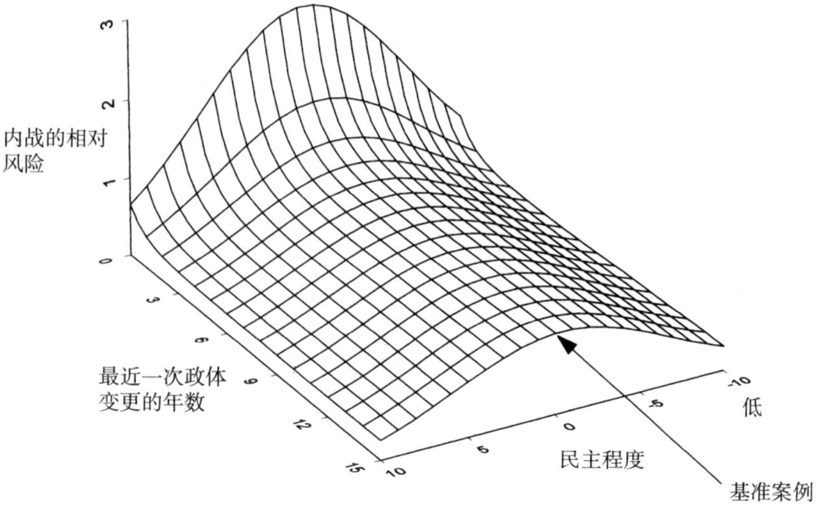

图 5.5 政体变迁时间、民主程度与内战的相对风险

资料来源：Havard Hegre et al., "Toward a Democratic Civil Peace? Democracy, Political Change, and Civil War, 1816—1992," in *American Political Science Review*, Vol. 95, No. 1(Mar. 2001), pp. 33-48.

度的提高，一个国家发生内战的可能性反而在提高；当这样的国家成为一个成熟、稳定的民主国家时，该国发生内战的可能性又急剧下降。这里的第二项发现跟上文的研究结论也非常相似。[1]

除了两项跨国定量研究，这里还可以讨论一些有趣的个案。比如，民主导致更少政治冲突的案例就很多，欧美发达工业国家总体上是民主与秩序、民主与社会和谐、民主与更少政治暴力共存的典范。这些国家并非没有冲突或暴力，而是政治冲突的程度相对较低，民主已经成为一种制度化解决冲突的机制。以美国为例，20 世纪中叶之前，美

[1] Havard Hegre et al., "Toward a Democratic Civil Peace? Democracy, Political Change, and Civil War, 1816-1992," in *American Political Science Review*, Vol. 95, No. 1(Mar. 2001), pp. 33-48.

国黑人还没有享受充分平等的公民权利，那他们通过什么方式来解决这个问题呢？经由非暴力的黑人民权运动，美国逐步解决了这个问题。以英国为例，今天苏格兰地区议会试图以地区全民公决的方式从英国独立出去。实际上，在我看来，苏格兰独立对英国和苏格兰都不是什么好事，但这种本来可能引发巨大冲突的关于国土疆域的政治问题，英国人却试图通过投票来解决，也证明了民主是一种和平的制度化的冲突解决机制。

再比如，西班牙、韩国、捷克、智利等很多新兴民主国家的政治冲突和暴力水平总体上都比较低。韩国尽管经常发生大规模游行示威和政治抗议，但通常都不会导致严重的政治暴力。这也说明韩国民主政治的文明程度已相当之高。

又比如，在一些呈现高度的族群—宗教分歧的社会，民主也已经成为缓解政治冲突的有效机制。拿印度这个具有高度的族群、宗教和语言多样性的发展中民主国家来说，该国尽管历史上曾发生过严重的政治暴力事件，甚至一次死伤曾高达上千人，但就总体趋势而言，印度的族群与宗教暴力总体上是可控的。拿印度尼西亚这个同样呈现高度族群分化的新兴民主国家来说，该国民主化过程中尽管爆发了一些政治暴力事件，目前的政治冲突总体上也是可控的。这些案例似乎都能说明，民主可以成为一个缓解政治冲突的机制。即便对于呈现高度族群、宗教和语言多样性的社会来说，民主很多时候也能做到这一点。

当然，并非所有故事都是好消息。与目前的理论研究相一致的政治现象是，在启动民主转型后的一个时期内，很多国家的政治冲突都呈现显著提高的趋势。比如，印度尼西亚在民主转型时期的政治暴力也呈现同样的特点。20 世纪 90 年代中后期，也就是印尼启动民主转型时，该国的政治暴力呈现了急剧的上升，到 2004 年前后才开始逐步下降。从数据上看，印尼从转型后的第一场民主选举到第二场民主选举之间的政治暴力程度是最高的。

再比如，一些新兴民主国家在转型后较长时间内政治冲突和暴力仍然比较严重。以乌克兰为例，该国 2013—2014 年的政治抗争运动就是比较严重的政治冲突。如今乌克兰东部地区仍然存在武装冲突升级的风险。

特别是，对于部分呈现严重政治分歧的社会来说——无论这种分歧是来自族群、宗教，还是阶级、地区——民主不仅没有缓解它们当时国内的政治冲突，反而还在很大程度上加剧了这种政治冲突。比如，20 世纪 60 年代前期的尼日利亚、70 年代初的智利，正是因为民主在解决政治冲突上无所作为，所以两国后来都发生了军事政变。

综上所述，民主或民主化与政治冲突之间的关系同样是非常复杂的。一方面，民主对抑制政治冲突有着积极的一面，因为民主本身就是一种和平的、制度化的解决政治冲突的有效机制；另一方面，民主对缓解政治冲突有着消极的一面，因为民主政治很容易演变为从政治竞争到政治动员再到政治冲突的过程——那些因族群、宗教、语言或阶级因素而呈现严重政治分歧的国家尤其如此。

与上述讨论相关的另一个发现是，民主程度、民主持续时间往往跟政治冲突之间呈现出一种时间阶段上的相关性。当民主持续时间较短、民主程度较低时，一个国家更有可能发生严重的政治冲突；而随着民主持续时间的延长、民主程度的提高，政治冲突往往会趋于缓解。当然，这并不意味着民主化之前的威权政体下没有爆发政治冲突的诱因，而是说一个有效的威权政体往往能够成功地控制潜在的政治冲突。

除此以外，与民主政体相匹配的其他社会条件也非常重要。比如，正如本书反复讨论过的，一个社会的族群、宗教、阶级的政治分歧程度是否足够高，或者不同的政治社会集团之间是否存在深厚的历史仇怨等，都会影响到该国民主与政治冲突之间的关系。另一个重要因素是，一个国家的法治传统也非常重要。如果一个民主社会具有良好的法治传统，潜在的政治冲突更有可能会被纳入法治化的解决路径。这样，政治冲突和政治暴力的水平往往就比较低。如果有良好的法治传统，人们更习惯于通过制度程序、和平协商或法律诉讼的办法来解决彼此之间的政治分歧；但如果法治传统欠缺，政治分歧更有可能演变为政治暴力，甚至导致“一个馒头引发的血案”。

总而言之，本讲主要讨论了民主是否更有可能导致善治。基于上述讨论，大概可以形成几个主要的结论。第一，民主既有可能促进这些美好事物，也有可能妨碍这些美好事物。这听上去很“辩证法”，有人认为这是和稀泥，但现实确实呈现了两种可能性：民主既有可能促进经济增长、有效治理、社会平等并缓解政治冲突，也有可能妨碍经济增长、导致无效治理、难以缓解不平等以及激化政治冲突。当然，民主导致这两种不同结果的逻辑是不同的。

第二，民主促进或是妨碍这些美好事物，往往还取决于很多其他条件。比如，该国具体民主模式怎样？该国的政治分裂结构怎样？该国的历史传统怎样？该国的法治水平怎样？该国政治家和政治精英的信念与领导力怎样？这些条件都有可能影响民主治理的绩效。一个总的看法是，在不同的社会条件下，民主很可能会导致不同的结果。

具体而言，分析影响民主政体产生不同治理绩效的其他条件，既可以有制度论的视角，又可以有条件论的视角，还可以有精英论的视角。制度论是说，具体的民主模式很重要，不同的民主模式可能导致治理绩效上的不同。条件论是说，民主与何种社会条件相匹配是一个关键问题，因为社会条件不同，所以会导致好的或坏的治理绩效。精英论是说，在类似的社会条件下，民主政体下政治家和政治精英如何运作民主、经营民主，在很大程度上决定着民主能否导致好的治理绩效。从经验来看，这些不同的理论视角都是有一定道理的。

第三，总的来说，民主政体在治理绩效方面分化是很大的。对主要发达民主国家而言，民主通常会导致良好的治理绩效；对发展中民主国家而言，民主治理绩效的分化就更大，一些发展中民主国家拥有较好的治理绩效，另一些发展中民主国家则是治理绩效堪忧，甚至面临着民主治理上的重重困境。当然，一种乐观的估计是，随着时间的推移，很多新兴民主国家有机会实现更优良的治理绩效，这里既考虑到了人类社会的经济与社会进步所带来的正面影响，又考虑到了新兴民主政体下政治家和选民的政治学习效应。但这种乐观估计只是概率意义上的，每个新兴民主国家是否都能逐步实现治理绩效的改善？恐怕并非如此。

第6讲 民主未来的展望：人类往何处去？

根据过去的记录来判断，影响到民主在未来之稳定性和扩张的两个关键因素，是经济发展与政治领导。……经济发展使民主成为可能；政治领导则使民主成为现实。要成为民主国家，未来的政治精英至少必须坚信，对他们的社会及其自身而言，民主是一种最不能作恶的政府形式。要实现民主转型，那么未来政治精英在同激进派和保守派的斗争中，就还必须掌握高超的政治技艺。

——塞缪尔·亨廷顿

6.1 西方世界民主治理的挑战

前面几讲主要讨论的是民主来自于哪里以及民主政体表现如何，最后一讲则试图分析人类的民主将有着怎样的前景。本讲首先聚焦于西方世界民主治理的挑战、新兴民主国家的转型难题以及威权政体的困境、复兴与前景等三大主题，然后再讨论民主将有着一个怎样的未来。

本讲的第一个主题是西方世界民主治理的挑战。最近，这个问题似乎变得特别突出。除了西方世界本身面临的问题与挑战，国内不少自媒体、特别是微信公众号关于西方国家的错误信息特别多，容易让读者产生误判。比如，某著名财经类报纸的微信公众号曾转发一篇这样的文章，标题是《FBI 重启对希拉里的调查！全球颤栗！美元美股闪崩！》。这则微信版的新闻报道是 2016 年 10 月 29 日上线的，FBI 是美国联邦调查局的缩写。这样的微信标题着实让人大吃一惊。我上网搜索了相关数据，结果发现，10 月 28 日美元指数的最大波幅是 –0.67%，最后收盘价是 –0.59%。这就叫美元闪崩吗？此外，当天美国道琼斯指数的收盘价是 –0.05%。这就叫美股闪崩吗？

由此可见，目前国内部分媒体对欧美国家的重大新闻报道有沦为文学创作的趋势，这非常容易导致我们对外部世界的误判。所以，就对西方世界的认知而言，今天的读者比以往更需要有判断力。

西方民主或西方文明衰落了吗？

关于西方世界的民主治理，我们应该有几个基本判断。第一，主要西方国家的自由主义民主政体是巩固的。在主要的全球政体评级中，欧洲和北美基本上都拥有最高的政体民主评级，也拥有最高的政体自由评级。[1] 这里的北美是指美国和加拿大，这里的欧洲主要是指西欧、中欧与北欧国家。此外，日本、澳大利亚和新西兰通常也被视为西方国家阵营的成员。

当然，这一国家组别中也有少数国家处于民主评级的第二档，但它们也是标准意义上的民主政体。比如，最近几年，比利时、法国都失去了民主评级中的最高级。原因在于，如今比利时的政党体制碎片化现象非常严重，一度发生长时间无法组阁的情形，不利于其民主政体的稳定性和有效性；法国则受制于频发的小规模的街头骚乱、经常性的恐怖主义袭击以及国家多次实施紧急状态等，但两国无疑都是实现民主巩固的自由主义民主政体。在西方世界，除了成熟的老牌民主国家，到20世纪后半叶，葡萄牙、西班牙和希腊等国家亦卷入了新的民主化浪潮。这样，整个西方世界终于完成了向自由主义民主政体的转型。

需要提醒的是，如今西方世界的民主不是雅典城邦式的直接民主，是一种现代的复合型民主政体。第二讲曾提及，这种现代民主体制跟立宪主义和法治的基本制度结合在一起，而不仅仅是政治参与、政治竞争加多数决定的规则。这意味着，西方世界的民主政治运转同时受到立宪主义与法治传统的有效约束。从西方国家的实际治理经验来看，立宪主义与法治传统甚至是比简单的多数投票和民主决策更高的制度

[1] 这里是指政体项目（Polity Project）的民主评级以及“自由之家”的自由评级。参考政体项目数据的网址是 http://www.systemicpeace.org/polityproject.html “自由之家”数据的网址是 https://freedomhouse.org/ 需要说明的是，这两个评级机构对某些国家的评级也存在着比较大的争议。

规则。

第二，以北美、西欧为主的西方国家阵营在世界银行全球治理指数评级中也达到最高水平。绝大部分国家的多数全球治理指标在90分以上（百分制），少数国家的少部分全球治理指标处在80—90分之间。[1]这个问题前面也有所涉及，这里就不再赘述。

第三，西方国家的民主政体总体上是与高度发达的经济、有效的公共治理并存的。当然，这仅仅是一个总体判断，并不意味着这些国家没有遇到经济或治理方面的挑战。比如，法国和英国这些年都发生过街头骚乱，美国曾经遭遇“9·11”恐怖袭击，今天欧洲国家的恐怖主义袭击更是频频上演，等等。但总体而言，这些国家一方面有着全球范围内最高的经济发展水平，另一方面有着全球范围内较为优良的公共治理。比如，拿人均GDP来说，西方主流国家阵营普遍都达到或超过了人均GDP40000美元，少数国家的人均GDP处在30000—40000美元之间。

尽管如此，现在比较流行的一个说法是西方民主正在衰落，甚至西方文明正在衰落。大家经常可以在媒体上读到这样的标题或文章。特别是，美国学者弗朗西斯·福山在《政治秩序与政治衰败》一书中专门讨论了美国政治面临的挑战，篇章题目竟然是“美国政治制度的衰朽”（decay of American political institutions）。那么，在福山看来，美国政治制度正在走向衰落吗？在探讨“美国政治制度的衰朽”时，福山对一个有趣的案例进行了分析。他指出，美国森林管理服务局在很大程度上已经失去了应有的政府效能，面临着难以有效履行职责的挑战。实际上，福山明确指出，这里所说的“美国政治制度的衰朽”，

[1] 参见世界银行网站的全球治理指数，网址是 http://info.worldbank.org/governance/wgi/index.aspx

不是美国自由民主政体面临着整体危机，而是指具体政治机构的运作不畅。在中文语境中，我们容易把 political institutions 理解为政治制度，但实际上，这里更应该翻译为政治机构。至少到《政治秩序与政治衰败》出版时，福山所讨论的“美国政治制度的衰朽”，主要是指具体政治机构的衰朽，而非整个政治系统或政治体制的衰朽，更非整个文明模式的衰朽。他明确指出：

> 现代民主国家存在的政治衰朽，意味着这种平衡了国家、法律和问责制的政体作为政体模式有某种致命的缺陷吗？无疑，这不是我的结论。……我不相信，现有民主国家存在系统性的“治理能力危机”（crisis of governability）。[1]

由此可见，福山在整体上仍然对自由民主模式的治理能力表示认同。但需要说明的是，自美国总统唐纳德·特朗普上台以来，福山后续文字对美国政治前景变得更加悲观。

这里还想介绍一部被广泛引用的作品，该作品经常被国内用来佐证西方文明已经面临危机或走向没落。这就是德国哲学家奥斯瓦尔德·斯宾格勒 1918 年出版的《西方的没落》。该书是斯宾格勒在慕尼黑的一个贫民窟里完成的作品，而写作时正值欧洲的第一次世界大战时期。在那样一个时刻，又是来自于一位德国哲学家的手笔，其基调可能是比较悲观的。但是，即便如此，他所说“西方的没落”跟普通

[1] 关于福山对“美国政治制度的衰朽”的讨论，参见下面这部作品的第五部分：Francis Fukuyama, *Political Order and Political Decay: From the Industrial Revolution to the Globalization of Democracy* (New York: Farrar, Straus and Giroux, 2014), pp. 455–548. 这里的引文，参见 P.546.

读者理解的、多数国内中文媒体转述的观点很不一样。斯宾格勒这样讨论所谓的“西方的没落”：

> 在这些没落中，古典文化的没落，我们了解得最为清楚和充分；还有一个没落，一个在过程和持续性上完全可以与古典的没落等量齐观的没落，将占据未来一千年中的前几个世纪，但其没落征兆早已经预示出来，且今日在我们周围可以感觉到——这就是西方的没落。[1]

很多学者与媒体都注意到了斯宾格勒的结论，而且经常引用他的结论，但丝毫不顾及斯宾格勒对“西方的没落”的时间估算。在斯宾格勒看来，在人类历史的长河中，文明的此起彼伏乃是一种常态。而在他的时间坐标中，“西方的没落”将发生在“未来一千年中的前几个世纪”。这就如同我们过去已经看到的古罗马文明的衰落，该过程基本上持续了数百年之久。古罗马从公元前509年转向共和政体，到公元前27年蜕变为帝制，然后直到476年遭遇西罗马帝国的覆灭，整个古罗马文明在欧洲和地中海地区持续了千年之久。如果把古罗马共和国蜕变为帝制视为这种伟大文明衰落的起点，那么其衰落过程也经历了500年时间。而斯宾格勒认为，所谓“西方的没落”在时间上是可以跟古罗马文明的没落“等量齐观”的。

若以英国工业革命作为起点，西方文明的崛起到目前为止大概不到300年的时间；若以地理大发现作为起点，西方文明的崛起到目前为止大约经历了500年的时间。而在斯宾格勒的框架中，衡量一种主

[1] 奥斯瓦尔德·斯宾格勒：《西方的没落》（上册），齐世荣、田农等译，北京：商务印书馆，2001年，第104页。

要文明的兴衰同样是以数百年为时间单位的，斯宾格勒尽管认为“西方的没落”已然是一种趋势，但其时间周期则要以“未来一千年中的前几个世纪”来估算。当然，无论关于“西方的没落”，还是时间周期的估算，都只是斯宾格勒的一家之言。这里引用他的原文，不过是要说明国内学术界用斯宾格勒 1918 年的观点来论证西方文明即将没落，甚至已经没落，本身是对斯宾格勒的一种严重误读。

实际上，从斯宾格勒到福山，西方世界的知识分子基本上都在不断反思西方本身的政策、制度与文明。即便像卡尔·马克思的理论学说，很大程度上也是对欧洲工业革命造成的负面影响进行不断反思的产物。正如古希腊哲人苏格拉底所说：“未经反省的生活是不值得过的。”所以，西方知识界的一个奇妙现象是，尽管西方过去两三个世纪中一直行进在人类与世界的前列，但他们最杰出的头脑似乎并不自信，他们总是在不断地对西方世界与西方文明本身进行反思和批判。这恐怕也是西方文明和西方知识界的特质。

尽管西方文明即将或已经没落的观点过分武断或缺少依据，但西方世界的自由民主政体作为一种治理模式并非高枕无忧，他们确实遇到了很多严峻的挑战。就我的观察视角而言，西方世界如今至少面临着三个主要的难题，而要想解决这些难题似乎并不容易。

大政府的兴起及其问题

第一个主要挑战是大政府带来的问题。过去一个多世纪中，西方世界普遍经历了大政府的兴起和扩展。对主要发达国家来说，政府支出占 GDP 比重 1870 年仅为 10.7%，1913 年仍然只有 12.7%。因此，到一战之前，主要发达国家的GDP中仅有1/8是被政府拿走的。但到了1937年，主要发达国家政府支出占GDP的比重就上升至22.8%。与此前相比，这20年间的上升幅度就非常之大。此后，该比重继续以较快速度上升，1960年攀升至27.9%，1980年进一步攀升至43.1%，1996年则已高达45.6%。[1]

这一数据持续上升的背后，是主要OECD国家政府规模的大幅扩张。实际上，20世纪以来，西方发达国家的主流趋势是越来越趋向于大政府模式。到了20世纪末，主要OECD国家政府支出占GDP比重高达四成五左右，少数国家甚至已经高达五成五。由此可见，对于多数西方发达国家来说，政府的规模确实是太大了。

过去学术界认为，1945年以后的国际体系长时间为冷战所主导，而冷战体系是西方资本主义阵营与东方社会主义阵营的较量，然后以1991年苏联解体为标志，自由资本主义世界取得了决定性的胜利，而以苏联为代表的东方阵营则面临着重大挫败。这种见解的基调是资本主义最终战胜了社会主义。

然而，当看到20世纪以来不断攀升的公共支出数据时，我们需要重新思考，到底是谁赢得了这场较量的胜利？实际上，西方国家公共支出前所未有的上升及其今天达到的巨大规模，很大部分是受到了社会主义或民主社会主义思潮的影响。另一个实际的推动力则是，充分工业化、城市化和现代化的复杂社会对于公共服务的巨大需求。此外，凯恩斯哲学也推动了政府规模的扩张。惯常的做法是：当金融危机或经济危机到来时，各国政府通常会加大开支规模；当经济繁荣时，各国政府通常则会适当压缩开支规模。对如今的欧元区来说，政府支出

[1] 维托·坦齐、卢德格尔·舒克内希特：《20世纪的公共支出：全球视野》，胡家勇译，北京：商务印书馆，2005年，第84-87页。

占 GDP 的比重基本上接近 50% 左右。这意味着，欧元区国家整个经济活动中有一半左右都是政府开支，显然政府的规模实在是太大了。

另一个与政府支出有关的数据是政府公债，现在流行的说法是主权债务。1970 年前后，OECD 国家公债占 GDP 比重控制在 40% 左右，很多国家二战期间所欠的巨额债务已经被逐步消解。到上一轮全球金融危机爆发之前的 2007 年，该比重已经稳步上升到 74% 左右，基本上相当于 GDP 的四分之三。到金融危机之后的 2010 年，OECD 国家的这一比重又迅速攀升至 108.7%。原因很简单，由于金融危机的到来，OECD 国家不仅政府税收收入会下降，而且政府开支还会急剧提高。以美国为例，该国的债务除了在二战期间曾经一度超过 GDP 的 100% 以外，这一轮金融危机之前的普通年份都没有超过 100%，但在奥巴马政府期间，美国公债已经大幅上升并突破了 GDP 的 100%，2015 年的数据已经高达 120% 左右。[1]

当然，很多人会关心，这些 OECD 国家的政府收了那么多钱，政府支出规模那么大，钱到底花在了哪里呢？钱会不会花在政治家或公务员身上呢？政府直接的行政开支比重会大幅增加吗？实际上，从统计数据来看，政府所有支出中增加最多的一项是社会性支出，主要是社会福利、医疗、养老和教育等方面的支出。尽管政府收了很多钱，也花了很多钱，但这些钱有相当比例是花在普通公众身上的，这就实现了真正的“取之于民、用之于民”。

对主要的 OECD 国家来说，社会性支出占 GDP 的比重从 20 世纪 80 年代以来就有了大幅攀升，到 2010 年左右，澳大利亚已经从 10.3% 提高到 18.7%，奥地利从 22.4% 提高到 28%。大致而言，主要 OECD

[1] 关于 OECD 国家政府公债的基本数据，请参见 OECD 网站的数据频道：https://data.oecd.org/

国家20世纪80年代的社会性支出比重在10%以上的居多，到了2010年左右，这一比重上升到20%以上。其中，个别国家的社会性支出比重可以说高得惊人。比如，法国目前的社会性支出占GDP比重大概是32%左右的水平，这意味着整个法国的GDP约有三分之一被政府花在了医疗、养老、福利、补贴、教育等社会性支出项目上。再比如，意大利、西班牙目前GDP中约有28%的钱被政府用于社会性支出。相对而言，这一比重较低的国家反而是美国，目前美国社会性支出占GDP的比重是19%左右。由此可见，即便美国是一个更保守主义、政府规模更小的国家，但社会性支出占GDP的比重也已接近五分之一。[1]

从过去40年间的变化趋势来看，OECD国家政府公债占GDP的比重整体上是不断攀升的，到目前为止已经突破100%；政府赤字占GDP的比重似乎不是特别高，但赤字数据是每一年的年度数据，其真实的政治经济效应是累积的。具体来说，OECD国家过去40年间仅有一年实现了总体盈余，多数年份财政赤字占GDP平均比重达3%—5%。这在长期中对政府公债的推动是非常明显的。[2]

前面讨论了过去40年间OECD政府公债占GDP比重的攀升。图6.1则展示了2015年OECD政府公债占GDP比重的情况。其中，公债占GDP比重最高的国家是日本，超过240%，但日本的政府公债以内债为主，即主要是日本政府欠日本国民的债务，外债比重较少。所以，尽管日本政府的负债率很高，但并没有酿成什么大的危机。如果是外债占有主要比重，当全球金融市场波动时，一旦有外国投资者抛

[1] 关于OECD国家社会性支出的基本数据，请参见OECD网站的数据频道：https://data.oecd.org/

[2] 关于OECD国家公共债务与财政赤字占GDP比重的基本数据，请参见OECD网站的数据频道：https://data.oecd.org/

售日本国债，就可能会引发大的震荡。在日本之后，还有相当比例的 OECD 国家——包括希腊、意大利、美国、法国、西班牙、英国等——公债占 GDP 比重已经超过 100%；以及相当比例的 OECD 国家——包括匈牙利、德国、荷兰等——处于 75%—100% 之间；该比重低于 50% 的是少数 OECD 国家——包括墨西哥、挪威、智利等。

当然，这张图还不能说明很多结构性问题。比如，尽管北欧国家通常都是高福利模式，但是它们的公债水平总体可控。挪威、丹麦、瑞典等国目前公债占 GDP 比重基本上控制在 60% 以下，这可算得上高福利国家有效管理财政赤字与公债的成功案例。这也说明，高福利并不必然导致高赤字和高公债，关键是如何管理财政收入与社会福利之

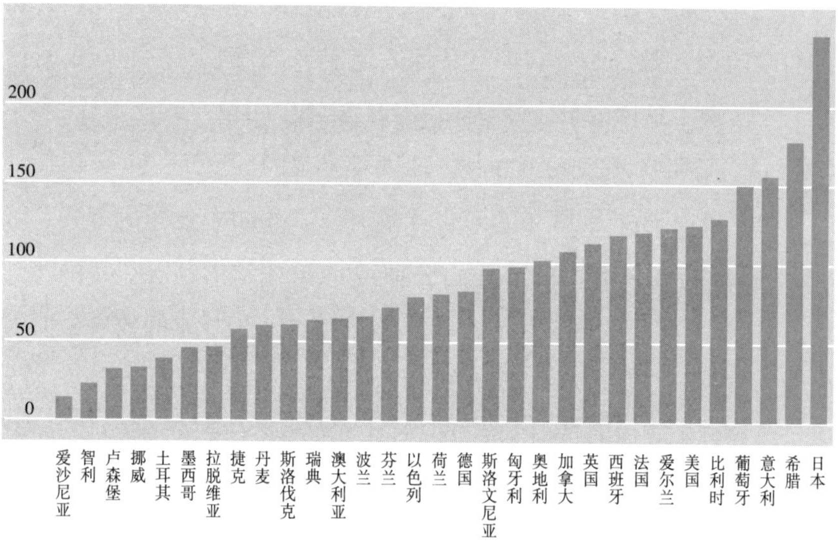

图 6.1 2015 年 OECD 政府公债占 GDP 的比重

资料来源：OECD 网站数据频道，参考网址 https://data.oecd.org/gga/general-government-debt.html

间的关系。当然，也有人强调北欧国家的特殊性，它们不仅是全球最发达的经济体，而且还拥有非常优越的资源与人口比例。再比如，在主要大国中，美国是这几年公债比重上升特别快的国家，2015 年已经高达 120%。其直接原因跟 2007—2008 年的全球金融危机以及随后奥巴马政府的宏观经济政策有关。

基于上述讨论，我倾向于认为，政府规模过大是迄今西方国家在民主治理上的最大难题之一，可以简称为“大政府之祸”。当然，这个观点具有比较强烈的意识形态倾向，很多人未必会赞同。进一步说，对于过去一个多世纪西方国家大政府的兴起与扩展，我们不能简单地进行批评，因为这是多种经济社会力量驱动的结果。

大政府兴起的第一个主要驱动力，是西方国家 18 世纪以来的工业化、城市化带来对公共服务的大规模需求。简而言之，一个复杂的工商业社会驱动着更大规模的公共管理需求。很多欧洲历史教科书都会提到，大约在 1820—1830 年前后，如今的时尚之都巴黎却是一座臭气熏天的城市。那个时候没有很好的公共厕所，也没有今天大规模的抽水马桶系统。随着工业革命的进展，工人开始大量涌入巴黎及其近郊，大量的新建筑物快速兴建，很多工人生活在其中。那么，没有现代的自来水系统和抽水马桶系统，人们每天清晨怎么处理每晚的排泄物呢？一个普遍的做法是，家家户户把装满排泄物的马桶放在整个大楼的门口，然后由一辆辆粪便清洁车把这些排泄物运走。试想一下，家家户户都把马桶堆放在大量新住宅楼的门口，当时巴黎很多地段的清晨究竟是一幅怎样的景象呢？

显然，那个时候的小政府不足以应付这样的社会需求。随着大量人口向中心城市集聚，随着社会变得越来越复杂时，新增的对政府公共管理和公共服务的需求越来越大。比如，拿城市下水道来说，如果不是城市政府来统一规划和建设，这个问题就很难处理。现代城市更需要规模宏大、设计优良、质量可靠的下水道系统，而这就有赖于政府的作为。总而言之，从19世纪开始，伦敦、巴黎这样几十万人口的大城市和其他很多规模更小的中等城市，都产生了很多新增的公共服务需求，这是一个工业化、城市化社会必须面对的问题。

大政府兴起与扩展的第二个重要驱动力是民主时代的选民需求。如果你身为欧洲国家19世纪、20世纪普通工人阶级的一员，作为选民已经获得了投票权，那么你是希望政府做更多、还是做更少呢？历史经验显示，普通民众通常希望政府做得更多，而不是做得更少。普通民众希望政府提供包括教育、医疗、养老和社会津贴等在内的各种社会福利项目，有人甚至不切实际地希望政府提供普通人所需要的一切。很多选民将满足各种希望的期待寄托在政府身上，希望政府来做这个做那个，甚至是由政府免费提供一切所需。进一步说，可能不只是收入较低的普通工薪阶层选民有这样的想法，很多中产阶级选民，甚至高收入阶层的选民也希望政府做得更多，而不是做得更少。所以，在民主政体下，选民需求、民主投票与大政府的兴起之间也存在着重要的逻辑关系。

第三个重要驱动力是现代国家官僚体制本身的扩张。实际上，公共选择理论也揭示了这样的政治现象，即凡是有权力的政府机构都倾向于不断扩张自身的规模。[1]这一点已经为很多历史经验所证明。

对西方国家来说，大政府的兴起与扩展究竟产生了何种政治、经济与社会的后果呢？第一个直接后果是，政府责任和权力范围的不断扩张，西方国家逐渐由小政府模式变成了大政府模式。国内学术界经

[1] 关于公共选举理论，参见丹尼斯·C. 缪勒《公共选择理论》(第3版)，韩旭、杨春学等译，北京：中国社会科学出版社，2017年。

常说，西方发达国家是“大社会、小政府”，这个说法尽管有些道理，但从很多指标来看却是错的。特别是20世纪下半叶以来，随着政府收支和人员规模的大幅度扩大，西方世界的政府责任和权力范围也经历了一个不断扩张的过程。政府责任和权力范围的扩张，意味着有越来越多的个人权利和个人责任让渡给政府或公共部门了。

第二个直接后果是，很多国家的政治参与和公共决策过程都呈现出强烈的高福利倾向和再分配导向。比如，今天美国政治面临的新情况就是一个恰当的例子。19世纪美国政治生活的一个重要特点是，很多家庭都是自耕农。自耕农群体并不喜欢或需要政府做太多事情，每个人和每个家庭都寻求自主、自力和自足。美国早期非常推崇个人主义精神，就跟这种自耕农主导的社会背景有关。这样，当时美国政治参与过程中的再分配倾向就非常弱。

然而，美国今天的社会结构已经发生巨大变迁。比如，美国前总统巴拉克·奥巴马就经常说，美国大学生如今负担了太高的学费和太多的贷款。确实，在今天的美国，很多20岁出头的年轻人大学毕业时已经背负了几万美金的债务。如果他们毕业后只能找到一份普通的工作，往往需要工作很多年才能还清大学时期的助学贷款，在此之后才能开始积攒首付，购买他们自己的住宅。这种生活，对于普通工薪阶层及其子女而言，确实是一件并不容易的事情。这样的话，这些年轻人的美国梦是不是渐行渐远了呢？

大政府的第三个直接后果就是社会的税负会变得越来越重。从企业的税收负担到个人的税收负担，都给整个社会带来较大压力，同时也给经济发展增加了阻力。有人关心，税率与经济增长率之间到底是什么关系？这个问题固然有很多不同的研究，但更多的主流研究倾向于认为，税率越高、税负越重，则一个国家的经济增长率就越低。正如美国开国之初联邦大法官约翰·马歇尔所言“税收的权力就是毁灭的权力”。较低的或合理的税负，往往是一个社会塑造正确激励结构的关键因素。[1]

大政府兴起与扩展的第四个直接结果，是小政府模式的终结和个人主义精神的衰退。对于今天西方的这套自由民主政体来说，特别是在英美传统中，小政府理念、自由主义原则和个人主义精神是他们最重要的制度与观念。但是，如果小政府理念、自由主义原则和个人主义精神不断流失，那么西方国家还能维系近代以来逐渐形塑的一整套制度安排与文明传统吗？这是大政府模式的又一个问题。

市场经济、贫富分化与民主治理

市场经济、贫富分化与民主治理的三角关系，是目前西方世界面临的第二个主要挑战。这里有很多数据都可以说明这个问题。20 世纪 80 年代，美国前 10% 最高收入者的平均收入是最低 10% 收入者的 7 倍左右，现在已经上升到 9.5 倍。根据 1985—2013 年间的数据，在 22 个主要 OECD 国家中，17 个国家的基尼系数在上升——这意味着它们的经济不平等程度在提高，4 个国家几乎没有变化，而只有一个国家的基尼系数在下降。美国 2013 年的数据是，最富有的 1% 人口占据的收入约为美国所有纳税人税前收入的 20% 左右，而 20 世纪 50 年代至 80

[1] 比如下面这项被经常引用的关于 OECD 国家税收结构与经济增长的研究：Jens Arnold, "Do Tax Structures Affect Aggregate Economic Growth? : Empirical Evidence from a Panel of OECD Countries," in *OECD Economics Department Working Papers*, No. 643, (2008).

年代该数据仅为10%左右。

按照美国国会预算办公室2011年的调查，1979—2007年间，美国前1%最高收入家庭的收入增长了275%，而中产阶级家庭的收入只增长40%左右。在过去40年左右的时间里，美国最高收入家庭的收入增长还是非常可观的，但普通工薪阶层的收入增长却十分有限，按年度增长率来说更是微乎其微。[1]

那么，这些数据到底意味着什么呢？总体来说，主要西方国家过去三四十年间的贫富差距显著拉大了。特别是，拿美国来说，前1%的一小撮人占有了该时期全球化、技术进步和经济发展的主要成果。自20世纪70年代以来，美国总体的经济增长状况非常不错，但从收入分配的角度来看，经济增长带来的主要成果被最富有的人群拿走了。

从成因来说，如今以美国为首的部分西方发达国家贫富差距的拉大，跟过去三四十年间全球化的深入关系密切。简而言之，随着全球化的日益深入，投资者和管理阶层通过资本的全球优化配置获得了更高的回报，但中产阶级和工薪阶层却需要承担发达国家普通工作岗位向发展中地区转移所带来的成本。就趋势而言，考虑到全球范围内不同国家之间的贫富差距仍然还很大，加上经济全球化的深入还有巨大的空间，西方社会内部贫富分化的外部驱动力依然强劲。因此，迄今，造成西方国家内部贫富分化的驱动因素远没有终结。

比如，只要越南、尼日利亚的工人还拿着相当于美国或欧洲工人的三分之一，甚至一两成的工资时，全球范围内进行劳动力资源重新配置的动力就一直存在，因而西方社会内部贫富分化的动力也就一直

---

[1] 参见美国国会预算办公室（Congressional Budget Office）2001年的一份报告《收入分配的趋势》（Trends in the Distribution of Income），网址是 https://www.cbo.gov/publication/42537

存在。如果美国汽车工厂的工人工资是每年30000、40000美元，而跨国公司只要把工厂转移到越南，给工人每年支付1000、2000美元就可以搞定，那么这种分化的动力就一定还会存在。当然，发达国家未来的智能制造会不会改变目前的这种结构与趋势，还有待进一步的观察。

基于这一视角，全球化不唯独对发展中国家既意味着机会、又意味着挑战，对发达国家同样既意味着机会、又意味着挑战。

当然，这里不宜过分夸大西方主要发达国家贫富差距的程度。若以全球标准来看，主要OECD国家目前的贫富差距还不算大。在第5讲的图5.3中，主要OECD国家基尼系数的中位数大约是0.3左右，这在总体上属于比较温和的贫富差距。2015年有16个OECD国家的基尼系数低于0.3；有个别国家甚至低于0.25，其经济平等程度相当之高；固然有些国家超过0.35，但超过0.35的国家数量不算很多。实际上，包括很多发展中国家的基尼系数都要比这个数值高出很多。当然，少数OECD国家的基尼系数是比较高的。比如，美国2015年已经排名第2位，基尼系数接近0.4（世界银行对美国基尼系数的估算值已经到0.41）；智利作为一个拉丁美洲国家，其基尼系数在所有OECD国家中是最高的，超过0.45。

在这种情境之下，民主整体如何与市场经济、贫富分化共存，对西方国家来说是一个实质性的挑战。2008年金融危机以来的政治新现象，是以美国"占领华尔街"为标志性口号的新社会运动。在这场运动中，一个著名的政治标签是"我们是99%"。这自称99%的人，把美国收入分层中的前1%人口视为西方经济增长和全球化的主要受益者，而自己所在的99%则是主要的受损者。不少在美国华尔街的投资经理或分析师——还不是金融业高级管理层的职位——可以拿到二三十万美元的年薪，金融市场繁荣时还有丰厚的奖金。按照美国的收入分层统计，这些人都属于美国前1%收入的人口。确实，这样的金融业高薪收入群体跟欧美社会绝大部分普通民众的感受完全不同。他们或许没有办法理解，一个要为孩子的普通公立大学学费发愁的家庭所面临的艰难境况。所以，随着美国社会过去三四十年间贫富分化的加剧，精英阶层和普通大众在政治上的分歧程度也有所激化。

在美国第四任总统、《联邦党人文集》主要作者詹姆斯·麦迪逊看来，一个理想的国家应该是一个精英治理的国家，或者说应该是一个精英治理的共和政体。就麦迪逊的视角而言，精英阶层天然地就会在社会中拥有更大的影响力，因为这既是人类社会的现实状况，也是人类社会能够实现善治的条件。因此，麦迪逊式民主往往是精英主义民主理论的代名词。[1]在麦迪逊这样的思想家看来，一个社会存在着一定程度的贫富差距本来就难以避免，这是一种实然；即便从应然的视角看，一个社会要想实现优良治理，最好还是让精英阶层发挥更大的作用。

然而，并非所有人都赞同这样的见解。比如，迈克尔·曼在其名著《社会权力的来源》第四卷中，曾专门讨论美国当下的政治问题。他明确指出，美国企业界和资本力量在政治和选举过程中发挥了不应有的过大影响力。他甚至这样批评道："美国不是一人一票，而是一美元一票。"[2]

其实，这可以一直追溯到工业革命时代的阶级议题。从19世纪到20世纪，西方世界其实已经经历了从阶级冲突到阶级妥协的转向。但

[1] 关于精英主义民主和平民主义民主的讨论，参见罗伯特·达尔《多元主义民主的困境：自治与控制》，周军华等译，长春：吉林人民出版社，2006年。

[2] 迈克尔·曼：《社会权力的来源（第四卷）：全球化（1945–2011）》，郭忠华等译，上海：上海人民出版社，2015年，第421–431页。

在今天新的政治经济条件下，西方世界这方面又出现了新的问题。德国学者维尔纳·桑巴特写过一本著名的书，题为《为什么美国没有社会主义》。[1]从美国今日的情形来看，这本书可能出版得太早了。如果目前的政治经济结构、全球化趋势、贫富分化局面不加改变，美国不排除会兴起具有较大影响力的欧洲式民主社会主义思潮。今天，美国民主党的政策某种程度上已经在向欧洲式的民主社会主义靠拢了。特别是，2016年美国总统大选中出现的“桑德斯现象”[2]，更说明美国社会的这种倾向。这些政治现象都跟美国过去三四十年间不同收入阶层的贫富分化和政治分歧加大有关。

那么，西方世界的民主治理应该如何应付贫富分化带来的政治难题呢？现在看来，无论是美国还是欧洲恐怕在这一问题上都面临着“左”“右”为难的局面。左派通常更注重社会福利、再分配和社会平等，但左派往往难以解决经济增长和政府债务包袱的问题。相反，右派的主要政纲是减少政府干预、提高市场自由度和降低税率，他们认为只要这样做，经济就会发展，而整个社会——包括普通收入阶层——最终都会从这种增长中受益。过去的经济数据表明，这种政策固然可以促进经济增长，但考虑到全球化因素，结果却只是让小部分人的收入增加。正因为如此，目前西方世界的左派和右派似乎都难以

[1] 维尔纳·桑巴特：《为什么美国没有社会主义》，王明璐译，上海：上海人民出版社，2005年。

[2] 在2016年总统大选中，美国政治家伯尼·桑德斯跟希拉里·克林顿角逐美国民主党总统候选人的提名。桑德斯被媒体视为一位民主社会主义者，政治立场接近欧洲的民主社会主义政党。他严厉批评金融资本主义，抨击美国社会的贫富差距，主张大幅度提高最低工资，呼吁进行向普通民众倾斜的社会福利改革等。桑德斯作为一名秉承民主社会主义立场的政治家在美国政坛的崛起，是美国政治生活中的一个新现象，有媒体称之为“桑德斯现象”。

提供富有吸引力的政治纲领和政策方案。

族群宗教多样性与民主治理

第三个重要挑战是今日西方社会族群、宗教的多样性与民主治理之间的关系，这一现象的背后是欧美国家最近三四十年人口趋势的变动。人口和人口结构可能会成为重要的政治问题，但过去常常为政治学界所忽视。美国管理学家彼得·德鲁克（Peter F. Drucker）早在20世纪50年代就强调人口结构和人口趋势的重要性，他甚至在70年代初就预言了外来移民会给西方国家带来政治社会问题。后来，市场营销学则较早地把人口与人口结构的变迁作为重要因素来进行考察，但他们关注的更多是人口趋势的商业价值。到了今天，政治学受到诸多学科的影响，终于开始把人口、人口结构和人口变迁视为一个重要政治议题。那么，人口和人口结构的变化意味着什么呢？从政治上说，人口结构的变迁就是不同政治力量结构的变化。

如今欧美国家人口趋势上的最大挑战是白人族裔人口比重的持续下降和少数族裔人口比重的大幅上升。总部设在美国华盛顿的皮尤研究中心（Pew Research Center）预测，2050年美国的欧洲白人族裔（不包括拉丁裔）人口比重将降至47%，将低于人口总数的一半。这将是美国历史上第一次出现欧洲白人族裔无法占据人口绝对多数地位。如果把白人族裔作为一个单独的群体，把所有非白人的少数族裔作为一个单独的群体，那么白人族裔将在21世纪中叶成为美国人口中的少数群体。最新的数据显示，到2016年为止，在美国5岁以下的婴幼儿人口中，白人族裔已经少于一半。这在美国历史上也是第一次。

在这种趋势下，随之而来的就是“美国是谁的美国”“欧洲是谁的欧洲”的问题。在2016年美国总统大选中，唐纳德·特朗普的政纲之一就是主张限制外来移民，特别是限制特定宗教、特定国家的外来移民，并更明确地主张要捍卫美国主流族裔人群的利益。帮助特朗普当选总统的一种力量，就是美国白人族裔人群越来越担心自己失去多数族裔群体的地位。但如果美国继续采用目前这种过去长期形成的人口与移民政策，那么美国必将出现更多的外来移民和少数族裔人口，包括更多的黑人、更多的拉美人（西班牙语族裔）、更多的亚洲人以及更多的穆斯林。有人将这种白人族裔被稀释的人口前景，视为对美国未来的严重威胁。

欧洲人口趋势的主要特点是穆斯林人口比重的持续上升。1990—2010年，穆斯林在欧洲人口的比重已经由4%提高到6%，2030年将提高到8%。如果这样，到本世纪中叶，穆斯林占欧洲人口的比重将会超过10%。如果这样，届时将有不少欧洲国家的穆斯林人口比重会高达15%—20%。在半个世纪之前，除了东南欧的少数国家，多数欧洲国家还只有极少的穆斯林人口。但按照目前的趋势，未来的二三十年间很多欧洲国家将拥有10%，甚至15%以上的穆斯林人口。

从2014年至今的欧盟议会选举、欧洲各国的议会和总统选举中，很多极右翼政党、极右翼政治家纷纷崛起，他们通常主张采取限制外来移民和控制人口流动的做法。今天欧洲政治中的移民和人口问题，还跟欧盟制定的人口政策关系密切，欧盟要求其成员国在人口和移民方面实行互相开放政策。

目前欧洲出现的白人族裔人口比重降低、穆斯林人口比重攀升的现象有两个直接原因。第一个原因是来自欧洲外部的少数族裔移民，特别是穆斯林移民。英国最早出现的比较大规模的穆斯林移民是在1960年代以后。那时候的英国工资上涨，劳动力相对紧缺。通过引入外来移民，英国可以大幅降低很多普通工种的薪水，缓解中产阶级和普通民众在生活成本上的压力。但移民的到来带来的不仅是劳动力，还有一系列新问题。比如，移民家庭会生育下一代。

这就导致了第二个原因，即不同族裔人口出生率有着显著的差异。如今，欧洲很多国家的白人族裔家庭生育率已经不到2，这样白人族裔甚至已经进入人口萎缩的通道。而来自中东北非的移民家庭生育率非常之高，不少穆斯林家庭生育3到5个孩子。如果这3到5个孩子成年之后再生育3到5个孩子，人口增速就会非常快。

目前的趋势是，欧洲白人族裔人口已经出现了缓慢增长，甚至负增长的趋势，而穆斯林人口则呈现快速上升的趋势。实际上，欧洲这种人口趋势的变迁构成了理解今日欧洲政治的关键维度。欧洲的难民危机与移民问题、国内政治分歧的上升、反欧疑欧思潮的流行、极端民族主义与右翼政治势力的崛起，都可以在这种人口趋势的变迁中找到根源。

美国也面临类似的人口趋势改变，只是美国的穆斯林人口比重还比较低，但美国的西班牙语族裔、亚洲人族裔的人口增速并不低。塞缪尔·亨廷顿十余年前就注意到了这个重要的变化。

早在20世纪80年代，亨廷顿曾经写过一部《失衡的承诺》。[1]在该书中，亨廷顿提出了到底什么是美国的问题。他当时认为，美国最重要的特质就是美国的宪法和政治观念，包括立宪主义、法治、有限政府、分权制衡、自由传统以及个人主义原则，等等。不管来自哪里，一个人移民美国后只要信仰这样的美国政治观念，对美国宪法与美国

[1] 塞缪尔·亨廷顿：《失衡的承诺》，周端译，北京：东方出版社，2005年。

精神有认同，他就可以是美国人。这些来自世界各地、有着不同肤色和背景的人们，在这种宪法精神和政治信念的基础上，就能建设一个自由、繁荣与伟大的美利坚。这是亨廷顿1981年对于美国政治特质的阐述。

但是仅仅间隔23年，到了2004年，亨廷顿却写了一本完全不同的关于美国政治的书，题目是《我们是谁？美国国家特性面临的挑战》。[1]需要提醒的是，在这两本书之间，他已于1993年提出了著名的“文明冲突论”。正是因为这种新的“文明传统论”的理论视角，亨廷顿几乎完全推翻了他23年前对美国政治的主要观点。此时的亨廷顿认为到底什么是美国呢？他这样认为，美国的核心是盎格鲁-撒克逊的政治传统和新教文化。盎格鲁-撒克逊传统强调的是美国精神、美国观念和美国认同的族裔源头，而新教强调的是美国政治特质的宗教源头。无论怎样，这两个传统都源自美国的母国——英国。换句话说，正是这批主要来自英国、具有新教信仰的移民，是后来美利坚合众国的真正缔造者，并在美国创造了政治自由和经济繁荣的奇迹。这也构成了美国精神、美国观念和美国认同的精神基础。这样，美国政治的精神基础是盎格鲁-撒克逊新教文化，而不再是亨廷顿曾经强调的美国的宪法和政治观念。亨廷顿在这本十余年前出版的作品中明确地提醒美国，如果这样一套基于盎格鲁-撒克逊新教文化的美国精神、美国观念和美国认同走向衰落的话，那么美国也会走向衰落，甚至走向瓦解。

如果我们仔细研读亨廷顿的这部作品，再来考察作为总统候选人和作为总统的唐纳德·特朗普的政纲，大家会发现，2016年突然崛起的特朗普某种程度上回应的正是亨廷顿十余年前提出的问题。如果塞

[1] 塞缪尔·亨廷顿：《我们是谁？美国国家特性面临的挑战》，程克雄译，北京：新华出版社，2005年。

缪尔·亨廷顿还活着，作为一个顶级知识分子，他从精神气质与人格品性上未必欣赏特朗普，但大家会发现，特朗普与亨廷顿关于美国政治的问题意识是心意相通的。

无论是美国还是欧洲的主要发达国家，无论它们自称自由资本主义还是民主社会主义，背后的政治基础都是基本的自由民主原则。但如今，欧美发达国家作为立国基础的自由民主原则却面临着一个新的挑战：当这些社会的族群和宗教多样性程度大幅提高以后，西方国家能否在自由民主政体的基本框架内解决族群—宗教上的政治分歧呢？这其实是一个政治上的两难。[1]

按照自由民主政体的基本原则，西方国家应该对所有宗教都实行宽容政策，但是倘若一种宗教本身对其他宗教与非信仰者持不宽容态度，那么西方国家是否应该宽容这些宗教不宽容者呢？这在政治上是一个非常棘手的问题。

在讨论欧美国家面临的这些政治难题时，国内外有些学者习惯于"和稀泥"。他们其实没有理解这个议题背后的实质性困境。关键在于自由民主政体是否应该宽容不宽容者呢？如果不宽容者是自由民主政体下"不忠诚的反对派"呢？在这里，与之相关的概念——"忠诚的反对派"——的说法来自于英国。早在18、19世纪，英国议会中政党政治兴起时，反对党在国会开会时，经常自称女王陛下"忠诚的反对派"，意指在野党尽管反对现有执政党的政策和主张，但他们是忠于英国女王、英国立宪传统和英国国家认同的。而所谓"不忠诚的反对派"，他们要反对的主要并不是现行的具体政策，而是整个国家的立国基础、宪法原则、政治认同或政体类型。

[1] 这里对于西方世界族群政治与宗教政治的讨论，参见包刚升《极端主义的兴起与西方世界的挑战》,《文化纵横》2016年6月号，第22–29页。

面对这样的族群政治与宗教政治问题，西方世界的政治家们已经不能再实行鸵鸟政策或拖延政策了。在美国，为什么有人觉得希拉里·克林顿的政纲不管用呢？借用一种流行的说法是，希拉里·克林顿估计只能带领美国人民“走老路”。但如今面临的族群政治和宗教政治问题不是在她提供的政策框架内能够解决的。这也是一部分美国白人保守派对希拉里·克林顿不买账的重要原因。

那么，面对国内族群—宗教多样性上升引发的政治分歧，欧美国家应该怎么办呢？在英国脱欧公投举行之前，笔者曾经撰文分析过今天西方国家几种可能的策略选择。[1]第一个做法是同化策略，但如今的同化策略面临着不小的困难。比如，这里原来有100个人，外面来了一两个人，这一两个人是很容易被同化的。然而，如果一下子来了十几二十个呢，同化他们就会变得很困难。对美国来说，当年欧洲不同地方的人都是陆续以个体身份移民过去的，对于先行抵达美国大陆的人来说，他们这些移民就是少数，而且他们基本上都来自于西欧，这样他们就容易逐渐融入美国这个“文化大熔炉”。今天的差异在于，随着少数族裔人口的增长，他们已经不再容易被稀释了，而是更有可能形成一个个呈现聚集形态的亚文化群体和亚文化社区。比如，拿伦敦来说，南部有一大片区域是非洲裔和穆斯林人口比较集中的地方。这也是一个很普遍的社会现象，当特定族群、宗教和语言的人口到达一定规模后，就容易产生聚居效应。

第二个做法是文化多元主义政策。美国是一个以自由精神立国的国家，自由精神的另一面是宽容和多元主义。按照自由与宽容的原则，你有你的信仰，我有我的信仰；你有你的特质，我有我的特质，我们

[1] 包刚升:《极端主义的兴起与西方世界的挑战》,《文化纵横》2016年6月号，第22-29页。

可以做到互相尊重并且互不侵犯。但实际上，如果亚文化多元主义在西方国家内部崛起，如果国内社会不同宗教、不同族群之间的差异和分歧巨大，如果还存在着对其他群体并不宽容的宗教群体，那么这是否会诱发一个社会内部严重的政治摩擦和政治冲突呢？如果不同族群—宗教群体之间的政治分歧过大，他们之间可能的政治冲突是否会消解西方文明赖以生存的信念、制度与文化呢？这也是西方世界不得不面对的一个重大挑战。

第三个做法是向基督教保守主义政策的转型。欧美国家可能的做法包括限制移民或者限制特定族群—宗教的移民，更倡导西方文明的核心价值观，人为控制少数族裔人口的聚集区，限制异质宗教建筑或标识物的公开展示，等等。这种做法的背后，是西方国家对于自身的观念、制度与文化的主动捍卫。

就目前西方国家的情形来看，同化政策似乎已经很难奏效，尤其是当少数族裔、少数宗教团体人口总量在急剧增加。文化多元主义短期可行，但长期估计会引发更大的冲突。尤其是那些少数族裔、少数宗教人口急剧扩张的国家，文化多元主义政策未来可能会引发更大的政治分歧与政治冲突。因此，笔者在文中就判断，西方短期内最有可能的做法恐怕还是向基督教保守主义的转向。事后来看，西方多国政治领域的最新变化都在某种程度上印证了这一观点。比如，在奥地利总统选举中，获得高票支持、几近当选的自由党候选人就主张这样的政策；英国脱欧公投的结果也在某种程度上呼应了这里的政治猜想；特朗普当选美国总统背后的重要政治动力，就是白人族裔群体的保守化倾向。不少欧美国家更可能选择保守化的政策，这既是民主政体下主导族裔群体的政治要求，又是西方社会在内部和外部遭遇异质文明挑战时采取的自我防卫措施。比如，对英国来说，一个非常现实的问题是，如果留在欧盟，英国短期内无法解决移民问题。

基于上述讨论，大家会发现，今天西方世界的时代精神，跟20世纪80年代末到90年代以后政治上过分乐观主义的情绪完全不同。自20世纪80年代末以来，从东欧剧变、苏联解体到欧盟一体化、美国新经济革命，整个西方世界洋溢在一种过分强烈的乐观主义情绪之中。欧盟作为一个新兴的区域性政治经济合作框架，后来以比较快的速度进行扩张，很大程度上也是受到了这种过度乐观主义情绪的鼓舞。但是，历史真的终结了吗？世界从此就走上了市场经济加民主政治的康庄大道了吗？人类社会不再有重大政治冲突而能共享自由、繁荣与和谐吗？答案显然是否定的。

到目前为止，这里讨论了西方发达国家在民主治理上遇到的挑战，特别是大政府的问题、经济不平等的问题以及最近变得尤其突出的族群—宗教分歧上升的问题。这些问题看上去确实给西方世界的自由民主政体带来很大的政治压力。对西方世界而言，一方面如今全球范围内不同国家之间的异质性程度和政治分歧程度还很高，而全球化的深入又把这种异质性和政治分歧赤裸裸地呈现了出来；另一方面今天西方国家内部也因为经济、社会与人口原因而呈现出更高的政治分歧状态，甚至会引发更多的政治冲突。

那么，面对这些林林总总的政治挑战，西方世界究竟会向何处去呢？看起来，西方国家在既有的政治经济框架内似乎并没有特别好的办法。但我倾向于认为，它们似乎应该更多地回归自己19世纪的政治传统，把有限政府、个人责任、自由市场和西方文明的特质找回来。当然，这种呼吁不见得有什么用处，而且会被视为一种过分保守，甚至落伍的建议。比如，以大政府的问题为例，有人会问：政府规模已经那么大了，还怎么能退回去呢？如今太多人已经习惯于在医疗、养老、失业、教育和各种领域享受各种福利，太多人喜欢政府提供的免费的东西，还怎么能退回去呢？但是，如果西方社会不能以某种果断的社会改革和政治措施来解决因大政府导致的诸种问题，这些问题一定会以另外的形式缓慢地释放出来，而西方社会仍然需要付出相应的代价，甚至付出更大的代价。

当然，我们或许没有必要为西方世界的前景感到过分悲观。正如我一贯主张的，任何国家都会面临诸多现实的政治、经济、社会问题，或大或小，而很难有哪一个社会能够实现完美与和谐。长期来看，一个社会经历各种各样的冲突似乎是一种常态，问题是这个社会如何去回应这些冲突。有时，冲突甚至未必是坏事。实际上，过去 200 多年里，西方世界就是在不断经历冲突的过程中实现新的政治文明进化的。或许，今日西方世界只是又开启了某种新的政治经济周期。乐观的估计则是，半个世纪之后回头再看，我们或许会看到西方世界出现了一种有崭新气象的政治经济文明。

这个乐观估计并非毫无根据，因为欧美国家在历史上已经多次重复了类似故事。比如，在 19 世纪末 20 世纪初的世纪交替之际，欧洲的工人阶级和工人政党开始实质性地介入议会政治，当时的社会背景是很多欧洲国家充斥着政治冲突。拿英国来说，20 世纪早期自由党（即老牌的辉格党）的衰落和工党的崛起，就是当时英国政治生活中极其重要的事件。对较为保守的社会阶层而言，这件事多少显得有些突兀，甚至令人不安。但是，经过这种政党政治和政党结构的重大调整，英国议会政治完成了对新生政治社会力量的吸纳，从而又实现了新的稳定的政治均衡。

审慎地说，我们无法准确预测西方世界政治的未来走向，最多能够判断的是，哪些冲突可能会主导西方世界未来的政治，而西方自由民主政体中哪些方面又可能会做出调整，现有的制度框架可能会如何回应这些冲突，以及西方国家还有哪些调适空间，等等，则很难预测。如果西方世界在主流制度框架内不能应付这些重大挑战，那么就不排除西方世界会经历一次实质性的衰落过程。当然，目前看来这种可能性还不是很大。[1]

[1] 关于我对西方政治的最新看法，参见 2017 年 5 月我在华东政法大学的一场演讲《西方硬政治的回归与现实主义的复兴》。其中：西方硬政治的回归与现实主义的复兴（上），澎湃新闻的链接网址是 http://www.thepaper.cn/newsDetail_forward_1698738；西方硬政治的回归与现实主义的复兴（下），澎湃新闻的链接网址是 http://www.thepaper.cn/newsDetail_forward_1698752

6.2 新兴民主国家的转型难题

本讲探讨的第二个问题是新兴民主国家的转型难题。这里所谓的“转型难题”，不是说所有的新兴民主国家都遭遇了转型困境，而是说它们出现了转型结果的分化。就第三波民主化国家来说，有的转型比较成功，像西班牙、韩国、智利、捷克等；有的转型处在最好和最坏之间，这样的国家有很多；还有的转型比较失败，像泰国、委内瑞拉、埃及等。有的转型国家尽管维系了民主政体的基本形式，但该国的选举政治难以做到自由与公正，选举舞弊与政治操纵非常普遍，等等。

除了民主转型本身，新兴民主政体还出现了治理绩效上的分化。有些新兴民主政体总体上实现了不错的治理绩效，比如经济持续增长，社会比较稳定，教育水平不断提高，法治水平、政府效能与管制质量也比较高。这就是高治理绩效的新兴民主政体。然而，不少国家在民主转型过程中的治理绩效并不好，比如经济增长乏力，社会进步缓慢，政府效能低下，甚至还陷入了严重的政治冲突与内乱。这些就是低治理绩效的新兴民主政体或转型中政体。

新兴民主政体面临的挑战

新兴民主国家一方面面临着政体转型的分化，包括从成功的民主转型到失败的民主转型，以及两者之间的中间状态；另一方面还面临着治理绩效的分化，包括从优良的治理绩效到无法解决严重的政治危机，以及两者之间的中间状态。最近 40 年，新兴民主国家无论是民主转型本身还是治理绩效，都出现了不同程度的分化。

第三波民主化的一个新现象是“两不像政体”（hybrid regimes）的崛起。国内有学者将 hybrid regimes 翻译为混合政体，而政治思想史的研究传统一般把古罗马共和国的政体称为混合政体（mixed regime），所以我更乐意译成“两不像政体”。跟两不像政体相对应的概念，还包括现在经常可以在学术期刊和媒体上看到的半民主政体、非自由民主政体、竞争性威权主义等。[1] 总体上，这种政体处在民主政体与威权政体之间的灰色区域（gray zones）。这样的国家往往维系着起码的竞争性选举，但这种选举往往无法做到自由而公正。特别是，当执政团体感到有丧失政治权力的威胁时，它会倾向于对投票选举和政治竞争过程实施政治干预。执政者一旦“当选”，政治上压制反对派、控制媒体和操纵选举也是家常便饭，施政过程的威权主义色彩往往非常浓厚。因此，有学者将两不像政体视为一种更偏向于威权政体的政治类型。然而，跟传统威权政体不同的是，两不像政体确实维系着最低限度的竞争性选举。

在第三波民主化早期，很多学者认为两不像政体只是民主化过程中的过渡性现象。换言之，从威权转向民主的过程中，当转型不完全时就会出现这种中间状态的政体。但是，从 20 世纪 90 年代以来的经验显示，两不像政体可能不是一种过渡状态，而是一种趋向于常态化的政体类型，它既不会退回到完全的、封闭的威权政体，又丧失了继续转向完全的民主政体的动力。

美国政治学者斯蒂文·莱维斯基及其合作者在《竞争性威权主义》一书中认为，两不像政体有三种可能的前景。第一种前景是会转向比

[1] 两不像政体的相关论述，参见 Larry Diamond, "Elections Without Democracy: Thinking About Hybrid Regimes," in *Journal of Democracy*, Vol. 13. No. 2(2002), pp. 21–35.

较完全的民主政体。比如，经过一段时间的政治进化，这些国家的威权色彩弱化，法治色彩强化，民主选举逐渐能够做到起码的自由和公正，国内政治力量也更愿意基于民主规则来进行政治博弈，国际社会的民主力量又能施加积极的影响，这些国家就有可能转向完全的、巩固的民主政体。第二种前景是维系两不像政体。这样，两不像政体本身就会成为一种相对稳定的政体类型，长期处在民主政体与威权政体之间的灰色区域。那么，这里的长期到底有多长呢？没有人会知道确切的答案。但要知道，一个国家的政治进化往往不是以数年，而是以数十年时间来衡量的。第三种前景是蜕变为威权政体，民主衰退的可能性当然同样存在。比如，学术界这些年的争论是，俄罗斯、委内瑞拉是否已经从两不像政体蜕变为威权政体了呢？[1]

我在过去的一项研究中指出，新兴民主政体的转型通常会面临三个主要挑战。[2] 如图 6.2 所示，新兴民主政体的第一个挑战是，民主初创之后能否运转起来？对一些国家而言，民主能否运转本身就是一个问题，这就谈不上后续能否完成民主转型以及能否实现民主巩固了。

在这个阶段，新兴民主政体需要实现的基本目标包括：没有严重的政治冲突和对立，能以选举和竞争方式产生政府，政府能够保持基本的稳定性。这样，一个新兴的民主政体就能运转起来了。但这一目标的达成通常需要一个前提，那就是没有重要的政治力量反对民主，政治力量的竞争能够在民主规则下达到基本的均衡。

最近埃及的威权政体垮台之后，进行了正规的选举，新国会制定

[1] Steven Levitsky and Lucan A. Way, *Competitive Authoritarianism: Hybrid Regimes after the Cold War* (Cambridge:Cambridge University Press, 2010).

[2] 包刚升：《民主转型的周期性：从启动、崩溃到巩固》，《二十一世纪》2012 年 4 月号，第 17–27 页。

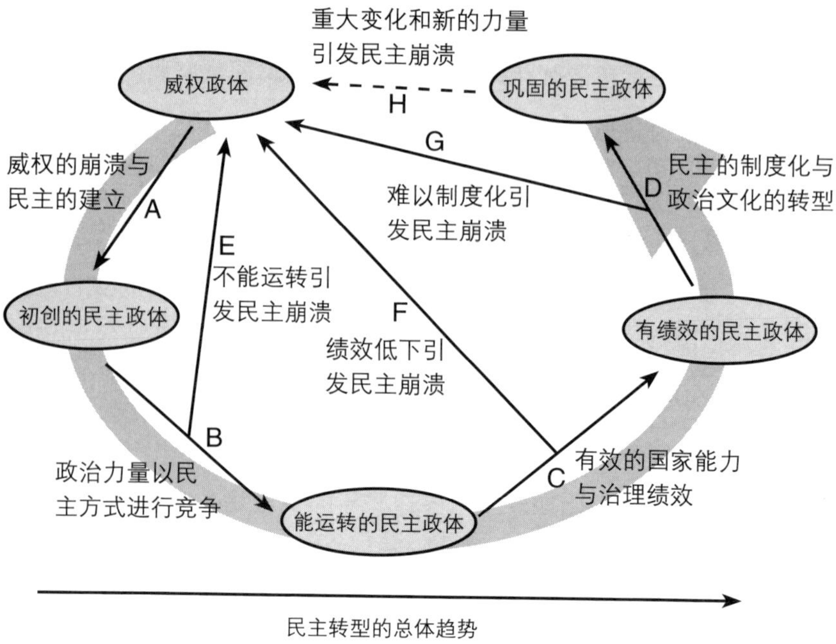

图 6.2 民主转型的周期性与新兴民主政体的挑战

资料来源：包刚升：《民主转型的周期性：从启动、崩溃到巩固》，《二十一世纪》2012 年 4 月号，第 17—27 页。

了新宪法，但埃及很快再次出现大规模的政治抗议，街头政治风起云涌，最后军人集团又在政治上登场了。在埃及，民主的政府无法控制军方，而军方又有着很强大的反民主传统。当民选政府制定了一部高度伊斯兰化的宪法之后，军队和其他坚持世俗立场的政治力量就成了这部民主新宪法的反对者。这样，当民主政府面对强大的政治抗议时，军方作为一种非民主的政治力量重新卷入政治，塞西将军取代了民选政府开始执政。[1]

如果新兴民主政体基本上能够运转起来，那么就会遇到第二个主要挑战，即民主能够产生绩效吗？绩效一般被视为经济学或管理学概念，但政治学也应该重视绩效。民主治理的基本绩效包括：能否解决最基本的、最重大的政治经济社会问题，能否克服潜在的严重冲突，能否维系基本的法律和秩序，等等。比如，18 世纪 90 年代，法兰西第一共和国就没有办法解决当时非常严重的宗教冲突、阶级冲突及其他冲突，整个社会暴力频仍，社会秩序陷入失控状态。在这种情况下，秩序与稳定成了法国社会的呼声，于是拿破仑就登场了。所以，对于新兴民主政体来说，民选政府能否克服重大的政治冲突，实现基本的社会稳定，防止严重的通货膨胀和经济危机，让普通民众享有安全、秩序与稳定，这是民主政体需要达成的基本治理绩效。

新兴民主政体要想实现最基本的治理绩效，也需要某种政治条件。那么，这个政治条件是什么？简而言之，新兴民主政体只有拥有基本的国家能力或政府效能，才能实现基本的治理绩效。需要强调的是，这里的基本治理绩效不是要让一个新兴民主国家成为一流的经济强国或创新领先国家，而是提供基本的安全、秩序与稳定。从历史经验来看，如果一个民主转型国家不断地陷入政治冲突，无法控制经济危机，饱受社会动荡之苦，这样的民主政体就容易垮台。因为如果民主不能实现最基本的有效治理，生活其中的人们无法获得基本的安全、秩序与稳定，寻求替代性的政治解决方案就会成为社会需要，军人统治或其他威权政体就会登场。

如果一个新兴民主政体既能运转起来又能实现基本的治理绩效，

[1] Nathan J. Brown, "Egypt's Failed Transition," in *Journal of Democracy*, Vol. 24, No. 4(Oct. 2013), pp. 45–58.

那么就会面临第三个主要挑战，即民主能够得到巩固吗？这里的民主巩固，既包括了民主政体的制度化、惯例化和稳定化程度，又包括了公民在心理和行为上对民主政体的普遍信仰。按照胡安·林茨的说法，在民主巩固的国家，民主制度已经成为“最佳的或唯一的政体选择”，英文的说法是 the only game in town。[1]

那么，新兴民主政体的巩固需要哪些政治条件呢？就主要方面而言，这里既涉及相应的民主制度建设，又包括政治文化的转型。这方面的绝佳案例是前面提及的德国的民主化进程。20 世纪 50 年代，很多德国人对民主制度还没什么坚定的信仰。大家可以想象，德国人经历过魏玛共和国时期（1919—1933 年）既不稳定又无效能的乱糟糟的民主治理，然后又经历了 12 年左右的希特勒作为元首的纳粹统治。二战以后，联邦德国（西德）的做法是不仅确立了新的民主宪法，并在美国的庇护下恢复了定期选举，而且还在学校和社会领域普及了公民教育和宪法教育。这样，到了 70 年代，德国的政治文化已经发生转型，德国的主流人群已经转变为民主政体的忠实支持者。如果民主政体能够完成充分的制度化，支持民主的政治文化能够生根发芽，新兴民主政体就能实现民主巩固。

由此看来，一个新兴民主政体从运转起来、到产生绩效、再到实现巩固，每个阶段都会面临不同的政治挑战。从历史经验来看，有些国家能够比较顺畅地克服上述三个主要挑战，还有不少国家则难以应付这三个主要的挑战，参见表 6.1。那些能够成功应付这三个主要挑战的转型国家，就能完成民主转型；反之，就容易遭遇民主转型的挫败。

---

[1] 胡安·林茨、阿尔弗莱德·斯泰潘：《走向巩固的民主制》，猪口孝、爱德华·纽曼和约翰·基恩主编《变动中的民主》，林猛等译，长春：吉林人民出版社，1999 年，第 56–81 页。

转型三阶段	政治目标	政治条件	崩溃原因
让民主运转起来	没有严重的政治经济冲突和对立；始终以选举和竞争方式产生政府；政府能保持一定的稳定性	没有重要的政治力量反对民主，政治力量的竞争能达到均衡	重要政治力量选择以非民主方式参与政治竞争
让民主产生绩效	能解决重大的政治经济社会问题；实现稳定和推动增长；促进平等和其他目标	有效的国家能力与治理绩效	国家能力弱和治理绩效差使社会对民主制度失去信心
让民主得到巩固	民主的制度化、惯例化和稳固化；公民在心理、行为上的巩固；民主成为“最佳的政体选择”	民主的制度建设和政治文化的转型	民主不能制度化以及民主政治文化不能生根

表 6.1 新兴民主政体的三个主要挑战

资料来源：包刚升:《民主转型的周期性：从启动、崩溃到巩固》,《二十一世纪》2012 年 4 月号，第 17—27 页。

在前面的图 6.2 中，有的国家建立了初创的民主政体，但民主政体无法运转起来，这样就容易回到威权政体；有的国家能够让初创的民主政体运转起来，但无法产生基本的治理绩效，这样新兴民主政体也容易挫败；有的国家既能够让民主政体运转起来，又能够使民主政体产生最基本的治理绩效，但难以实现真正的民主巩固——这样的国家在遭遇重大危机或外部环境剧变时也可能会遭遇民主崩溃。所以，就多数国家的转型经验而言，民主化其实并不容易完成，它通常是一个耗时漫长、过程曲折、发展阶段上呈现周期性特征的政治过程。

新兴民主政体转型绩效分化的原因

那么，到底是什么原因决定了新兴民主政体的转型成败呢？按照本书第 4 讲介绍的主流研究，解释民主转型的成败有三个主要的理论路径。第一个理论路径强调社会的经济条件、社会结构、政治文化、国际格局以及现代国家建设等因素，认为这些社会条件的不同会导致民主转型结果的不同。第二个理论路径是强调宪法设计和政治制度安排在其中扮演的角色，这意味着某些宪法设计与制度安排更能导致成功的民主转型；相反，错误的宪法设计与政治制度安排更容易导致民主转型的失败。第三个理论路径是强调政治精英在民主转型过程中扮演的角色，比如政治精英是否有坚定的民主信念、能否采取遵循民主规则的政治行为，以及能否达成一种有利于民主的政治博弈均衡等，也会影响到一个国家的民主转型与民主巩固。

对于今天全球的新兴民主政体而言，它们的基础性社会条件对于其完成民主转型、实现有效的民主治理是否有利呢？这里最需要提醒的是，不要一讲到民主或民主转型就想到北美西欧的经济社会条件，因为很多新兴民主国家都是东欧、拉丁美洲、非洲或亚太地区的普通国家，它们所具有的也就是一个发展中国家的经济社会条件。如何以这样的基础性社会条件来实现成功的民主转型，并在转型之后达到优良的治理绩效，这是一项实质性的挑战。

根据条件论，综合来说，那些基础性社会条件相对优越的国家，民主转型的成功率就会比较高；反之，就比较低。进一步说，当一个国家的诸种经济社会条件得到改善之后，该国民主转型的成功率就会提高；如果这些经济社会条件得不到改善的话，该国民主转型的前景就不容乐观了。

有人更重视制度论对于新兴民主政体转型成败的解释力。比如，印度独立之后，宪法文本就起草了两年多时间，制宪委员会成员包括了精通英国政治法律传统的法学家们。结果是，印度宪法到目前为止已经成功运转了将近 70 年时间，对维系印度民主政体贡献卓著。然而，很多发展中国家在宪法制定和颁布后不到 10 或 20 年，就遭遇了严重的政治困境，或者需要重新制定新的宪法，或者干脆民主政体就垮掉了。尽管印度在经济增长和公共治理方面的绩效算不得出色，但至少从政治上讲，印度拥有一个相对稳定的民主政体。作为二战之后获得独立的发展中国家，印度的民主经历是比较独特的，其民主政体的稳定性超越了同时启动转型的绝大多数国家。印度这个案例说明了宪法设计与制度安排的重要性。那么，其他新兴民主国家呢？能够制定一部有效的宪法吗？能够为新兴民主政体提供优良的宪法设计与制度安排吗？

对新兴民主政体来说，政治精英的角色也是备受关注的一个话题。在全球范围内，我们既看到过推动民主转型和民主巩固的政治精英，又看到过一旦掌权就违反民主规则，甚至摧毁民主制度框架的政治精英。在历史的想象空间里，存在着这样一种可能性——重要政治家在领导力、品格和远见上的差异会显著改变一个国家关键时刻的政治命运。

今天的印度总理、人民党领袖纳伦德拉·莫迪一般被视为一位非常有为的政治家，他既是民主派，又富有领导力。如果莫迪确实如这样的评价所说，那么他就会对印度今后一个时期的政治生态产生比较有利的影响。如果他能够在自己的任期内继续推动经济增长，改善公共治理绩效，控制腐败程度，提升科学与教育水平，印度的民主治理就能实现更为优良的绩效。当然，莫迪是不是一位富有领导力的坚定的民主派政治家，还需要时间的检验。

对于很多新兴民主国家来说，政治转型的一个重大难题就是缺乏有能有为的民主派领导人。比如，乌克兰在民主转型方面遭遇了重重阻力，一个主要的问题就在于缺乏有重要影响力的民主派政治家。在2013—2014年的政治危机中，甚至有国际媒体认为，乌克兰既没有受人尊敬的执政派政治领导人，又没有受人尊敬的反对派政治领导人。这或许是该国民主化之路历经坎坷的重要原因。所以，如同已有理论指出的，对新兴民主化国家来说，该国政治家和政治精英的信念、行为和互动模式也是决定民主转型绩效的关键因素。

基于这些不同的理论视角，判断新兴民主政体的转型能否成功时，我们可以先考察该国的经济发展水平、阶级结构、族群—宗教结构、国际格局、政治文化类型、现代国家构建程度等，然后再考察该国在转型过程中所采用的宪法设计和制度安排，最后还可以考察该国政治家和政治精英的特质，包括他们的政治观念、行为选择以及政治博弈等。借助对这些因素的分析，我们就更有把握判断这样的新兴民主国家是更有可能实现成功的民主转型，还是更有可能遭遇民主转型的挫败。

6.3 威权政体的困境、复兴与前景

本讲探讨的第三个问题跟威权政体有关，主题是全球范围内威权政体的困境、复兴与前景。今天全球威权政体或多或少都面临着一个基本问题，那就是合法性的困境。证明这种困境存在的标志就是，绝大多数威权政体都不会公开声称本国就是威权政体或非民主政体。

为什么威权政体本身会成为一个问题呢？早在 17 或 18 世纪，即便在今天的欧洲，国王统治仍然是一个普遍现象。但是，19 世纪以后，全球的政治潮流逐渐发生了重大转向。特别是二战以后，民主在全球范围内作为一种支配性的意识形态开始兴起。随之而来的是，正如前文已经阐述的，几乎所有国家都号称是民主国家，几乎所有政党都号称是民主政党，几乎所有领导人都号称是民主派领导人。至此，民主价值观已经在全球范围内居于支配性地位。到了 21 世纪，无论其治理绩效高低，威权政体更是在国际和国内两个层面上面临着不同程度的合法性困境。

威权政体治理的诸种问题

一个显而易见的事实是，威权政体并不经常能够导致好的治理绩效。相反，很多威权政体都面临着不同程度的治理困境。理解威权政体治理绩效的难题，可以有不同的考察视角。第一个视角是威权政体的价值取向非常重要。从全球范围来看，不同的威权政体有不同的价值取向：一是发展导向，二是掠夺导向。比如，从 20 世纪 60 年代到

80 年代，甚至到今天，非洲就有不少威权政体是掠夺导向的。一种常见的情形是，一个军人统治者把自己的家族成员、同学战友都提拔为高官，形成一个以军事独裁者为核心的高层统治集团。这个统治集团其实是一个分赃集团，他们通过榨取税收、控制石油或贵金属资源、贪污受贿等手段攫取巨额的个人与家族财富，同时把数亿、数十亿美元放在瑞士银行的秘密账户中。这样的威权政体基本上是掠夺型的。

然而，还有另一种威权政体，我前文将其称为“发展型威权政体”或“发展型威权主义”。比如，在韩国的朴正熙时代，主流统治精英基本上不是掠夺导向的。总体而言，当时韩国的官僚体系表现尚好，官僚集团将致力于实现韩国工业化和现代化视为主要目标。这样的威权政体，同时也是一个发展型国家或发展型政府。

所以，历史地看，尽管同为威权政体，全球范围内的威权政体有差异很大的价值取向。有些威权政体具有强烈的掠夺导向，结果就是走向“盗贼统治的国家”，也就不可能实现经济发展与有效治理；有些威权政体具有强烈的发展导向，治理绩效相对优良，少数国家甚至拥有傲人的发展成就；还有些威权政体则介于两者之间，既非完全的掠夺导向，亦非完全的发展导向，治理绩效则介于上述两种威权政体之间。

第二个视角是威权政体往往会面临多层委托代理关系的困境。从逻辑上说，威权统治的主要驱动力来自于顶层，而基层社会力量通常对政府没有多少实质性的约束力，至少是缺少制度化、程序化、法治化的约束力。在这种情况下，威权政体的有效运转，高度依赖于最高层给整个官僚系统所施加的压力与动力。比如，在威权体制之下，往往是最高层要求官僚系统清廉施政、奉公守法、服务国家，其主要目标是防止官员私利成为支配统治体系的主宰力量。因为一旦官员私利主宰官僚体系，威权体制的统治效能就会面临不断削弱的危险。

而随着威权体制下委托代理关系链条的延长，这个链条终端或末梢的可控性与有效性就会降低。即便是一个发展导向而非掠夺导向的威权政体，随着委托代理链条的延长，其治理有效性方面的挑战也会越来越大。由此可以推论，与小规模的威权国家相比，大规模的威权国家的治理难度会更高。威权小国更有可能实现有效治理（尽管威权小国未必能实现有效治理）的主要原因之一，是该国统治体系中的委托代理链条比较短，上层对下层的监督更为有效，从而治理绩效可能更高。比如，新加坡是一个城市国家，前任领导人李光耀生前一天之内就可以走遍整个国家，他几乎能亲眼看到新加坡每个主要角落的治理状况。这种条件下，如果李光耀行得正、站得直，具有卓越的服务国家精神和一流的政治领导力，新加坡就有可能实现相对优良的治理绩效。但是，如果一个国家的国土面积巨大，这种威权政体要实现有效治理的难度就更大，原因之一就是该国委托代理关系的链条过长。

第三个视角是如何理解威权政体下重大政治决定或公共政策的风险。众所周知，民主政体也会做出很多错误的决策，原因既可能来自于政治领导层的判断力不足，又可能来自于受到民粹主义力量或非理性的“公众利益”的裹挟。但是，威权政体同样也会发生重大决定或决策失误的风险，甚至这种风险更高。从逻辑上讲，在威权政体下，一个重大政治决定或一项重大公共政策更有可能在未经充分讨论、没有听取各利益相关方和专业人士意见的条件下就被决定了。这样，如果没有经过正常的议会立法流程——包括议会三读、反对派质询和议会辩论，一个重大政治决定或公共政策就出台，其犯错的可能性当然更高。

不仅如此，跟民主政体相比，威权政体下一旦发生决策失误，要进行纠错的成本往往更高，因为这种体制下缺少常规化的纠错机制。

按照阿马蒂亚·森的研究，大饥荒通常发生在威权政体之下，而不会发生在民主政体之下，其中的原因也跟威权政体的信息机制和纠错机制有关。[1]所以，一个威权国家在重大项目上产生决策错误的话，其结果可能是灾难性的。

值得提醒的是，如今全球媒体的潮流似乎是更强调民主政体决策的民粹化风险，而认为威权政体决策更接近某种程度的“贤能政治”。这一点确实有些出人意料，这种观点显然未能恰当地评估威权政体决策的巨大风险。从20世纪以来的人类政治史来看，很多愚蠢的乃至灾难性的重大决策都是威权体制下少数领导人刚愎自用、一意孤行的产物。无论是学术界还是媒体，更应该对民主政体下与威权政体下重大决策的利弊比较进行理性、中立、客观的评价。

第四个视角是威权政体往往需要付出更高的维护稳定成本。这里所谓的维稳成本，既有直接成本，也有间接成本。比如，与民主政体相比，威权政体往往需要维持更为庞大的内务部门（警察与安全部门），需要花费更高的成本来压制潜在的反对力量。这还只是维护威权体制稳定的直接高昂成本，而这种成本最终都需要整个社会来承担。再比如，威权体制通常还会禁止某些外部思想或信息的输入，甚至需要建立一个更封闭的经济、政治与信息体系。这种做法有时看起来不过是维护体制稳定的权宜之计，但其长期后果可能非常严重，有可能阻碍一个国家的经济增长、科学进步、产业升级与整体创新能力。这是威权体制维稳产生巨大的间接成本的例子。

最后一个视角是威权政体下的领导人风险。按照弗朗西斯·福山的说法，所有威权政体都难于避免领导人的风险，而且这种风险要远

[1] 阿马蒂亚·森：《贫困与饥荒》，王宇、王文玉译，北京：商务印书馆，2004年。

高于民主政体。那么，民主政体是否会产生糟糕的领导人？当然有这种可能性。古希腊先哲柏拉图与亚里士多德都认为，在民主政体下，蛊惑人心的野心家有可能借助民粹主义力量执掌大权。这种蛊惑人心的野心家执掌大权以后，可能会对整个城邦产生重大的祸害。尽管思想家们对民主政体能否选择称职领导人的担忧从未停止过，但从民主政治的实践经验来看，全球范围内为数众多的民主政体——特别是成熟的民主政体——在选择政治领导人上的成功率并不低。

相反，威权政体往往更难选择具有胜任力的领导人。这是为什么呢？一个主要原因是，威权政体选择政治领导人的过程往往透明度比较低，随意性比较大。当然，有些制度化程度较高的威权政体会发展出一整套选择政治领导人的制度和程序，但其核心逻辑仍然没有什么实质性改变。同样重要的是，威权政体下面临的政治领导人风险还在于，一旦一个人执掌大权以后，倘若无法胜任，往往会比民主政体下的政治领导人不胜任产生更大的破坏力。

以美国为例，不管 2016 年总统选举是唐纳德·特朗普当选还是希拉里·克林顿当选，如果新总统要想超越美国的宪法体制，完全按照自己的意图自行其是，几乎是不可能的。从军政关系的角度讲，新总统也很难完全按照自己的规则去控制军方，因为军队首先效忠的是国家和宪法。万一新当选的政治领导人并不胜任，这套立宪民主体制会给这样的领导人以足够强有力的约束。这样，即便是一个不称职的领导人，其可能的危害会被控制在有限的范围之内。但是，威权政体下的政治领导人很少会受到这样的制约。由于外部约束的不足，威权体制其实对政治领导人的能力、品格、远见，甚至包容精神都提出了更高的要求。总之，与民主政体相比，威权体制下领导人的个人因素会对整个国家产生更大的或好或坏的影响。

当然，在全球范围内，不同的威权政体可能会有完全不同的政治领导人，同一个威权政体也可能会有差异很大的政治领导人。比如，上文提及的新加坡前政治领导人李光耀就是一位威权政体下的卓越领导人。正是在李光耀的治理之下，新加坡实现了快速的经济起飞、优良的治理绩效以及总体上过得去的法治，如今则成了全球最发达的经济体之一。但威权政体下也产生了穆阿迈尔·卡扎菲这样的政治领导人。在卡扎菲的统治下，利比亚经济社会发展没有取得多少进步，内部的部落政治、族群政治和国家认同问题没有得到很好的解决，统治与治理的制度化程度也很低。总的来说，卡扎菲主要还是依靠私人关系、武力部门和恐惧在统治着这个国家。不仅如此，卡扎菲的统治还给后来的政治转型制造了重重阻力。由此可见，尽管李光耀和卡扎菲同为威权政体下的政治领导人，但他们的政治作为、治理成就和长期后果可谓大相径庭。

停滞、发展与威权体制的命运

除了合法性困境与有效治理的挑战，另一个重要问题是“威权体制的发展悖论”。发展悖论这个说法，可能是我最早提出来的。简而言之，一方面，威权政体如果不发展，就会有不发展导致的严重问题。比如，不发展会导致人民生活困苦，民怨沸腾，这样就会孕育更强的反体制力量。如果生活悲苦不堪，大家凭什么要支持这种体制呢？或者说，只有规模较小的统治集团过得比较好，其他绝大部分人都过得不太好，反对现有体制的力量就会比较强大。这样的条件下，如果再有一些政治事件的推动，就有可能酿成威权政体的重大危机。在“阿拉伯之春”中，部分国家就是在原先威权政体不发展、民众困苦的条件下遭遇政治危机的。

另一方面，不仅威权政体不发展容易导致危机，发展起来之后也容易遭遇政治上的新挑战。这里的主要逻辑是，一旦一个威权国家的工业化和现代化水平迅速提高，随之而来的是文化教育的普及、全球化程度的提高、公民观念的改变。这样，整个社会往往已经在现代化的过程中发生了重要改变，全球性的价值观念和民主意识形态也会对这样的社会发生渗透。由此，很多人会产生新的政治诉求，产生更高的政治参与要求，公民意识开始觉醒，随之而来的是对威权政体的合法性提出更多质疑。因此，一个经济社会充分现代化的威权政体，往往会因为这种发展带来的副产品，反而在合法性上遭受更多的挑战。

以上两种现象的并存就是“威权政体的发展悖论”。这意味着，威权政体下经济社会不发展，就会有不发展带来的问题；威权政体下经济社会发展，就会有发展带来的问题，但两者最终都有可能构成对威权政体合法性更严重的挑战。

今天，在全球民主意识形态的支配下，当人们说起威权体制或威权主义这个概念时，似乎就是一个贬义词。但是，在经验世界中，或许并非所有的威权政体都是面目可憎的。这里或许可以区分出某些更糟糕的威权政体和另外一些表现相对较好的威权政体。如果一定要给全球威权体制分类的话，最重要的分野就是停滞型威权主义和发展型威权主义。

停滞型威权主义的基本特征包括：它通常是反市场的，其经济系统更多是由政治权力主导的；它从统治取向来说更多是攫取型的，政治统治集团往往控制着社会的主要资源，分配着统治的租金，而政治精英们扮演着掠夺者的角色；它通常也是非制度化的，制度化程度低意味着政治领导人运用权力的随意性非常高。从国家案例来看，过去扎伊尔的独裁者蒙博托统治的时期就是一个典型的停滞型威权主义样板，穆加贝统治下的津巴布韦又是一个典型的停滞型威权主义样板。

发展型威权主义的基本特征包括：它通常是市场导向的，也只有市场导向的威权政体才能促成经济发展与现代化——从韩国朴正熙的威权主义到新加坡李光耀的威权主义，从西班牙佛朗哥的威权主义到智利皮诺切特的威权主义，都是市场导向的；它从统治取向上说通常是包容性的，这里主要是指经济社会领域的包容性，而非政治领域的包容性，不同的社会集团成员能够在发展的过程中分享发展的成果；它在政治运作上也倾向于越来越制度化，往往会在法治建设上，甚至包括最高领导层的更迭规则上发展出一套规范性的制度、规则与程序。

那么，哪种威权政体更有利于推动一个国家后续的民主转型呢？显然，发展型威权政体这方面的表现更好。实际上，在这种发展型威权体制下，除了一个人或一个小的统治集团垄断权力以外，其他方面的政治经济运作，跟一个民主社会的政治经济运作更加合拍，也更能顺利接轨。正如前面讨论的，这种发展型威权主义更有可能是市场化的、包容性的和制度化的，所以更容易与民主化之后的整套制度对接。另一个机制则是，发展型威权主义往往已经带动一个国家实现了较快的经济增长和相当程度的现代化，而这些条件都有利于该国实现后续的民主转型与民主巩固。

威权政体的复兴？

最近几年，国际上关于威权政体新现象的讨论焦点是“威权政体的复兴”。2003 年，哥伦比亚大学黎安友（Andrew J. Nathan）教授在《民主》杂志上撰写了一篇文章，题为《威权韧性》。[1]这篇文章认为，在人类全球化和民主化的大背景下，有些威权政体竟然获得相当的适应能力和学习能力，而不是像过去学界预测的那样，威权政体注定要快速走向僵化，甚至崩溃。相反，有些威权政体不仅没有僵化、没有失去活力，而且还具有相当高的弹性，能够适应国际潮流和国内趋势的重大变化，并在此基础上进行调适性学习，以此来更好地维系自己的生存。这种现象，被称为威权弹性或威权韧性。

与此相关的另一个有趣概念则是“独裁者的进化”。2012 年，西方出现了一部题为《独裁者的学习曲线》的作品。作者大意是说，独裁者能够通过学习，不断地获得维系自身生存所需的各种技艺。这也是一个非常重要的现象。尽管《独裁者的学习曲线》并不是学术著作，而出自一位擅长政治报道的记者之手，但他报道的是全球范围内各主要威权政体的新趋势。作者认为，21 世纪以来，部分威权体制获得了一种强大的学习能力——借助这种学习能力，威权体制和独裁者能够更好地生存。[2]

威权政体复兴的一个典型现象是发展型威权大国的崛起，这种崛起造成了巨大的全球性影响。威权大国崛起会造成哪些全球性影响呢？一是会改变国际体系中政治势力的对比，民主力量与威权力量的格局有可能发生新的调整。二是可能会让西方发达民主国家的政治影响力受到遏制。举例来说，过去世界银行或国际货币基金组织提供援

[1] Andrew J. Nathan, "Authoritarian Resilience," in *Journal of Democracy*, Vol. 14, No. 1(Jan. 2003), pp. 6–17.

[2] William J. Dobson, *The Dictator's Learning Curve: Inside the Global Battle for Democracy* (New York: Anchor, 2013).

助时，通常会列出一系列的条件清单；但如今发展型威权大国提供援助时，不再需要类似的条件清单，甚至会开出完全不同的条件清单。三是可能会树立新的全球榜样和造成新的示范效应，这一点对于发展中世界的其他小国影响尤甚。比如，为什么印度在1947年独立以后也试图搞“计划经济”呢？一个重要的示范力量是当时的苏联。20世纪三四十年代，苏联是由一个落后大国通过计划经济模式实现快速工业化的“成功案例”。当看到苏联快速工业化的成就时，印度也试图通过“计划经济”模式来实现快速的工业化。如今，对亚洲、非洲的很多国家或拉丁美洲某些民主并不稳固的国家而言，发展型威权大国的崛起创造了某种极具榜样力量的发展奇迹，也可能会成为这些国家争相学习仿效的对象。

此外，为威权政体复兴提供绝佳机会的是过去几年中西方世界的成熟民主政体似乎治理绩效不佳，而发展中世界的不少新兴民主政体也遭遇了民主衰退或治理困境。实际上，民主政体的表现越是逊色，强人政治或新的威权政治就越有可能复兴。今天，位于欧亚大陆交界处的重要国家土耳其就是一个微妙的案例。2010年之前该国已经被视为一个走上稳健民主转型道路的国家，但如今土耳其已经面临民主衰退的危机。学界的一个猜想是，在欧洲面临欧盟解体的威胁、难民危机、民主治理绩效不佳的一系列背景之下，政治强人埃尔多安就更有信心走自己的路，甚至未来会按照更伊斯兰化的方式统治国家，而不再是跟在欧盟后面亦步亦趋。如果21世纪早期的民主政体再次遭遇艰难时世，就会有更多的国家面临重新走威权主义道路的巨大诱惑。

威权政治的未来

讨论至此，我们应该如何评估威权政治的未来呢？这里涉及两个不同的问题：一是威权政体本身的未来，二是目前为止的威权国家的未来，两者的命运并不完全相同。就威权政体本身而言，它们目前大概有几种可能的战略选择。第一种是封闭型维稳战略。这是防止外部力量渗透和影响的做法。一旦把国门关起来，可以防止外部力量的介入，从而更有利于维护政权稳定。因为一旦国门打开，极端落后的威权政体就可能会垮塌。此时，一个独立的封闭型系统构成了政治稳定的必要条件。但是，对这样的国家而言，经济停滞，人民悲苦，百业萧条，国家可能会长期陷于最落后的状态。

第二种是发展型吸纳战略或开放型吸纳战略。这种威权体制的战略，总体上是发展导向的，同时要有效吸纳新兴力量。采取这种战略的威权政体有可能会把新兴社会力量主动吸纳进威权政体，使其成为现有威权体制的租金分享者。总的来说，这种开放型吸纳战略在一定程度上是有效率的，但是也面临着风险。当这种威权政体一旦不再能吸纳新兴的社会力量时，就会遇到已经成长起来的社会力量的挑战。从经验来看，一个社会越发展，越是跟国际接轨，这方面的挑战就会越大。

第三种是可能的中间道路。这是指一个威权国家在一些方面实施封闭型维稳政策，比如关键的政治领域、信息传播领域等；另一些方面则实施发展型吸纳战略，比如经济与社会领域，然后经过理性计算，在不同方面实施不同策略的组合。这种做法有点像一个策略灵活的公司，在不同的业务层面上进行不同的战略组合。这种战略的困难在于，一个威权政体要精确计算到底哪里要实施封闭型维稳政策，哪里要实施发展型吸纳政策，这往往存在着很大的困难。

这里不仅需要思考威权政体的命运，还需要讨论威权国家的命运。我们首先需要区分一个威权政体究竟是何种类型的威权政体？从历史经验来看，对任何一个国家来说，停滞型威权主义几乎都是最糟糕的一种治理方式；但如果是发展型威权主义，若能放宽历史的视野，这也许不是一种可以全盘否定的统治形态。有人从价值观或意识形态出发认为，即便是发展型威权主义也是不能接受的。这种看法是可以理解的。然而，从历史进化和横向比较来看，发展型威权主义或许有其独特的价值。一方面，在发展型威权主义之下，一国的经济社会现代化程度往往会得到有效提升，而这个过程是不可逆的；另一方面，这样的威权政体往往也有助于提高该国后续转型的成功率。

其次，我们还可以思考与评估不同威权国家民主转型的可能性。对一个特定的威权国家来说，未来发生民主转型的可能性有多大呢？这就需要评估该国民主转型的动力因素与阻力因素。对这些国家而言，究竟什么是转型的动力因素？什么又是转型的阻力因素？这些都是很实际的问题。这里既有复杂的国际因素，又有各种各样的国内因素。想要评估一个威权国家未来的政治命运，需要深入考察影响该国政治转型与政治发展的各个重要因素。唯其如此，我们才能判断不同威权国家未来政治转型的可能性。

最后，值得提醒的是，考察威权国家的政治前景，不仅要有短期的视角，而且要有长期的视角。威权政体也许在短期中，甚至在相当时间内都能展现出一定的有效性，但长期中始终面临着合法性的困境和转型的可能性。正如前文已经探讨的，即便一个发展型威权主义政体，仍然面临着发展悖论。很多国家曾多次遭遇民主转型的挫败，但即便这样屡转屡败的国家，在民主受挫之后不久，可能又会启动新一轮民主转型。比如，今天委内瑞拉的政治局面并不乐观，但一个大概率的事件是，该国估计过不了多久可能又会启动新的民主转型。再比如，泰国不久前还通过了新的宪法修正案，实际上是以宪法形式确认了目前较威权化的治理模式，但估计用不了太久，该国又会重新启动新的民主转型。

综合来看，威权国家的转型驱动力一方面来自于全球性政治文明的影响、支配性民主意识形态的推动、经济社会现代化程度的提高以及公民政治观念的革新等；另一方面则来自于非常现实的威权国家的治理问题，即威权国家往往难以实现长期的善治，最终无力克服威权政体特有的治理困境。

6.4 不完美的人类，不完美的未来

本讲既讨论了西方世界民主治理的挑战，又解读了新兴民主政体的转型难题，还考察了威权政体的困境、复兴与前景，接下来可以谈谈对于人类民主前景的思考。“不完美的人类，不完美的未来”这个题目可以说相当保守，但这也是我对人类政治或民主治理诸种问题的基本看法。

政治乌托邦可以实现吗？

英国著名哲学家托马斯·霍布斯在讨论人类政治生活时，也有着非常保守的看法。在字里行间，霍布斯对人类在政治权力之下的种种悲苦生活有着深切的体察。他这样说：

> 臣民的景况太可怜了，他们只能听任具有无限权力的某一个人或某一群人的贪欲及其他不正常激情摆布。

这里讨论的是霍布斯理解的那个时代普通人的生活境况。实际上，即便是今天美国或英国这样世界上最发达的国家，如果你了解普通美国人或英国人的财务状况、住宅条件、子女教育及生老病死等，你也会觉得，他们的生活中都有着各种各样的苦难。不仅如此，霍布斯对人类能否脱离这种悲苦的境况也不抱乐观的看法。他接着说：

一般说来，在君主之下生活的人认为这是君主制的毛病，而在民主国家的政府或其他主权集体之下生活的人则认为这一切流弊都是由于他们那种国家形式产生的。其实一切政府形式中的权力，只要完整到足以保障臣民，便全都是一样的。人类的事情决不可能没有一点毛病……[1]

由此可见，在霍布斯看来，无论君主制还是民主制，人类的政治境况想要实现充分的改善并达致某种理想状态，乃是一种过分的奢望。按照他的见解，要想拥有一种完美的政治生活，即便不是不可能，也有着无比巨大的困难。

关于人类能否拥有完美的政治生活，政治学者乔万尼·萨托利在《民主新论》中这样说：

威胁着民主的不是理想主义，而是“劣等的理想主义”，或是“至善论”。……滥用现实主义的做法日渐式微已有很长时间，可能就要寿终正寝了。相比之下，对理想主义的滥用却是近年来新酿的美酒，而且看来还竭力变得甘美醇厚。[2]

萨托利此处的表述乃是对一种特定政治思潮的回应。从 19 世纪到 20 世纪，少数思想家在他们的头脑中设想了一个完美的政治乌托邦，然后试图通过一场政治改造运动或社会工程（social engineering），来实现一个政治上的“美丽新世界”。在这个美丽新世界里，人类从此就生

[1] 霍布斯：《利维坦》，黎思复、黎廷弼译，北京：商务印书馆，1985 年，第 141 页。
[2] 乔万尼·萨托利：《民主新论》（精装版·上卷），冯克利、阎克文译，上海：上海人民出版社，2015 年，第 98–101 页。

活在完美与和谐之中——每个人都有自由，每个人都有权利，每个人都平等，每个人都友爱，而社会作为一个人类共同体实现了完全的善治与和谐，一切的分歧、纷争与冲突都归于消失了。

那么，这样一种政治乌托邦能够实现吗？无论是霍布斯还是萨托利都持有非常审慎的看法。如果一定要追求这样一种政治乌托邦，特别是想要通过政治改造或社会工程的办法实现，结果往往如弗里德里希·哈耶克所提醒的那样："通往奴役的道路，往往是由善良的愿望铺成的。"他在《通往奴役之路》《自由宪章》等经典作品中反复提醒人们，不要忘记人类本身的不完善性，不要忽略自生自发秩序的重要性，不要无视人类已有的知识跟所需的知识相比总是那么微不足道，不要因此走向"理性的僭越"。[1]进一步说，即便人类有机会进行这样的实验，即以社会工程方法寻求建设政治乌托邦的尝试，往往也是一条由统治者控制一切、改造一切的全能主义道路，而不是什么美丽新世界。

所以，到21世纪的今天，人类仍然需要警惕萨托利所提醒的"至善论"的风险，防止自身坠入为狂热的乌托邦情绪所支配的状态。我们需要审慎地回答这些问题：我们在政治上能够做到的是什么？不能做到的是什么？又应该如何区分这两者？

---

[1] 参见弗里德里希·奥古斯特·冯·哈耶克《通往奴役之路》(修订版)，王明毅等译，冯兴元等统校，北京：中国社会科学出版社，2013年；弗里德里希·奥古斯特·冯·哈耶克《自由宪章》，杨玉生等译，杨玉生等统校，北京：中国社会科学出版社，2012年。

现实政治的改善空间

政治生活的另一面是，即便人类无法实现完美的政治乌托邦，但现实政治通常都有着巨大的可改善空间，而且我们也不应该放弃这种改善现实政治的希望。为什么政治生活总有可以改善的空间呢？一个主要的理由是，人类有着起码的理性，这种理性对应的是人类对政治的认知能力。实际上，人类对诸多事物的理解都经历了不断进化的过程。比如，在个人生活领域、家庭教育领域、公司治理领域、空间探索领域，人类过去都经历了一个不断进化的过程，人类在科学认知与改善现实的能力上也实现了大幅提升。既然如此，我们为什么不能拥有更好的政治生活呢？人类经由理性的思考和探索、经由实践的尝试和改进，完全可能改善现实的政治生活。另外，就人类认知进化的特质而言，人类往往是通过试错机制来实现社会进化的。人类在政治领域也完全可能通过这种试错机制来实现进化。

这里决不是要主张，人类经过抽象的理性思考，已然洞悉一整套建设完美社会的方案，然后按照这个完美社会方案的施工图就能构建起一个完美的政治乌托邦。这里仅仅是主张，即便对人类的理性持有非常审慎的看法，我们仍然可以有把握地认为，人类确实可以借助理性与认知、经由试错机制来实现人类政治生活的改善。

比如，在第三波民主化之前，拉美的民主转型往往会遭遇的一个重大政治问题，即严重的阶级冲突对民主转型过程的困扰。当时颇为常见的是，穷人获得普选权之后，就希望对土地和财富进行重新分配，而富人则对这一前景深感恐惧。所以，富人常常选择与军人结盟，支持以军事政变来颠覆这种要求重新分配财产的民主政体。这样，民主转型就容易挫败。然而，在新一轮的第三波民主化过程中，很多拉丁美洲国家的阶级冲突就变得温和许多。有学者曾经专门撰文指出，这种拉美民主化过程中阶级冲突的缓和化，是拉丁美洲政治精英与普通民众政治学习的结果。借助20世纪以来的政治经验，普通民众已经懂得，如果要在民主政体下搞财产重新分配，比如没收或征收庄园土地、公司股权或富人私产，结果往往是导向激烈的政治冲突，甚至军事政变。但是，如果在民主政体下实施较为温和的公共政策，比如采用累进税率，通过转移支付改善社会福利，改善普通人的教育、医疗和养老福利，在政治上往往更为可行，就能够实现民主政体、市场经济和社会福利三者的兼容。因此，很多拉丁美洲国家通过数十年的试错与进化，终于在政治生活上取得了实质性的进步。

实际上，每个社会都有相当多的人对政治改善的前景抱有希望。生活经验告诉我们，人是靠希望生活的。很多人愿意在政治上付出这样或那样的艰苦努力，是因为他或多或少觉得未来还是值得盼望的。我们尽管没有办法实现一种完美政治社会的理想，但我们还是可以对未来有所期待——我们经过努力，可以拥有更好的政治生活。

政治分歧与政治冲突仍是主题

人类难以拥有完美政治生活的另一个直接原因是，政治分歧与政治冲突仍然是人类社会的重要主题。就目前的人类经验而言，任何社会都难以避免政治分歧和政治冲突，差别仅在于程度的不同。比如，有些国家的政治冲突比较温和，但有些国家的政治冲突则是高度暴力化的。对于21世纪的人类社会来说，政治冲突主要来自于三个源头：阶级政治的挑战、身份认同的危机和意识形态的分歧。

首先是阶级政治的挑战，也就是不同阶级的分化带来的政治分歧。日常生活经验告诉我们，不同阶级通常会站在不同立场上思考问题。

历史地看，贫富分化是人类社会古已有之的问题。从人类社会的经验来看，我们几乎没有办法彻底消除阶级和阶级分化，能够做到的只是尽可能让阶级分化更为温和。有思想家认为，人类可以用政治权力来消灭阶级分化，但一旦用政治权力消灭财富上的阶级分化，马上就会造成权力上的阶级分化。再进一步说，如果真的完全消灭一个社会的阶级分化，那么这个社会可能就没有办法进步了，因为一个社会的激励机制被破坏掉了。人类社会进步的重要动力，是每个人希望自己明天过得比今天更好的愿望，是每个人希望自己过得比平均水平更好的愿望。

所以，阶级分化和阶级政治是一种长期存在的政治社会现象——无论是发达国家还是发展中国家，无论是东方还是西方，概莫能外。而只要存在阶级分化，不同阶级之间在关于产权与财产、政府与市场、税收与福利等议题上恐怕就没有办法达成共识。只要没有充分的共识，一个社会就会产生政治分歧与政治冲突。因此，阶级分化以及随之而来的阶级分歧与阶级冲突，是人类政治生活的永恒主题之一。

其次是身份认同的危机，这里身份认同主要是指基于族群和宗教的身份认同。我是谁？我来自哪里？我属于哪个团体？我认同什么？我是何种政治身份？这些都涉及重要的政治问题。中国有句古话，叫作“非我族类，其心必异”。人类比较自然的经验是对跟自己差异很大的群体容易产生不信任感。

这里有一个真实的小故事。我的祖母健在时，有一次我回老家跟她聊天：“奶奶，咱们老家这几年怎么样？”她回答道：“现在不太好啊！我们这里现在工厂开得太多，本地工人不够，就来了很多外地人，所以治安就不如从前了，经常丢东西。以前，好衣服晾在阳台上没问题，现在都不敢了。有的外地人还在这里租房子，把我们这里本来干干净净的地方搞得乱糟糟。”

按照严格的“政治正确”话语，我祖母的观点不那么政治正确，因为这里涉及了本地人对外地人的地域歧视问题。但是，作为一位普通的浙江老太太，她有着极为天然的情感，相信自己熟悉的人，亲近自己熟悉的人，对自己不熟悉的人则容易产生不信任感。这种天然的情感，其实也是人类政治生活的一部分。进一步说，这个故事只是涉及了本地人与外地人的问题，还没有涉及不同人群中的族群、宗教、语言差异问题（最多是方言问题）。如果把不同族群、宗教、语言的人口引入进来，我祖母受到的心理冲击也许会更大，她那种天然的出于自我防卫的不安全感会愈发强烈。

然而，对于今天世界上的很多大国来说，这就是一个现实问题。原来一个地方只有一个种族、一个族群、一种宗教、一种语言，即便有少量异族人口，由于人口数量极少，一方面对整个社会结构的影响不大，另一方面他们也容易被本地人口同化。但如今，随着全球化的深入、人口迁移的增加以及不同族群—宗教集团聚居与混居模式的出现，很多国家都面临着不同族群、宗教、语言群体身份认同方面的重大挑战。这些不同身份背景的人都能产生统一的共同体认同、国家认同或公民身份认同吗？他们能把国家认同或公民身份认同置于族群、宗教、语言群体的认同之上吗？

在2016年美国总统选举中，族裔、宗教与移民已经成为重要的政治议题，也构成了不同选民政治分歧的主要来源。在今天的英国、法国和德国，是否脱欧、国内穆斯林议题以及如何处置移民问题等，都已经成为选举政治的焦点。而像日本这样族群—宗教结构单一的国家，这方面的压力就要小很多，政治生活也更容易和谐。相反，对多族群、多宗教、多语言的国家来说，基于身份认同差异的政治分歧和政治冲突也更容易出现，有些情况下还容易酿成严重的暴力冲突。这样，如何克服身份政治与认同政治的挑战就是一个非常现实的问题。

最后是意识形态的分歧，其直接表现是人们政治观念上的千差万别。这里的意识形态分歧，既可能跟一个人的阶级身份有关，又可能跟一个人的族群—宗教身份有关，但也可能跟这些背景条件没有必然的联系。一个重要的经验观察是，即便在同一阶级或同一族群—宗教集团中，不同个体之间仍然存有意识形态上的明显分化。比如，很多有着类似家庭背景、接受类似大学教育的人，在意识形态上的分化还是很大。譬如在基本的内政与外交问题上，有的人主张个体优先，有的人主张群体优先；有的人主张有限政府和自由市场，有的人主张更多的政府干预和调控；有的人认为本国与外国是合作为主，应该以和为贵，有的人则认为是冲突范式主导，应该以牙还牙。

那么，一个社会应该如何对待这种意识形态分歧呢？可行的策略不是完全消灭这些分歧，而是能否以较为温和的方式处理这些分歧。当然，能否以温和方式处理意识形态分歧，还要看这种分歧到底有多大。但无论是民主政体还是威权政体，意识形态的分歧都是难以避免的，而且常常也是国内社会政治冲突的重要根源。

民主究竟如何安放自身？

那么，人类政治究竟拥有一个怎样的未来呢？民主究竟该如何安放自身呢？至少在可预见的将来——比如整个 21 世纪，民主仍然是人类政治秩序中确定不移的主要原则，但同时，善治亦是人类政治生活的基本目标。这意味着，如果民主和善治互相冲突的话，就会给一些国家带来很大的问题。如果既有民主，又能实现善治，这样的国家就能拥有稳定而有效能的民主政体。但如果一国的民主政体无法导致善治，这种民主政体就有可能会被质疑，甚至被颠覆。如何既实现民主又实现善治，应该成为很多国家的政治发展目标。

今天全球政治中另一个重大问题，是发达国家的人们错误地将政治摆放在一个不恰当的位置上。人们把政治的位置摆得太高，把国家的位置摆得太高，把政府的位置摆得太高，所以人们会对政治抱有过高的不切实际的期待。其实，一个社会的好与不好，不是全部能够由政治决定的。倘若人们把所有过上好生活的希望都寄托在政治上，政治就面临一个“过载”的问题，就难以承受本来不能承受之重。

20 世纪以来，大政府的日益扩展成为欧美国家的一个主要趋势。大政府的背后，其实是 20 世纪的人们把太多的东西寄托在政治和国家身上。拿最近几次美国总统大选来说，政治家、政党和社会力量总试图不断地将新的议题引入到政治生活中。但实际上，政治、政府和国家不是无所不能的。本来，政治在人类社会中有其恰当的位置。当超过这种本来应有的位置时，这样的政治往往就难以成为好政治。从原初意义上讲，政治的基本功能是什么呢？按照 19 世纪的观点，政治本来只是要提供基本的统治秩序、基本的社会规则和不可或缺的公共物品，人类起初只是希望依靠政治来解决这些问题。除此以外，人类其实不应该把太多的希望或期待放在政治上。然而，人类今天恐怕把太多的东西都放在政治上了。

那么，在这样的背景下，人类究竟应该如何统治自身呢？这里可以提供一些原则性的思考。第一，世界上没有完美的乌托邦，也没有完美的政治世界。当以过分完美的眼光来看待政治生活时，我们或许注定会失望。当然，这并不意味着政治生活无法改善；相反，政治生活总是存在着改善的空间。在问题重重的政治和较为理想的政治之间，还存在着巨大的鸿沟。如何最终跨越这样的鸿沟，仍然是今天很多国家的重要任务。

第二，与之相关的是，我们还需要在高调的政治理想和冷峻的政治现实之间取得平衡。固然，政治生活中需要抱有某种高调的理想，但人们也会发现，以过分高调的理想来建设政治最终容易导致希望落空，比如一个完美的政治建设方案在充满缺陷的人类社会中实践时，往往会遭受重挫。所有的政治建设都应该兼顾到社会的实际状况，特别是人的缺陷、组织的缺陷和社会的缺陷。一种真正有效可行的政治建设方案，往往是兼顾高调理想和冷峻现实的产物。

第三，这并不意味着人们应该放弃政治理想，实际上优良的政治秩序完全是有规律可循的。比如，几乎每一个社会都应该寻求这样一种政府治理——它既是有效能的政府，又是受制约的政府；或者说，理想的国家既是一个有效能的国家，又是一个受制约的国家。这是一条充满历史智慧的基本规则，也是人类社会能够实现善治的基本准则。1787 年的美国联邦党人也试图阐述能促成善治的若干基本政治原则，他们这样说：

> 如果人都是天使，就不需要任何政府了。如果是天使统治人，就不需要对政府有任何外来的或内在的控制了。在组织一个人统治人的政府时，最大困难在于必须首先使政府能够管理被统治者，然后再使政府管理自身。毫无疑问，依靠人民是对政府的主要控

制；但是经验教导人们，必须有辅助性的预防措施。[1]

这段200年前的话可谓意味深长。人都是有缺陷的，因而国家和政府是有必要的，我们需要国家来提供法律和秩序。但统治者也不是天使，统治者同样有缺陷，所以他们的权力是需要受制约的。一旦他们的权力不受制约，就会导致灾难性的后果。“首先使政府能够管理被统治者”，意指国家或政府的首要条件是能够统治，或者说具备基本的治理能力与政府效能。紧接着，“然后再使政府管理自身”，意指有效能的国家还要善于控制政府自身的行为——不能因为这个社会需要统治，统治权就可以为所欲为或大到无边。“依靠人民是对政府的主要控制”，说明民主的重要性。唯有人民才是政府权力的来源，是政府真正的主人。“必须有辅助性的预防措施”，意指人民不会时时都在政治的第一现场，因而还需要法治和分权制衡作为民主的补充。或许这样的政治原则还不完美，但据此原则来设计基本的政治框架，人类的政治生活应该还是有指望的。

总之，我们不应该对政治索求过多，但仍然可以对政治有所期待。一方面，人类无法实现完美的乌托邦，人们也不应该将所有指望放在政治或国家上，人性的缺陷和社会的冲突始终是人类共同体的一个基本面向；另一方面，尽管无法追求“至善”，但是我们仍然可以在现有政治生活的基础上寻求某种可能的“改善”——我们不希望政治或国家做得太多，但是我们希望政治或国家能够立基于基本的善治规则之上；我们无法完全消除社会冲突，但是我们却可以以一种低成本的方式去管理冲突或将冲突纳入一种和平的制度化解决机制；我们难以让

[1] 汉密尔顿、杰伊、麦迪逊：《联邦党人文集》，程逢如、在汉、舒逊译，北京：商务印书馆，1980年，第264页。

国家和政治权力的运作达致完美境地，但是我们能够基于人性、逻辑和人类已有的政治经验建设更好的政治生活。

这大概就是我们可以盼望的好政治，也是我们对人类未来的政治生活可以有的指望。